U0908915

主编：辛建荣　陈扬乐　毕华

旅游学概论

陈扬乐　谢祥项　编著

图书在版编目（CIP）数据

旅游学概论 / 陈扬乐，谢祥项编著. —哈尔滨：哈尔滨工程大学出版社，2011.10
ISBN 978-7-5661-0238-6

Ⅰ. 旅… Ⅱ. ①陈… ②谢… Ⅲ. 旅游学－高等学校－教材 Ⅳ. F590

中国版本图书馆 CIP 数据核字(2011)第 206990 号

出版发行 哈尔滨工程大学出版社
地　　址 哈尔滨市南岗区东大直街 124 号
邮政编码 150001
发行电话 0451-82519328
022-60266518
传　　真 0451-82519699
022-60266517
经　　销 新华书店
印　　刷 北京市文林印务有限公司印刷
开　　本 787 mm × 1 092 mm 1/16
印　　张 13.75
字　　数 253 千字
版　　次 2012 年 1 月第 1 版
印　　次 2012 年 1 月第 1 次印刷
定　　价 27.00 元
http://press.hrbeu.edu.cn
E-mail: heupress@hrbeu.edu.cn

序　言

有许多人，包括我和我的同仁，总想对旅游说点什么——对旅游的认识、感悟、理解，总想为旅游做点什么——探索旅游学科体系的建设、完善和科学化。旅游已经成为人类生活密不可分的一部分，是社会、经济发展的必然产物，是社会生产力发展的新的需求方式，即现代人类社会、经济、文化发展到一定历史阶段的特定生活现象。

旅游是“行万里路，读万卷书”。我们把自然、人生、社会作为万卷百科全书，通过旅游真正认识、了解博大精深的天、地、生、人。

旅游活动在经历了漫长的历史演进后，直到近代旅游的兴起，人们才真正对旅游开展学术性的研究，所以她是年轻的。由此为旅游业和旅游学科的发展提供了平台和空间。尤其是现代旅游活动与旅游业的发展，其参与的广泛和发展的迅速是空前的，这说明旅游活动已经成为人类社会不可或缺的生活方式。

旅游学是一门不成熟的学科，关于旅游学科的许多概念、内涵和学科体系的建设等，不同的学者有着不同的见地，由此带来了争论和发展的契机。现代旅游的兴起与快速发展，促使更多的学者探索旅游学科的内涵。旅游界学者们各自从不同的视角、视野发表观点，大有“百家争鸣、百花齐放”之势。

旅游学科还需要在未来的发展中进一步深化认识，因为旅游活动关联到人类社会的方方面面，几乎涉猎我们周围的整个世界和人类文化。但是作为旅游科学，我们要从中理出自己的一套严谨的、完善的学科体系，这不是一件容易的事情，而是一项巨大而浩繁的系统工程。

参与旅游活动是人类的爱好，发展旅游产业是企业家的追求，探索旅游学科的建设与发展是从事旅游研究者的使命。有志于旅游学科的研究者凭借自己的睿智，使旅游学科更加臻于完善，趋于完美，最终达到成熟，这是我们永恒的职责，也是我们编写新概念旅游教材的初衷。

新概念旅游教材问世了，首先必须说明，我们的工作仅仅是一种探索和尝试，旅游学科毕竟是一株稚嫩的幼苗，还需要精心浇灌、护理，使其茁壮成长，枝繁叶茂；其次，在学科的认识方面若与其他学者的观点不完全相同，请告诉我们，我们会谦虚谨慎，真诚与您商榷；同时，著书期间必然要查阅和采用大量的著作成果与资料，在这里我们真诚地向相关作者表示衷心的感谢，若有遗漏和不到之处，恳请谅解。

我们总是有一种满足，那就是与旅游活动结缘；我们总是有一种责任，那就是更加透彻地探索旅游的科学内涵；我们总是有一种欣慰，那就是在旅游学科建设方面能够徜徉于旅游的海洋里享受其中的愉悦和美感。

真诚祝愿我们这支年轻的团队能够通过共同努力，在旅游科学的大潮中，留下一点闪光的纪念。

辛建荣

2011 年 6 月

前　言

为适应中国旅游业的飞速发展，培养更多在旅游业领域胜任导游、管理等工作，具有创新思维和实践能力的应用型、实用型高级人才，我们借国务院批准海南建设国际旅游岛的良好契机，参照旅游行业，尤其是海南旅游的新业态，编写了这本与市场接轨、特色突出、题材广泛、形式活泼、内容新颖的新概念旅游业务专业教科书。

“旅游”具有多重含义，既可以指旅游活动，也可以指旅游产业，还可以指旅游学科。从旅游活动的角度考虑，要促成一次完整的旅游经历，必须有旅游活动者、旅游活动对象、旅游活动者的组织者、旅游活动对象的提供者，以及协调以上各方之间关系的相关部门。从旅游产业的角度考虑，要保障旅游经济的正常运行，不仅需要市场这只“看不见的手”，还需要政府这只“看得见的脚”，通过市场与政府的共同作用，实现资源的有效配置。从旅游学科的角度考虑，旅游学仍是一门非常年轻的学科，无论是概念体系、理论系统，还是研究方法、学科结构等，都还处于不断发展的过程中。无论是旅游活动的开展，还是旅游经济的运行或者旅游科学的研究，都对区域经济、社会和环境的发展产生重要影响。

作为教材，本书的编写始终坚持便于教学，理论联系实际，继承与创新相结合。

根据以上考虑，本书共分七章：旅游活动与旅游学、旅游者、旅游吸引物、旅游业、旅游市场、旅游组织、旅游的影响。

本书由陈扬乐教授制定编写大纲，组织人员编写，并对全书进行统稿和润色。各章的写作人员分别为第一章至第三章，陈扬乐；第四章，陈扬乐、王志凯；第五章，陈扬乐、赵善梅；第六章，谢祥项、崔玉敏；第七章，谢祥项、康玉玮。

在本书的编写过程中，我们参阅了大量文献，其中有一些已列在了参考文献中，有些因限于篇幅而未被列出。孙淑兰老师、辛建荣教授和毕华教授等为本书的编写提供了大量的帮助；本书的责任编辑也为该书的出版付出了极大的精力。在此，编写组向他们致以崇敬的谢意！

由于编著者的能力和水平有限，书中的错误在所难免，敬请专家、读者批评指正。

编著者

2011 年 6 月

目　录

第一章　旅游活动与旅游学

【学习目标】

- 掌握旅游的概念和旅游活动的基本特征及类型划分
- 了解旅游活动的产生和发展历史
- 掌握二战后旅游活动迅速恢复的原因
- 把握旅游学的研究对象，并了解旅游学的学科性质和学科体系

【知识要点】

- 旅游的概念和类型
- 旅游活动的要素和基本特征
- 二战后旅游活动迅速恢复的原因
- 旅游学的研究对象
- 旅游学的学科性质

旅游是人类社会发展到一定阶段的产物，并伴随着社会经济的发展而不断发展。旅游活动既表现为一种特殊的短期性的生活方式，又表现为一种综合性的社会经济文化现象。

第一节　旅游与旅游活动

一、旅游的概念

“tourism”一词最早于 19 世纪初出现在英国报刊上，并于 1811 年被收入《牛津词典》。“旅游”一词在我国最早出现在南朝时的沈约（441—513）的《悲哉行》，其中载有“旅游媚年春，年春媚游人”的诗句。最早收录“旅游”的辞书是 1931 年商务印书馆出版的《辞源》续编，直到 1964 年国务院召开了“第

一次旅游工作会议”后，“旅游”一词才逐步在社会上传用开来。

对话一

甲：你寒假去干吗了？

乙：我跟几个同学去三亚旅游了。

对话二

甲：你是做什么工作的？

乙：我是搞旅游的。

对话三

甲：你在学校是学什么专业的？

乙：我学旅游。

在不同的语境下，“旅游”一词具有不同的含义：在下列对话中，对话一中的“旅游”是指旅游活动；对话二中的“旅游”是指旅游业；对话三中的“旅游”是指旅游学。从学术的角度看，这三者存在明显的区别，但日常生活中却都可用“旅游”一词来表述。因此，如果要对“旅游”下一个准确的定义，需要分别从“旅游活动”、“旅游业”和“旅游学”三个方面考虑。

从词义的角度考虑，“旅游”是动词，是指离开惯常环境前往他乡进行观光、休闲、度假、消遣等愉悦自身的活动，即指旅游活动。本节所说的“旅游”即指旅游活动，其他方面的含义将在其他章节中阐述。

从旅游活动的角度考虑，近30年来，国内外旅游学界对“旅游”下过许多定义，其中引用较多的主要有以下四种。

1. 1942年，瑞典学者沃特尔·汉兹克尔（Hunzker）和库克·克拉普夫（Krapf）指出：“旅游是非本地居民的旅行和逗留而引起的现象和关系的总和。这些人不会定居且不从事任何赚钱活动。”（Tourism is the sum of the phenomena and relationships arising from the travel and stay of non-residents, in so far as they do not lead to permanent residence and are not connected with any earning activity.）20世纪70年代，这一定义被“旅游科学专家国际联合会”（International Association of Scientifics Experts in Tourism，简称AIEST）采用为该组织对旅游的标准定义，并在国际社会得到最为广泛的认可。在我国学术界，这一定义常被简称为“艾斯特定义”。

2. 1974年，英国萨利大学旅游管理系创始人之一A J 伯卡特（Burkart）和曾任该系系主任的S 梅特利克（Medlik）在其合著、在世界上曾有“旅游学经典教科书”之称的*Tourism*：*Past*，*Present and Future*一书中提出：“旅游是人们离开其通常居住和工作的地方，短期前往某地的旅行和在目的地逗留期间的各种活动。”

3. 1978 年，美国参议院领导下的一个特别研究小组曾提出：“旅游是人们出于日常上班工作以外的其他原因，离开自己居家所在的地方，去其他某一或某些地方的旅行和访问活动。”

4. 1991 年，世界旅游组织（WTO）在加拿大渥太华召开旅游统计工作的国际会议，会上就旅游活动、旅行者和旅游者的定义标准化提出了一些重要建议。会后 WTO 将会议报告提交给了联合国。1993 年 3 月，联合国统计委员会采纳了世界旅游组织有关旅游统计工作的建议，将旅游活动定义为“旅游活动是人们出于休闲、商务以及其他目的，短期（历时不超过一年）离开自己的惯常环境，前往他乡的旅行活动以及在该地的停留访问活动。”（Tourism comprises the activities of persons traveling to and staying in places outside their usual environment for not more than one consecutive year for leisure, business, and other purposes.）国际知名旅游专家、加拿大滑铁卢大学的 L J 史密斯（Smith）教授将这一定义解读为：“旅游是一个人旅行前往其惯常环境之外的某地开展的一整套活动，整个历程历时不超过一年，并且其外出旅行的主要目的不是去从事在该地获取劳动报酬的活动。”（Tourism is the set of activities of a person traveling to a place outside his or her usual environment for less than a year and whose main purpose of travel is other than the exercise of an activity remunerated from within the place visited.）由于这一定义被联合国所采用，所以可谓是权威性的定义。

综合上述观点我们认为，作为旅游活动的旅游是人们出于移民和就业之外的其他原因，暂时离开自己的惯常生活环境和（或）工作环境前往旅游目的地的旅行，及在旅游目的地的逗留活动。

二、旅游活动的要素

旅游在本质上是一种以获得心理上的快感为目的的审美过程和愉悦过程。完成旅游活动需要有三个要素，即旅游主体、旅游客体和旅游媒介体，三者缺一不可。

其中，旅游主体即旅游者，既包括过夜旅游者，也包括一日游旅游者。

旅游客体即为旅游吸引物，不仅包含了食、住、行、游、购、娱——人们通常所称的旅游活动六要素（在这六个要素中，食、住、行、游是旅游过程中不可或缺的，因而是基本旅游要素；购物和娱乐并非旅游过程中不可缺少的，因而是非基本旅游要素），而且包含了目的地的自然环境、人文环境、经济环境和政治环境等环境要素。

旅游媒介体是指帮助旅游者完成其旅游经历和体验，为其旅游过程提供各种便利服务的旅游业及相关产业（或行业），不仅包含了旅游交通运输业、餐饮和住宿业、旅行社业、旅游景区（点）、旅游商品销售业等主要为旅游者提供服务的行业和部门，也包含主要为当地居民提供服务但同时也为旅游者提供服务的金融保险业和邮电通信业等行业和部门。

三、旅游活动的基本特征

1. 异地性

旅游的异地性有两层含义，一方面，旅游活动是人们离开自己的惯常环境前往他乡开展的旅行和访问活动，从而区别于人们在自己惯常环境中的、有常规性特点的、社区内的旅行和逗留活动，如在居住地和工作地之间的上下班旅行活动，以及从居住地到超市的旅行或在超市的逗留活动，都被排除在旅游活动的范围之外。另一方面，旅游资源存在显著的地域差异，以旅游资源为依托的旅游产品具有不可移动性的特点，这就要求旅游者前往旅游资源和旅游产品所在地进行旅游消费，从而使得旅游活动具有异地性特点。

2. 暂时性

旅游者在结束一次全程旅游活动之后，须回到其惯常的环境，而不能在旅游目的地长久停留甚至定居。按照国际上对入境旅游者的统计口径，暂时性是指外来旅游者在旅游接待国的连续停留时间不得超过一年，如果超过一年，就被视为移民或临时性移民，而不再纳入来访旅游者的统计范畴。

3. 非移民性和非就业性

旅游活动是出于移民和就业目的之外的旅行和访问活动，因此无论是移民他乡定居还是前往他乡就业（如打工）的旅行，以及由此引起的在他乡的逗留，都不属于旅游活动的范畴。有必要指出的是，“就业（如打工）”这一排除性条件并不适用于差旅型的外出旅行和访问，例如旅游市场营销人员去异国（他乡）开展营销活动（如寒假期间海南省旅游委工作人员前往香港开展旅游营销），技工人员去他乡为客户安装设备，专家学者去他乡出席学术会议等。因为这些类型的差旅人员的雇主单位不在差旅人员前往的目的地，也就是说，这些类型的差旅人员的出差目的虽然也可以说是“挣钱”，但却不是从到访地获得报酬。

4. 综合性

旅游活动的综合性表现在三个方面。一是旅游是旅行和逗留的综合，即旅游活动由旅行活动和逗留活动两部分构成。其中前者是指旅游者在其惯常环境与旅游目的地之间的往返以及在不同旅游目的地之间的空间移动，后者是指旅游者在旅游目的地停留期间开展的生活和访问活动。二是旅游活动是对食、住、行、游、购、娱等消费品的综合消费。三是旅游活动所产生的影响是综合性的，不仅对目的地产生影响，也对客源地产生影响；不仅产生经济影响，也会产生文化、社会、环境影响。

四、旅游活动的类型

旅游活动越来越成为现代生活方式的重要组成部分，而且旅游活动的范围越来越广，旅游活动的方式越来越多样化。因此为更好地做好旅游市场营销工作，更客观地评价旅游的影响，更好地把握旅游者心理，从而开发出适销对路的旅游产品，需要对旅游活动进行必要的类型划分。

（一）分类标准

至今为止并没有统一的对旅游活动类型（通常简称旅游的类型）的划分标准，研究人员往往根据其研究课题和研究目的使用不同的划分标准。需要特别强调，划分旅游的类型并非目的，而是研究问题和实现研究目的的手段，因此也没有必要追求统一的划分标准。纵观以往的研究，旅游活动的划分标准很多，无法一一罗列，但归纳起来较为常用的主要有以下几种。

● 按活动开展所涉及的地理范围划分　例如国内旅游、国际旅游、洲际旅游、环球旅游、区域旅游等。

● 按客源地与目的地之间的旅行距离划分　例如远程旅游、近程旅游或短程旅游等。

● 按旅游目的划分　例如消遣旅游、商务旅游、公务旅游、会议旅游、探亲旅游、修学旅游等。

● 按旅游活动的组织形式划分　例如团体旅游、散客旅游或自行旅游。

● 按所采取的旅行方式划分　例如航空旅游、铁路旅游、汽车旅游、游船旅游、徒步旅游等。

● 按旅游活动的主要内容划分　例如观光旅游、民俗旅游、考古旅游、探险旅游、文化旅游、特殊兴趣旅游等。

需要指出的是，用不同标准划分出来的旅游活动类型之间难免发生交叉或联系。例如国际旅游可能同时也是观光旅游、团体旅游、航空旅游、远程旅游，等。因此知道有哪些划分标准固然重要，但更重要的是如何根据自己的研究需要去选用恰当的划分标准，以及如何分析各种旅游活动类型的特点或情况；否则，进行旅游活动类型划分就失去意义了。

例如世界旅游组织（WTO）1991 年于渥太华召开的旅游统计工作国际会

议上，基于旅游经济统计工作的需要，根据不同类型的旅游活动的经济意义，提议将旅游活动划分为六种类型。

● 国际旅游（International tourism） 入境旅游与出境旅游之和。

● 入境旅游（Inbound tourism） 非该国居民来访该国的旅游活动。

● 出境旅游（Outbound tourism） 某一国家的居民去另一国家访问的旅游活动。

● 境内旅游（Internal tourism） 该国居民和非该国居民在该国境内访问的旅游活动。

● 国内旅游（Domestic tourism） 一个国家的居民在本国境内开展的旅游活动。

● 国民旅游（National tourism） 国内旅游与出境旅游之和。

这种划分不仅获得了与会各国代表的认同和通过，随后也获得了联合国统计委员会的认可，同时还被国际旅游经济学界用作旅游活动类型的划分标准。

不同类型的旅游活动具有不同的特点，以下重点讨论国际旅游和国内旅游，以便给读者分析不同类型的旅游活动提供参考依据。

（二）国际旅游

国际旅游是指跨国开展的旅游活动，即某一国家的居民跨越本国边界，前往其他国家或地区开展的旅游活动。又可分为两种情况。

● 出境旅游 亦称出国旅游，指本国居民跨越国界，前往其他国家或地区开展的旅游活动。

● 入境旅游 指其他国家或地区的居民前来本国开展的旅游活动。

以我国为例，我国居民前往其他国家或地区开展的旅游活动即为出境旅游或出国旅游；相反，其他国家或地区的居民前来我国开展旅游活动即为入境旅游。也就是说，对于某一特定国家来说，国际旅游既包括他国居民来访的入境旅游，也包括本国居民前往他国的出境旅游。

需要特别说明的是，在严格的国家意义上，无论是港澳台地区的居民来内地开展旅游活动，还是内地居民赴港澳台地区开展旅游活动，都不属于国际旅游，而是属于国内旅游。但考虑到港澳台居民来内地旅游时，在内地发生的消费支出构成了内地旅游业外汇收入的组成部分，而且，台湾与祖国大陆尚未实现统一；香港和澳门虽已回归祖国但仍实行高度自治。所以迄今为止，在我国的旅游统计工作中，港澳台地区居民前来内地开展旅游活动一直被视为入境旅游；出于类似的原因，内地居民赴港澳台地区开展旅游活动也一直被视为出境旅游。为避开“国际”一词，将港澳台地区前来内地旅游的居民称为“海外旅游者”，而不是“国际旅游者”。

在旅游统计工作中，根据旅游者在旅游目的国的停留时间，将国际旅游活动分为两类。

● 过夜的国际旅游 指旅游者在旅游目的国的停留时间超过 24 小时，并在目的国住宿设施中过夜的国际旅游活动。

● 不过夜的国际一日游 指旅游者在旅游目的国的停留时间不足 24 小时，未在目的国住宿设施中过夜，通常当日离境的国际旅游活动。

世界上许多国家在统计入境旅游人次时，未包括不过夜的国际一日游游客。但国际一日游游客在旅游目的国的消费支出却很难从该国的国际旅游收入中分出。所以所有国家在统计国际旅游收入时，既包括了过夜国际旅游者在该国的消费支出，也包括国际一日游游客在该国的消费支出。事实上，尽管几乎所有国家都偏向于重视过夜的入境旅游市场，但一日游市场也是旅游接待国的重要的市场组成部分，尤其对那些与主要客源国接壤的旅游接待国更为重要。例如美国与加拿大之间的一日游、荷兰和德国之间的一日游、我国和俄罗斯之间的一日游等。

（三）国内旅游

国内旅游是指一个国家的居民在本国境内开展的旅游活动，即离开自己的惯常环境到本国境内其他地方进行的旅游活动。根据这一国际公认的定义，外国侨民在其侨居国境内开展的旅游活动也属于侨居国的国内旅游，因为这些外国侨民的合法身份为该国的居民。按照世界旅游组织（WTO）的解释，“那些并不属于所在国居民的长驻外国人在该国境内进行的旅游活动亦属于国内旅游。”这里所说的“长驻”是指连续驻留时间已长达一年或更久。按此解释，各国驻华使馆人员在我国境内所进行的旅游活动属于我国的国内旅游。

同国际旅游活动的细分一样，也根据旅游者是否在旅游目的地停留过夜而将国内旅游划分为过夜旅游和不过夜的一日游。尽管世界各国在统计国内旅游收入时既包括过夜旅游者的消费支出，也包括一日游游客的消费支出，但在统计国内旅游人次时，是否包含不过夜的一日游旅游者，各国不尽一致。我国在统计国内旅游人次时，包含了不过夜的一日游游客。

（四）国际旅游与国内旅游的差别

1. 是否跨越国界

是否跨越国界是国际旅游活动和国内旅游活动之间的根本差别。跨越国界即为国际旅游，否则即为国内旅游。

2. 消费水平不同

通常国内旅游的人均消费水平低于国际旅游的消费水平。据国家旅游局统计，2009 年，国内旅游者的人均花费为 482.6 元，外国入境过夜旅游者的人均花费为 1 466.3 美元。

3. 逗留时间不同

一般对国内旅游而言，旅游者在旅游目的地的逗留时间较短，而对国际旅游而言，旅游者在旅游目的地的逗留时间较长。2009 年，外国入境过夜旅游者在我国境内平均停留时间为 7.6 天。

4. 便利程度不同

国内旅游一般很少存在文化和语言等方面的障碍，而且通常无需办理护照、签证等繁琐的旅行手续，因而通常比较容易开展。然而，国际旅游不仅通常存在文化和语言障碍，而且必须办理护照、签证、海关报关、卫生检疫、货币兑换等各种必要而复杂的旅行手续，因而开展起来相对不便。

5. 经济作用不同

国内旅游所带来的经济作用只是财富在国内不同地区和不同部门间的重新分配，而不能直接带来本国财富总量的增加（假定不考虑这些旅游消费对国内其他生产部门的刺激和影响所产生的乘数效应）。与之相比，国际旅游，无论是出境旅游还是入境旅游，将会引起财富在国家间的转移，即旅游者将其在惯常居住国所获得的收入用于在旅游目的国的消费。对于旅游目的国来说，入境游客的消费会形成一种外来的经济“注入”，从而直接带来本国财富总量的增加；而且入境旅游收入还可弥补旅游目的国的国际收支逆差。正因为这些原因，各国政府都非常重视发展入境旅游。

6. 发展时序不同

旅游活动所涉及的范围通常是由近及远的发展，这是旅游活动发展的普遍规律之一，因此国内旅游活动的发展总是先于出国（出境）旅游的发展。其主要原因在于：（1）国内旅游活动的旅行距离和旅行时间一般较短；（2）旅游费用较低；（3）基本不存在文化和语言障碍；（4）不涉及办理繁杂的旅行手续。

因为国内旅游需求的发展先于出境旅游需求，所以面向国内旅游需求市场的国内旅游业务比较容易发展。正因如此，即使是在发达国家，出境旅游业务基本上也是在国内旅游业务发展时所奠定的经验和物质条件的基础上发展起来的。尽管从实际情况看，无论是发达国家还是发展中国家，各国政府几乎都偏重于支持入境旅游业务的发展。

第二节　旅游活动的产生与发展

纵观世界各地的旅游研究，人们普遍认为，旅游是人类社会经济发展到一定历史阶段的产物，是由人类早期的旅行活动发展演进而来的，是随着商品经济的发展而不断发展的。根据世界旅游活动的发展历史，可将旅游活动的发展划分为三个阶段：古代旅行阶段、近代旅游阶段和现代旅游阶段。当然，不能把古代的旅行活动等同于现今意义上的旅游活动。

一、古代旅行

古代旅行是指从原始社会末期旅行萌芽到18世纪60年代工业革命开始之间的旅行活动。

（一）远古时代的人类迁徙

历史学的众多研究成果都证明，在原始社会早期，由于劳动工具非常简陋，生产力水平非常低下，人类只能在自然分工的基础上，靠渔猎和采集维持生存，而且无时不处于饥饿和自然灾难侵袭的威胁之中。到了新石器时代，随着磨制石器、制陶术和弓箭等的发明，生产效率有了很大的提高，原始饲养业和原始农业开始出现，并最终导致了人类历史上第一次社会分工的出现，即农业和畜牧业的分离。尽管如此，社会生产依然十分落后，人们的劳动所获，除了供自己使用外，几乎没有什么剩余。同时在这一时期，人们的社会活动范围也只限于自己所属的氏族部落地域之内。因此截止到新石器时期中期，由于物质基础的缺乏和社会生活范围的制约，人类并不存在有意识的自愿外出旅行的需求，也就是说，在当时低下的生产力水平下，人类最基本的生存方式就是逐水草而迁徙，但是，这种迁徙都是因为自然因素（如气候、自然灾害等）和特定的人为因素（如部落间的纷争等）威胁而发生的，因而具有被迫性的特点。而且，所有这些迁徙活动的发生都是出于谋求生存的需要，因而具有求生性的特点。所以这一时期的迁徙活动充其量属于逃荒、避难或者移民活动，而不是真正意义上的自愿旅行，更不用说是现今意义上的旅游活动了。

（二）原始社会晚期的旅行活动

新石器时代晚期，金属工具开始出现。生产工具和生产技术的进步使得生产效率得以提高，劳动剩余物也因此增多。随着社会生产力的发展，手工业从农业和畜牧业中分离出来，出现了人类历史上的第二次社会分工。社会分工的扩大促进了劳动生产率的进一步提高。正是由于生产力的发展和社会分工的扩大，劳动剩余物越来越多，这样不仅加速了私有制的形成，而且使得产品交换得以快速发展，具体表现为产品交换的规模和范围不断扩大。特别是，手工业生产的直接目的就是为了交换。在这种情况下，产品交换也演变成了一项重要的社会职能，促使原始商业出现，形成了人类历史上的第三次社会大分工，即商业从农业、畜牧业和手工业中分离出来。

原始商业的出现和发展使得产品交换的规模和范围不断扩大。为了实现产品交换，人们需要了解其他地区的产品生产和市场需求情况，需要前往其他地区交换产品，由此也就产生了外出旅行的需要。可见，人类最初的外出旅行的目的显然不是现今意义上的旅游，而是为了进行物品交换性质的易货贸易以及了解其他地区的市场需求情况，是自发产生的一种以经济活动为目的的旅行活动。正如世界旅游组织所指出的："在最初的年代中，主要是商人开创了旅行的通道"。

（三）奴隶社会时期的旅行活动

西方奴隶社会时期具有典型的旅行活动出现在古罗马帝国鼎盛时期。在这一时期，罗马帝国疆域空前广大，社会秩序相对稳定，生产力水平和社会经济得到了快速发展。尤其是修筑了规模庞大的道路网络，使得陆路和水路交通空前便利，再加之客栈和旅店的产生和发展，以及货币的统一，给旅行带来了极大的方便，使得人们旅行的距离越来越远，参与旅行的人数越来越多。当然，当时的旅行活动基本上是在本国境内进行的，而且是以近距离的旅行为主，大多数是经商性质的旅行。也有跨国经商的长途旅行活动，主要是贩运粮食、酒、油、铅、锡和陶器等日用商品，也贩运各地出产的奢侈品，如北欧的琥珀、北非的象牙、中国的丝绸等。

我国奴隶社会时期具有代表性意义的旅行活动，出现在奴隶社会鼎盛时期的商代。在这一时期，由于生产工具和生产技术的进步以及社会分工的发展，劳动生产率空前提高，剩余产品不断增多，刺激了交换活动的快速发展，进而促进了以交换为目的的生产活动的发展和扩大。加之商人对生产和流通的促进，使得这一时期的易货贸易活动得到了很大的发展，因此商代成为我国奴隶社会时期旅行活动最为活跃的一个时期。

需要强调的是，旅行活动的最初产生并不是出于现今意义上的旅游目的，同样，旅行活动在奴隶社会时期的发展主要是出于外出易货贸易的需要而开展的一种经济性活动。

当然，在奴隶社会时期，奴隶主阶级的享乐旅行也比较盛行。例如包括“天子”在内的奴隶主阶级的外出巡视和游历，无疑是以现今意义上的旅游为主要目的的旅行活动。我国《易经》上记载的“观国之光”，即反映了这种享乐旅行。然而无论如何，当时的这类旅行活动的参与者仅限于以“天子”为代表的少数奴隶主阶级。

在西方，除奴隶主阶级的享乐旅行外，消遣性旅行活动的参与者也包括极少数的自由人士，主要是离开居住城市到沿海地区游览，甚至有少部分人“到埃及金字塔去刻他们的名字”。同我国的情况一样，“在这一时期（以这些消遣为目的的），外出旅行者多为……求医者或节日庆典活动的赴会者……纯粹因个人喜好而外出旅行的人很少”。

（四）封建社会时期的旅行活动

我国的封建社会延续了 2 000 多年，期间除分裂和战乱年代外，各统一朝代的社会政治相对安定，生产技术和社会经济都有较大的发展。在近代之前，无论是科学技术还是经济发展水平，我国都领先于当时的西方国家。正是由于生产技术和社会经济的进步和繁荣，我国封建社会时期旅行的发展具备了良好的经济基础和社会条件，使我国封建社会时期的旅行活动得到了空前的发展。尤其是陆路、水路交通条件的改善为当时的旅行活动的开展提供了必要的物质条件。

根据我国的历史典籍和文学作品的相关描述，可以把我国封建社会时期的旅行活动分为以下六种类型。

- 商贸旅行　这是在我国封建社会时期真正在规模上占据支配地位的旅行活动，这一点可以从这样一个事实得以说明，即在我国的历史典籍和文学作品中，几乎总是将“旅”和“商”连在一起。
- 士人漫游　是指当时以一些名士骚客为代表的知识分子出于避难和排忧等目的而四处游历的旅行活动，以李白、杜甫、陆游、柳宗元、欧阳修和苏轼等人为突出代表。
- 宗教旅行　以玄奘、鉴真为代表。
- 科学考察旅行　以徐霞客、李时珍为代表。
- 公务旅行　以张骞、郑和为代表。
- 帝王巡游　以历代皇帝“泰山封禅”为代表。

其中在唐宋时期，除商贸旅行之外，最为突出的当属士人漫游和宗教旅行的发展；而在明清时期，除商贸旅行外，最为突出的当属航海旅行和科学考察旅行的发展。

封建时期欧洲经济发展相当落后，旅行活动在这一时期呈现出萎缩的趋势。这主要是因为当时的社会人口绝大多数是农奴，他们既无人身自由，更无外出旅行的自由。再加之当时的欧洲自然经济的性质十分突出，一个村子就是一个闭塞的经济单元，与外界几乎隔绝，交换活动很少。尽管在11～14世纪，欧洲经济有了较大发展，但由于期间无休止的战乱，旅行活动的发展始终难以达到古罗马帝国时期的水平。直到16世纪后，欧洲的旅行活动才开始出现一些起色，其中一个较为明显的特点就是温泉旅行热潮的出现。当时之所以会出现温泉旅行热，是因为当时英国一位医生发现温泉洗浴对许多体痛病症有很好的疗效。此外，这一时期以教育和考察为目的的旅行活动也有了较快的发展。例如青年中出现了游历欧洲的教育旅行热潮，并形成了欧洲历史上有名的“大游学”（Grand tour）现象。

纵观历史的发展，无论是在我国还是在西方国家，封建社会时期的旅行活动的发展普遍表现出一些有规律性的特点。

1. 旅行活动的发展与国家的政治、经济、社会状况有着直接的关系。即在国家政治安定、社会经济繁荣的和平时期，旅行活动便会朝着新的广度发展；反之，则会出现停滞甚至倒退。

2. 虽然旅行活动的规模和类型有了新的发展和扩大，但商贸旅行仍占主导地位。

3. 非经济目的的旅行活动的参与者主要是统治阶级及其附庸阶层。他们人数不多，在总人口中所占比例很小，他们的旅行活动并不具有普遍的社会意义。

二、近代旅游活动的发展

近代旅游是指从18世纪60年代初的工业革命开始至第二次世界大战结束之间的旅游活动。

（一）近代旅游活动发展特点

近代是旅游产生和发展的一个重要时期。纵观近代旅游的发展，可以发现近代旅游具有以下几个特点。

1. 消遣性旅行在规模上超过传统的商贸旅行

到19世纪初，旅行活动的发展在很大程度上开始具有今天意义上的旅游活动的特征。其中一个最为重要的变化是，因消遣性目的而外出观光或度假的活动在规模上开始超过传统的商贸旅行。

也正是基于这一背景，19世纪初，“tourism”一词率先在欧洲问世。需要注意的是，tourism（旅游）与travel（旅行）存在两点重要区别。一是tourism

是指人们出于消遣性目的而离家外出的活动；而 travel 则用于泛指人们出于包括商务在内的任何目的而发生的不同地点间的空间位移活动。二是 tourism（尤其是 tour）意味着旅游者在离家外出并完成外出访问活动后，须返回其出发时的惯常生活环境（地点）；而 travel 意味着旅行者完成前往某地的访问活动后，不一定返回最初的出发地。换言之，tourism 所完成的是一次“环形”运动，而 travel 所完成的则有可能是“线性”运动。

“tourism”这一词汇的出现足以说明，在 19 世纪初的欧洲，消遣性旅行活动的开展已经发展到具有社会意义的规模。

2. 有组织的旅游活动不断壮大

1841 年，英国人托马斯·库克（Thomas Cook，1808—1892）组建了世界上第一家旅行社——通济隆旅行社。1850 年，托马斯·本奈特（Thomas Bennett）组建了一家名为“旅游组织者”（Trip Organizer）的企业，专门为散客旅游者提供全包式服务，包括为旅游者安排旅游线路、预订交通马车和旅馆房间，并提供旅行必备品。1857 年英国成立了登山俱乐部，1885 年又成立了帐篷俱乐部。1890 年德国组建了观光俱乐部。1898 年旅游国际联盟正式成立。美国运通公司从 1850 年起兼营旅游代理业务，并于 1891 年开始发售与现在使用方法相同的旅行支票。到 20 世纪初，美国运通公司和以比利时为主成立的“铁路卧车公司”成为当时与通济隆公司齐名的三大旅游代理公司。这些旅游公司和俱乐部的成立，为有组织的旅游活动的开展提供了保障。

3. 国际旅游活动持续发展

随着社会经济的发展，尤其是汽车、火车、飞机等交通运输技术的不断创新，使更远距离的国际旅游得以快速发展。据统计，1924 年和 1930 年，英国去欧洲其他国家旅游的人次数分别比 1913 年增长了 7 个百分点和 47 个百分点；1928 年到奥地利旅游的英国游客达到 180 万人次；1929 年到澳大利亚旅游的英国游客达到 100 万人次。

（二）近代旅游活动发展的原因

消遣性旅游活动之所以能在 19 世纪初发展到具有社会意义的规模，是当时的社会经济发展使然，其中对近代旅游发展影响比较深刻的主要有三个因素，即工业革命、交通技术的革新和旅游业的诞生。

1. 工业革命对近代旅游发展的影响

19 世纪后，欧美旅游活动的规模，无论是国内旅游还是出国旅游都有了突破性的发展。这一现象的出现，在很大程度上取决于工业革命。

工业革命（the Industrial Revolution）也称第一次产业革命，是指资本主义机器大工业取代传统工场手工业的过程，是资本主义政治经济发展的产物，其基本标志是蒸汽机的发明和应用。工业革命于18世纪60年代首先发生在当时资本主义最为发达的英国，并于19世纪30年代末在英国基本完成。美、法、德等国的第一次产业革命也都在19世纪内先后完成。

工业革命不仅极大地推动了生产技术和生产关系的巨大变革，而且极大地促进了资本主义生产力的迅速发展，提高了生产的社会化程度，推动了资本主义制度最终战胜封建制度而居于统治地位。其中工业革命对当时旅游活动的发展所产生的推动性影响主要表现在以下方面。

首先，工业革命促进了交通条件的极大改善，使大规模的人员流动在技术上成为可能。蒸汽机的发明和应用是工业革命的重要标志。随着蒸汽机技术在交通领域的应用，火车和轮船随之出现，从而极大地改善了人们外出旅行的交通条件。例如1820～1840年的20年间，横渡英吉利海峡的轮渡业务的年客运量已达10万人次；1841年，英国铁路运输的旅客运输量已达到200万人次。

其次，工业革命加速了城市化进程，使大规模的人员流动成为必要。工业革命带来了机械化、流程化、规模化的生产方式的发展，推进了城市化进程，从而使很多人的生活地点从宁静、安逸的乡村转移到节奏紧张、拥挤、嘈杂的城市，也使很多人的工作性质从随农时变化而忙闲有致的多样性的农业劳动转变为枯燥、重复的单一的机器大工业劳动。这种生活方式和工作性质的变化，使得越来越多的人需要通过外出旅游来调节生活节奏，缓解身心压力。

最后，工业革命引致了阶级关系的重大变化，客观上促进了旅游规模的扩大。在工业革命之前的封建时代，只有地主阶级和封建贵族才有金钱和时间开展非经济目的的旅行活动。工业革命造就了工业资产阶级，并使之成为新的统治阶级，从而使社会财富越来越多地流向了工业资产阶级。这一变化无疑增加了经济上和闲暇时间上有条件外出旅游消遣的人数。

此外，工业革命在造就了工业资产阶级的同时，也造就了人数众多的靠出卖劳动力为生的工人阶级，为日后旅游业的发展埋下了很好的伏笔。随着生产力水平的提高和剩余价值的增多，特别是工人阶级为争取自己的权益而进行不懈抗争，终将会使资本家日后有可能在提高工人工资和延长带薪假期等方面做出让步。但需要注意的是，这毕竟是日后的事情，而非产业革命带来的直接结果。

2. 交通技术革新对近代旅游发展的影响

1825年，由享有“铁路之父”之称的乔治·史蒂文森建造的世界上第一条铁路在英国投入运营，开创了陆路运输的新纪元，并成为近代旅游发展的重要标志。在铁路客运问世之前的近两个世纪中，欧美人外出旅行所使用的最便捷的交通工具莫过于公共马车（stage coach），而铁路时代的到来，使得越来越多的人开始选择乘坐火车外出旅行和旅游，此前的主要交通工具——公共马车渐渐失去了竞争力。正是因为铁路运输对近代旅游发展的重大影响，许多西方学者将这一时期的旅游发展称为“铁路时代”。

铁路运输具有费用低、速度快、运力大和通达范围广等优势，它的发展对近代旅游的发展产生了重大影响，主要表现在以下几个方面。

首先，节省了旅行费用。当时英国铁路客运的平均价格为每英里一个便士，远比乘坐传统的公共马车低廉，大大节省了旅行费用，使得更多的人有能力支付旅行费用，从而使外出旅行和旅游的人数得以增加。

其次，缩短了旅行时间。公共马车的行走速度一般为每小时 7 英里，而火车的行驶速度为每小时 28～29 英里，相当于公共马车的 4 倍。旅行速度的提高有效地缩短了旅途所需时间，从而为人们外出旅行提供了时间上的保障。

再次，提高了旅客运载量。公共马车充其量只能同时运载几名乘客，而一列火车可同时运载数百人。这在技术上使得大规模的旅行或旅游活动的开展成为可能。

最后，扩大了旅行的通达范围。铁路建设和运营网络不断扩大，到 1865 年，英国铁路里程已发展到 21 382 英里。再加之火车运行速度快等原因，使得人们外出旅行和旅游的活动半径得以有效地扩大。

总之，铁路运输的发展极大地推动了较大范围和较远距离的旅游活动的开展，不仅使工商人士的业务旅行大为增多，更重要的是为人们消遣性旅行开创了前所未有的便利条件。

19 世纪末，内燃机的问世又给交通运输的发展提供了新的动力来源，不仅创新了汽车、火车的动力系统，而且促进了飞机的发明和航空技术的不断创新。到第一次世界大战爆发时，英国和美国的私人小汽车拥有量分别达到 13 万辆和 200 万辆；到 20 世纪 20 年代末，机型较大、安全性能较好的民航客机已开始投入使用，1939 年欧美各主要城市间都已有了固定的客运航班。

3. 旅游业的诞生和发展对近代旅游发展的影响

如上所述，工业革命、铁路等交通运输工具的变革以及工人阶级的抗争等，使越来越多的人开始有了外出消遣和旅游的金钱、时间和动机。然而，由于绝大多数人，包括新兴的资产阶级在内，此前都没有外出旅游的经验，对异国他乡的社会情况以及如何办理旅行手续都不太了解，也担心外出旅行时可能遇到的语言障碍和货币兑换等问题，因而他们对外出旅游还存在担忧和顾虑。也就是说，在当时，人们迫切需要有人能够在外出旅游方面提供帮助。重要的是，这在当时并非某些人的个别需求，而是一种社会需求。英国的一些慧眼之士敏锐地注意到了这种社会需求，并预见到了这种社会需求所带来的市场机会，开办了相应的旅行服务业务。例如1882年，罗伯特·斯玛特（Robert Smart）在布里斯托尔市开办了轮船代理业务，为乘客代理预订前往布里斯托尔海峡各港口和爱尔兰都柏林的船票。1841年托马斯·库克创建了世界上第一家旅行社——通济隆旅行社，标志着世界旅游业的正式诞生。在托马斯·库克的影响下，许多类似的旅游组织相继成立。

与此同时，饭店业逐渐兴起，这一时期，不仅为特权阶级提供服务的豪华饭店有了发展，而且为中产阶级提供服务的一般商业饭店也发展很快，从而对旅游业的发展起到了重要的支撑作用。此外，旅游胜地的不断开辟有力地促进了旅游业的快速发展，游乐场、音乐厅、运动场、赌场和浴场等旅游设施不断得以完善；尤其是人文景观也开始与自然景观相融合，改变了之前单调的旅游产品形式。旅游业的诞生和不断发展，对近代旅游活动的开展起到了重要的推动作用。

三、现代旅游活动的发展

现代旅游是指第二次世界大战结束以来，特别是20世纪60年代以来迅速普及的社会化旅游活动。鉴于当今旅游研究的主要对象是现代旅游，所以本书此后各章节的内容也都将围绕现代旅游现象展开。

（一）现代旅游活动发展概况

第二次世界大战结束后，国际局势趋于缓和，科技革命持续深入和发展，从而有力地推动了世界经济的持续增长，全球财富和可自由支配收入急剧增加，从而使旅游需求规模出现了前所未有的快速发展。以统计数据较为健全的国际旅游活动为例，1950年全世界国际旅游规模仅为2 528万人次，到1960年上升到6 930万人次，短短10年内增长了174%；与此相对应，国际旅游消费额从1950年的21亿美元增加到1960年的69亿美元，若不考虑物价因素，10年内增长了229%。到1970年，全球国际旅游人次数和消费额分别达到1.6亿人次和179亿美元，分别是1960年的2.3倍和2.6倍。进入20世纪80年代后，全球国际旅游规模，无论是国际旅游人次数还是国际旅游消费额都迅速增长。到2006年，国际旅游人次数达到了846百万人次，相当于1950年的33.44倍；国际旅游收入达到了7 330亿美元，如果不考虑物价因素，相当于1950年的349倍，见表1-1。

表 1–1　全球国际旅游规模的变化

年份	旅游人次数/百万	是 1950 年的倍数	旅游收入/亿美元	是 1950 年的倍数
1950	25.3	1.00	21.00	1.00
1960	69.3	2.74	68.67	3.27
1965	112.7	4.45	116.04	5.53
1970	159.7	6.31	179.00	8.52
1975	214.4	8.47	407.02	19.38
1980	288.0	11.38	1 023.72	48.75
1985	329.5	13.02	1 173.75	55.89
1990	459.2	18.15	2 647.14	126.05
1995	561.0	22.17	3 806.93	181.28
2000	687.3	27.17	4 960.00	236.19
2003	690.0	27.27	5 240.00	249.52
2004	763.0	30.16	6 230.00	296.67
2005	806.2	31.87	6 800.00	323.81
2006	846.0	33.44	7 330.00	349.05

资料来源：根据世界旅游组织（WTO）和亚太旅游协会（PATA）有关资料汇集。

李天元.旅游学概论[M]. 6 版. 天津：南开大学出版社，2009：247.

需要指出的是，在大众化旅游形成的初期阶段，以欧美为代表的发达国家在其中扮演了重要的角色（表 1-2），但随着发展中国家的崛起和发展，发展中国家在现代旅游中所扮演的角色越来越突出。

表 1–2　1967 年全球国际旅游客源的地区分布

客源产生地	客源产生量/百万人次	占世界总量/%
西欧	88.2	67.4
北美	37.3	28.6
拉美和加勒比	1.1	0.7
非洲	1.2	0.9
亚洲（含澳大利亚）	2.1	1.6
中东	1.2	0.8
全世界合计	131.1	100

资料来源：世界旅游组织（WTO）。

李天元.旅游学概论[M]. 6 版. 天津：南开大学出版社. 2009：33.

（三）二战后旅游活动迅速恢复的原因

如前所述，二战后旅游活动呈现快速恢复和发展，这是当时的政治经济发展状况所决定的。总体上而言，二战后世界政治环境相对和平，各国经济快速发展，科学技术进步不断取得突破，从而为旅游活动的开展提供了必要的前提条件。具体地讲，二战后旅游活动之所以能够迅速恢复，既有客源国的原因，也有旅游目的地的原因。

从客源的角度来看，促进二战后旅游活动迅速恢复的原因主要有以下方面。

1. 世界人口的快速增长

二战后初期，全世界人口仅约 25 亿人，到 1960 年代末，全世界人口已增加到 36 亿人，在短短的 20 年内，增加了 44%。人口基数的扩大成为二战后旅游需求规模扩大的客观基础。

2. 世界经济的发展

二战后，几乎所有国家的经济增长速度都明显高于二战前（表 1-3）。据统计，以 1979 年的美元价值计算，1949 年全球生产总值仅为 25 000 亿美元，1960 年代末则上升到 62 000 亿美元，20 年内增长了近 1.5 倍。世界经济的恢复和发展使很多国家，尤其是原来经济基础比较雄厚的西方国家的家庭人均收入迅速提高，到 1960 年代，一些欧洲国家开始形成所谓的“富裕社会”。毋庸置疑，人们收入的增加和支付能力的提高对二战后旅游活动的迅速恢复和发展起到了极其重要的刺激作用。

表 1–3　二战前、后部分国家经济增长速度比较　单位：%

国别	1913～1938 年	1953～1973 年
美国	2.0	3.5
英国	1.0	3.0
法国	1.0	5.2
西德	1.3	5.9
日本	4.5	9.8

资料来源：王章耀.世界经济概论[M].北京：中国人民大学出版社，1986：20.

3. 交通运输工具的进步

二战后，虽然火车和轮船在不少国家，如中国、印度、前苏联等仍是人们重要的旅行方式，但在其他许多国家，尤其是在发达的工业化国家，这些传统的旅行方式逐渐被汽车和飞机所取代。在北美和西欧，拥有私家车的家庭比例不断提高，公共汽车的运营网络不断扩展和完善，从而使汽车成为陆路旅行的主要交通工具。与此同时，民用航空运输的发展也使得人们能够在较短的时间内进行远程旅行，因而航空旅行成为了人们最重要的远程旅行方式。交通运输工具的进步不仅意味着旅行条件的改善，更重要的是刺激了人们对外出旅游的需求。

4. 带薪休假制度的实行

二战后，随着科技发展所带来的生产技术进步，很多行业的生产自动化程度不断提高，而生产效率的提高意味着生产同样数量的产品所需的劳动时间大大减少，加之劳动阶级争取自身权益的努力，带薪休假制度逐步实行。到 20 世纪 60 年代，多数发达国家在不同程度上开始实施带薪休假制度，因此为外出旅游和度假提供了时间上的保障，从而形成了对旅游需求的又一刺激，不仅使出游人数大为增加，而且使出游距离和停留时间的延长成为可能。

5. 城市化进程的加快

二战后，世界各地的城市化进程普遍加快。例如到 20 世纪 70 年代初，以美国为代表的发达国家的绝大多数人口居住在城市，绝大多数劳动者从事单调乏味的重复性工作，由此带来的身心紧张使人们向往能有机会逃避城市的喧嚣、重返没有工业污染的大自然，向往能够给人带来新鲜感受的异域环境。总之，城市化进程加快是促使二战后旅游活动迅速恢复的重要社会心理原因之一。

6. 教育事业的发展和通信技术的进步

二战后，随着各国教育事业的发展和国民受教育程度的提高，加之通信技术的进步所带来的影响，人们对异国他乡的事物的了解增多，并因此产生兴趣。好奇心的增加增强了人们的求知欲，从而加深了人们希望有机会能够亲历观察和体验异乡事物的愿望。与此同时，随着人们文化水平的提高和知识的增多，过去那种因缺乏知识而对外部世界怀有恐惧的心理不仅会减少，而且把握旅游信息和机会的能力大大增强。因此，教育事业的发展和通信技术的进步，无疑对二战后旅游活动的迅速恢复具有积极作用。

从旅游目的地的角度来看，促进二战后旅游活动迅速恢复的原因主要有三个方面。

（1）目的地政府的支持　二战后很多旅游目的地政府在发展旅游业和便利旅游者来访方面都采取支持态度和鼓励措施。

（2）旅游接待能力的提高　很多旅游目的地在景区（点）开发和旅游设施建设方面做出了巨大努力，并进行了很大的投入。

（3）团体包价旅游的推出和推广　不仅降低了旅游价格，而且使人们外出旅游的心理负担和压力大为降低。

（三）现代旅游活动的特点

由于观察角度和研究目的的差异，不同学者对现代旅游活动的特点的归纳有所区别。需要强调的是，归纳现代旅游活动的特点只是手段，而非目的，其目的在于通过归纳现代旅游活动的特点这一手段，去深化对现代旅游活动的了解和认识，从而有助于指导旅游业的经营和管理工作。参考各种研究文献，本书将现代旅游活动的特点归纳为普及性、规模发展的持续性、空间分布的集中性和时间分布的季节性。

1. 普及性

也称现代旅游活动的大众化，是指参与旅游活动的旅游者已扩展到普通社会大众。尽管二战前，旅游者队伍中就已经有劳动阶级，但劳动阶级大规模参与旅游活动却是二战后才出现的事情，更确切地说，是始于 20 世纪 60 年代中期的事情。旅游活动发展到今天，已成为现代生活方式的重要组成部分。据统计，目前发达国家人均每年外出旅游 6 次，个别国家甚至更高；我国作为发展中国家，2009 年，国内旅游者 19.02 亿人次，出境旅游者 4 765.63 万人次，换言之，人均外出旅游次数也达到了 1.5 次。

现代旅游之所以会出现大众化或普及性的特点，主要在于：一是各国政府非常重视旅游业的发展，旅游供给持续增加；二是旅游景区、旅游饭店等旅游接待设施和基础设施不断发展，旅游市场从卖方市场转变为买方市场，旅游产品市场竞争越来越激烈，旅游产品价格相对低廉刺激了旅游需求；三是二战后全球社会政治环境总体安定，经济发展迅速，人们收入水平不断提高，闲暇时间不断延长，为人们外出旅游创造了良好的物质条件；四是城市化进程加快，生活节奏加快，工作压力增强，人们外出旅游度假的动机不断增强。当然，奖励旅游、社会旅游等新的旅游类型的出现也推动了现代旅游活动的大众化。

2. 持续性

指现代旅游活动规模增长的持续性和波动性。总体上来说，二战以后，随着世界各国经济的快速发展，旅游度假在很多国家已成为人们生活的必要组成部分，统计数据表明，自 20 世纪 50 年代以来，无论是国际旅游规模还是国内旅游规模，都呈现出持续增长的态势。以统计数据比较完整的国际旅游为例，1950 年，全球国际旅游规模为 25.3 百万人次，到 1990 年增加到 459.2 百万人次，到 2006 年更是增加到 846 百万人次，几乎呈线性增长趋势，见图 1-1。

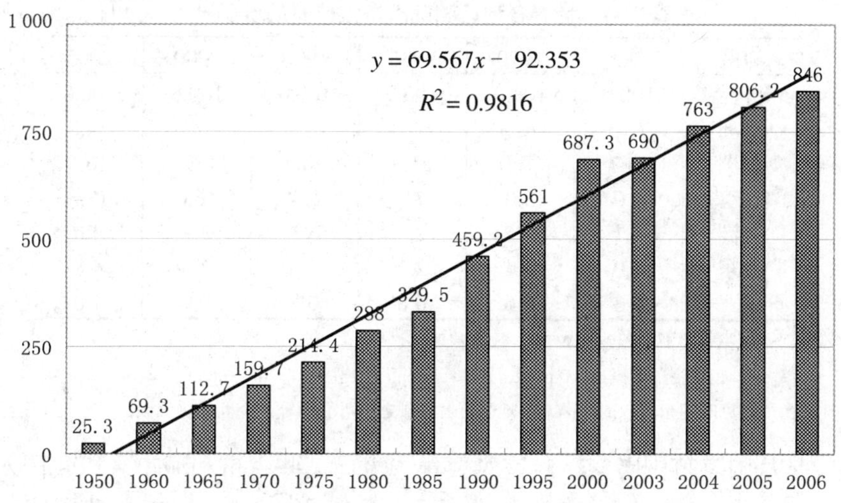

图 1–1　全球国际旅游规模变化情况（百万人次）

虽然现代旅游活动总体上呈快速发展的趋势，但有些年份也会出现停滞甚至倒退现象。如 2003 年，“非典”的爆发使得包括我国在内的许多国家的旅游业都受到严重影响，国际旅游人数比 2002 年明显减少。而且由于国际旅游活动的开展一方面受客源国方面有关因素的影响，另一方面也受接待国方面有关因素的影响，因此在全球旅游活动普遍持续发展的情况下，有些地区或国家的旅游活动也可能在某一时期出现停滞甚至倒退现象。如 20 世纪 70 年代中期爆发的中东战争使前往这一地区的旅游者人数降至低谷；2001 年美国“9·11”事件的发生致使到访美国的游客急剧减少。

3. 地理集中性

尽管现代旅游者的活动范围可谓无所不至，但是全球每年的旅游者并不是均匀地分布在世界各地，而是相对集中在某些地区或国家，甚至某些重点区域或景区（点）。可以从以下三个方面来分析现代旅游活动的地理集中性。

一是从全球范围考察，游客主要集中在某些区域。由表 1-4 可见，1960 年，世界上国际游客的流向主要是欧洲，其次是美洲，二者的接待量合计占世界上国际游客接待总量的 96.6%；尽管随着时间的推移，世界上其他区域的游客接待份额有所上升，例如东亚太地区的接待份额从 1960 年的 1.0%上升到了 2005 年的 18.3%，然而世界上国际游客的接待份额依然主要集中在欧洲和美洲，二者合计仍占 71.4%，接近 3/4，如果再加上东亚太地区，则三者的国际游客接待份额达到了 89.7%。所以说现代旅游活动的开展具有明显的地理集中性的特点。

表 1-4　世界各地区国际旅游接待量的份额　　单位：%

地区	1960	1970	1980	1990	2000	2005
全世界	100.0	100.0	100.0	100.0	100.0	100.0
欧洲	72.5	70.5	66.0	62.6	57.7	54.8
美洲	24.1	23.0	21.3	20.4	18.5	16.6
东亚太	1.0	3.0	7.3	11.4	16.0	18.3
非洲	1.1	1.5	2.5	3.3	3.9	4.6
中东	1.0	1.4	2.1	1.6	2.9	4.8
南亚	0.3	0.6	0.8	0.7	0.9	1.0

资料来源：根据世界旅游组织（WTO）数据整理。

李天元.旅游学概论[M]. 6 版. 天津：南开大学出版社，2009：65.

注：由于计算时四舍五入的原因，各地区所占份额之和可能不等于全世界总份额。

二是从国家范围考察，游客主要集中流向某些省市和城市。以我国入境旅游者的流向为例。根据《2009 年中国旅游业统计公报》，2009 年我国接近 60% 的入境游客的流向集中分布在广东、浙江、江苏、上海和北京五个省市，而新疆、西藏、甘肃、青海和宁夏五个省区接待的入境游客仅占全国总量的 0.8%，见表 1-5。

表 1-5　2009 年我国入境游客的省际分布情况

排序	地区	入境游客数/万人次	所占份额/%	累进份额/%	排序	地区	入境游客数/万人次	所占份额/%	累进份额/%
1	广东	2 747.8	34.18	34.18	17	内蒙古	128.96	1.60	89.67
2	浙江	570.64	7.10	41.28	18	河南	125.85	1.57	91.24
3	江苏	556.83	6.93	48.20	19	山西	106.78	1.33	92.57
4	上海	533.39	6.63	54.84	20	重庆	104.81	1.30	93.87
5	北京	412.51	5.13	59.97	21	江西	96.43	1.20	95.07
6	福建	312.03	3.88	63.85	22	四川	84.99	1.06	96.13
7	山东	310.04	3.86	67.71	23	河北	84.22	1.05	97.17
8	辽宁	293.2	3.65	71.36	24	吉林	68.05	0.85	98.02
9	云南	284.49	3.54	74.89	25	海南	55.15	0.69	98.71
10	广西	209.85	2.61	77.51	26	贵州	39.95	0.50	99.20
11	安徽	156.16	1.94	79.45	27	新疆	35.49	0.44	99.64
12	陕西	145.08	1.80	81.25	28	西藏	17.49	0.22	99.86
13	黑龙江	142.51	1.77	83.03	29	甘肃	6.07	0.08	99.94
14	天津	141.02	1.75	84.78	30	青海	3.61	0.04	99.98
15	湖北	133.46	1.66	86.44	31	宁夏	1.45	0.02	100.00
16	湖南	130.87	1.63	88.07					

资料来源：《2009 年中国旅游业统计公报》。

2010年，我国入境游客接待量超过100万人次的城市有15个，其中深圳、广州和上海三个城市的年接待量超过了700万人次，北京、珠海、杭州和苏州四个城市的年接待量超过了200万人次。由表1-6可见，深圳、广州、上海和北京四个城市的年接待量占30个主要城市年接待量的54%，如果再加上珠海、杭州、苏州和天津，这8个城市的年接待量占30个主要城市年接待量的71%。

表1-6　2010年我国主要城市接待的入境游客情况

排序	城市	接待人数/万人次	所占比重/%	累进份额/%	排序	城市	接待人数/万人次	所占比重/%	累进份额/%
1	深圳	1 020.6	18.0	18.0	15	黄山	105.0	1.8	86.9
2	广州	814.8	14.3	32.3	16	宁波	95.2	1.7	88.6
3	上海	733.7	12.9	45.2	17	武汉	92.8	1.6	90.2
4	北京	490.1	8.6	53.9	18	昆明	86.1	1.5	91.7
5	珠海	325.1	5.7	59.6	19	西安	84.2	1.5	93.2
6	杭州	275.7	4.9	64.5	20	无锡	79.2	1.4	94.6
7	苏州	207.5	3.7	68.1	21	成都	73.2	1.3	95.9
8	天津	166.1	2.9	71.0	22	沈阳	55.0	1.0	96.9
9	厦门	155.2	2.7	73.8	23	中山	48.1	0.8	97.7
10	桂林	148.6	2.6	76.4	24	三亚	41.6	0.7	98.5
11	重庆	137.0	2.4	78.8	25	哈尔滨	26.4	0.5	98.9
12	南京	130.9	2.3	81.1	26	长春	25.0	0.4	99.4
13	大连	116.6	2.1	83.2	27	济南	23.1	0.4	99.8
14	青岛	108.1	1.9	85.1	28	海口	13.3	0.2	100.0

资料来源：根据国家旅游局官方网站相关资料整理。

三是从城市的范围考查，游客主要集中于城市的某些区域。例如英国伦敦是世界著名的旅游城市之一。调查显示，93%到访伦敦的游客会去特拉法格广场，85%的游客会去参观西敏寺，83%的游客会去白金汉宫观看皇家卫兵的换岗仪式，82%的游客会去伦敦塔参观。而许多其他景区（点）的游客接待量比较少。

了解和认识旅游活动的地理集中性的特点，无论对微观层次上的旅游企业经营，还是对宏观层面上的旅游规划与管理，都具有十分重要的现实意义。从微观层次上看，有助于指导旅游经营者选择恰当的营业地点，即旅游经营者应将营业地点选择在旅游者活动比较集中的区域。特别是对于诸如酒店、餐厅、旅游商场和旅游代理商之类的旅游服务企业来说，传统上一直是将“地点、地点、还是地点”作为实现成功经营的“黄金法则”，这里所说的“地点”，实际上就是指有足够的客流或潜在的顾客来此活动的地方。从宏观层面上看，有助于指导旅游目的地的旅游规划和管理工作，从而有助于促进可持续旅游发展的实现。

4. 季节性

指现代旅游活动的开展在时间分布上不均匀，即无论是哪一区域（或景区），也无论在哪一年，总会呈现出有些季节（或月份）的游客数量较多，而有些季节（或月份）的游客数量较少的现象。由表 1-7 可见，2006～2010 年，我国各月平均入境游客接待量存在一定的季节差异，其中，入境游客规模最小的是 2 月份，仅占五年平均的 7.23%，入境游客规模最大的是 4 月份，占五年平均的 8.86%。

表 1-7　2006～2010 年间我国入境游客接待量的多年平均月变化（万人次，%）

月份	1 月	2 月	3 月	4 月	5 月	6 月
五年平均	1 041.14	935.09	1 093.63	1 146.59	1 060.65	1 033.47
所占比重	8.05	7.23	8.45	8.86	8.20	7.99
月份	7 月	8 月	9 月	10 月	11 月	12 月
五年平均	1 113.49	1 125.69	1 066.67	1 139.69	1 067.04	1 117.30
所占比重	8.60	8.70	8.24	8.81	8.25	8.63

资料来源：根据国家旅游局官方网站相关资料整理。

在旅游研究和旅游业中，人们把一年中旅游者来访人数（或某地人口中外出旅游的人数）明显较多的时期称为旅游旺季（high season），明显较少的时期称为旅游淡季（low season），其余时期则称为旅游平季（shoulder season）。

可用标准差和标准离差率来说明季节变化的程度。标准差和标准离差率的计算公式是：

$$\sigma = \sqrt{\frac{\left(X_i - \overline{X}\right)^2}{N}}；\quad \gamma = \frac{\sigma}{\overline{X}}$$

式中 σ 为标准差；γ 为标准离差率；X_i 为多年平均的每个月份的接待量；$\overline{X}$ 为多年平均的月平均接待量；N 为测算的月份数。显然，如果每个月份的接待量相同，则 $\sigma = 0$，说明在时间上绝对均匀分布；标准差和标准离差率越大，说明季节变化也就越高。

根据表 1-7 的数据进行计算，我国多年平均各月份的入境游客接待量的标准差率仅为 5.23%，说明入境游客接待量的季节变化并不是很大。形成这一特点的原因，一方面是因为我国疆域辽阔，各地的气候状况不一，一年四季都有适于开展旅游活动的地方；另一方面是因为在吸引外国游客来访的重要旅游资源中，有相当大的地区是受气候等环境条件影响较小的历史文化旅游资源。

与我国相比，有些旅游目的地，如瑞典，入境旅游需求的季节性程度要严重得多，旅游企业几乎是季节性经营。在旅游淡季会出现的旅游接待设施的严重闲置现象，因此如何克服旅游需求的季节性是旅游行业必须注意的重大问题。

对于旅游目的地来说，游客来访的季节性变化既有该地自身方面的原因，也有客源地方面的原因。旅游目的地方面的原因主要是气候条件。特别是，如果旅游目的地借以吸引游客的主要旅游资源受气候变化的影响，则气候变化对游客来访的季节性变化的影响更为突出。例如韩国拥有众多质量上乘的高尔夫球场，每年夏秋时分都会吸引大量的高尔夫爱好者来访，但在寒冷的冬季，高尔夫球场的吸引力便会随之消弱，游客接待量也会因此大幅减少。诸如此类的例子不胜枚举。客源地方面的原因主要是出游目的、带薪假期的放假时间和人们在选择出游时间方面的传统习惯。通常如果一个旅游目的地所接待的来访游客中消遣型游客所占比重较大，那么该地旅游业务的季节性就会较强。我国最近 10 年来“黄金周”期间国内旅游和出境旅游高峰的出现，也充分显示了旅游季节性与放假时间之间的高度相关性。

第三节 旅游学的研究对象、内容与方法

旅游学是一门研究人类旅游活动的产生、运行和发展规律的综合性学科，有其自身独特的研究对象和研究内容。

一、旅游学的研究对象

不少学者认为，应该从旅游活动的有效开展的角度来探讨和把握旅游学的研究对象。鉴于旅游活动的开展需要具备相应的要素，所以他们认为，应从旅游活动的要素及其构成方式的角度来思考旅游学的研究对象，并把这种观点概括为“要素论”。

"要素论"有两个主要流派：一是从旅游活动过程的构成要素——食、住、行、游、购、娱六大要素来分析；二是从旅游活动运行机制中的各要素——旅游活动的主体、旅游活动的客体和旅游活动的媒介来分析。显然"要素论"对旅游学研究对象的分析还存在不足，特别是没有进一步探讨各要素的内在本质及其矛盾规定性。

毛泽东指出："科学研究的区分，就是根据科学对象所具有的特殊的矛盾性。因此，对某一现象的领域所特有的某一矛盾的研究，就构成某一门学科的对象。"[①]据此分析，不同学科的研究对象是由该学科不同的矛盾规定性决定的。

所以对旅游学研究对象的研究，也应该透过现象看本质，要从分析旅游现象入手，研究构成旅游现象各要素的运行规律及其内在本质所反映的矛盾规定性。谢彦君对此做了较好的阐述："旅游学要以研究旅游现象的基本矛盾为核心，研究这种矛盾发生的基础、原因，研究这种矛盾的性质、形态和结构特征，研究这种矛盾的运动规律，研究这种矛盾所形成的复杂影响。"[②]

当然，旅游学的研究对象不仅仅限于对旅游现象的基本矛盾的研究，还应包括旅游活动乃至整个旅游业的运行机制、发展规律、影响评价、协调体系和可持续旅游发展等。[③]李天元认为"旅游学是研究旅游者及其旅游活动，研究旅游业及其开发和管理活动，以及研究旅游者和旅游业双方活动的开展给旅游目的地的经济、社会、文化和环境所带来的影响的一门科学。"[④]对于旅游学的这一界定，国际学术界多有共识。例如：

著名旅游学术期刊 *Annals of Tourism Research* 的主编、美国威斯康星大学的 J 贾法里（Jafari）曾于 1977 年指出："Tourism is a study of man away from his usual habitat, of the industry which responds to his needs, and of the impacts that both he and the industry have on the host socio-cultural, economic, and physical environments."

国际知名旅游专家 E 希斯（Heath）和 G 沃尔（Wall）于 1992 年指出："The study of tourism is the study of people away from their usual habitat, of the establishments that respond to the requirements of travelers, and of the impacts they have on the economic, physical, and social well-being of their hosts. It involves the motivations and experiences of the tourists, the expectations of and adjustments

① 毛泽东.毛泽东选集：1 卷[M].北京：人民出版社，1991：309.

② 谢彦君.基础旅游学[M].2 版.北京：中国旅游出版社，2004.

③ 安应民.旅游学概论[M].北京：中国旅游出版社，2007：26.

④ 李天元.旅游学概论[M].6 版.天津：南开大学出版社，2010：5.

made by residents of reception areas, and the role played by the numerous agencies and institutions that intercede between them."

二、旅游学的研究内容

研究对象规定了研究内容和范畴，或者说，研究内容是研究对象的展开。加拿大学者斯蒂芬·史密斯曾对旅游学的研究内容做了非常有价值的归纳：一是必须了解旅游者和潜在旅游者的行为和心理；二是必须研究旅游和社会的关系；三是从客源地到旅游目的地旅行是旅游的一个固定特征，所以必须把旅游作为一种地理现象来研究。综合不同学者的观点，我们认为旅游学的研究内容包括以下几个方面。

（1）旅游者　是旅游活动的主体，没有旅游者就不可能有旅游活动的开展。旅游学对旅游者的研究主要包括旅游者的界定、旅游者的分类、旅游者产生的条件以及旅游者的心理等。

（2）旅游资源　是构成旅游活动的重要基础性条件，没有旅游资源以及对旅游资源的开发与利用，就不能形成旅游产品和旅游接待能力，也就谈不上旅游活动的开展和旅游产业的发展。旅游学对旅游资源的研究主要包括旅游资源的概念和内涵、旅游资源的分类与分布、旅游资源的调查与评价以及旅游资源的开发与保护等。

（3）旅游产品　是旅游者选择旅游活动的行为目标和消费对象，没有旅游产品就不会形成旅游活动。旅游学对旅游产品的研究主要包括旅游产品的概念和特征、旅游产品的开发与组合、旅游产品的设计以及旅游产品的生命周期等。

（4）旅游市场　是旅游活动开展的基本媒介和载体。无论是旅游者的旅游决策，还是旅游业的运行和发展，都离不开旅游市场这一基本舞台。旅游学对旅游市场的研究主要包括旅游市场的概念和类型、旅游市场的结构和功能、旅游市场规则以及旅游市场营销等。

（5）旅游业　是旅游企业的集合，是旅游供给的主体。旅游学对旅游业的研究主要包括旅游业的概念和内涵、旅游饭店业、旅游交通运输业、旅行社、旅游景区（点）以及旅游商品经营业等。

（6）旅游组织　是旅游管理的主体，是旅游活动有序开展和旅游业健康发展的保障。旅游学对旅游组织的研究主要包括旅游组织的构建、旅游组织的职能以及旅游组织的运作模式等。

（7）旅游影响　无论是旅游活动的开展还是旅游业的发展，都会对经济、社会、文化和环境产生一系列重大影响。旅游学对旅游影响的研究主要包括对经济的影响、对社会的影响、对文化的影响以及对环境的影响等。

三、旅游学的研究方法

与其他学科一样，旅游学也有体现自身学科特点的一套研究方法。

（1）科学抽象法　旅游学是研究旅游活动运行规律和旅游产业发展规律的综合性、边缘性学科。而旅游活动的运行和旅游产业的发展是非常复杂的矛盾运动过程，在这一过程中会表现出许多现象、联系、矛盾和规律。要正确认识和把握这些现象、联系、矛盾和规律，必须采用科学抽象的方法。正如马克思所说："分析经济形式，既不能用显微镜，也不能用化学试剂，而必须用抽象力来代替。"

（2）野外考察法　野外调查是旅游学研究非常重要的研究方法。旅游学的野外考察包括旅游资源调查、旅游市场调查、旅游环境调查等。

（3）逻辑分析法　游客旅游行为的表现、旅游活动中经济关系的协调、旅游产业系统的有效协同等，都蕴含着非常深刻的逻辑性。运用逻辑分析法，可以发现和揭示旅游活动和旅游产业运行的逻辑关系，把握运行规律，从而促进旅游活动和旅游产业运行的优化。

（4）比较研究法　既有横向比较研究，也有纵向比较研究。通过横向比较研究，可以甄别不同旅游目的地或客源地的优劣，找出差距，发现问题的症结所在，便于采取科学合理的对策和措施。通过纵向比较研究，可以把握旅游活动和旅游产业的发展趋势，为科学决策提供依据。

（5）统计分析法　旅游统计资料是旅游活动最客观、最现实的反映，而这种反映对分析研究旅游活动和旅游产业运行的规律性具有重要作用。因此，统计分析法是旅游学研究的重要方法。例如在研究一个国家或地区旅游业发展现状时，最常用的方法就是统计分析法。

（6）图表法　是最直观、最经济的研究和表现方法。旅游活动、旅游资源、旅游市场、旅游产业等都具有显著的空间性，用空间地图表示最为简便。旅游学研究中常用的图表有旅游资源分布图、旅游交通图、旅游线路图、游客流量分析表、旅游经济效益分析表等。

第四节　旅游学的学科性质和学科体系

关于旅游学的学科性质和学科体系，旅游学界至今还没有形成比较一致的观点，仍在发展完善之中。本书对此做出一些阶段性的总结。

一、旅游学的学科性质

在我国教育部颁布的本科和研究生教育专业设置中，旅游学还不是一门独立的学科，而只是管理学的一个二级学科。然而，不仅旅游业已成为我国的支柱产业，在国民经济中发挥着越来越重要的作用，而且近年来旅游学研究在国内外得到了快速发展，因此有必要探讨旅游学的学科性质问题。

（一）旅游学是社会科学的分支学科

旅游活动是一种重要的社会现象。旅游作为人类的活动方式，不仅是体现人的生活质量和社会发展质量的重要集群性指标，而且是生产力发展到一定阶段所产生的社会现象；同时旅游活动涉及大量的人员接触，旅游产业的运行也与众多产业部门发生千丝万缕的联系，因此以旅游活动和旅游产业为研究对象的学科无疑是社会科学的一个重要分支。

（二）旅游学是一门新兴的学科

旅游学是伴随着现代旅游活动的形成与发展而产生的一门新兴学科。如果从1927年意大利罗马大学教授马里奥出版的《旅游经济》讲义算起，至今仅有80多年的历史；如果从19世纪后半期西方国家开始关注对旅游经济问题的研究开始，至今也不过150年左右的历史。由于旅游学的研究历史比较短暂，是一门新兴学科，因此其学科体系、基本内容、基本概念、研究方法等方面还存在着许多值得深入探讨和进一步完善的地方。

（三）旅游学是一门边缘性学科

旅游活动是在具体的社会环境中发生和进行的，涉及许多学科的理论和实践问题，因此旅游学研究涉及经济学、管理学、心理学、地理学、社会学、统计学、市场学、美学、伦理学等学科的理论与方法，甚至还会用到技术性学科、医学的概念和方法，具有非常明显的多学科、跨学科甚至超学科的学科特征。旅游学的这种综合性、边缘性学科特点，使其研究内容非常丰富，科学研究的难度增大。

（四）旅游学是一门应用性很强的学科

旅游学的应用性特点主要表现在以下几个方面。首先，旅游学的基本理论、基本内容和基本方法来源于旅游活动和旅游产业的运行，是人们对旅游活动和旅游产业运行的矛盾、关系和规律的高度概括、梳理和总结。其次，由于旅游学是对旅游活动和旅游产业运行矛盾及规律等的高度概括，因此它能够反过来指导和服务于旅游活动和旅游产业的发展，也可以将来源于实践的旅游学理论再次在实践中得以检验，使其理论更成熟和完善。最后，旅游学还特别注重其实用性的研究，如区域性旅游资源的开发利用、区域旅游经济发展战略、区域旅游经济可持续发展等。

综上所述，旅游学是一门由多学科理论和方法交叉而形成的、具有很强应用性的、新兴的社会科学的分支学科。

二、旅游学的学科体系

（一）旅游学形成的学科基础

尽管旅游学还是一门比较年轻的学科，甚至还是一门不够成熟的学科，但作为一门新兴的边缘性的应用性学科，它具有比较宽厚的学科基础。如前所述，旅游学涉及经济学、管理学、地理学、心理学、社会学、生态学、美学、统计学等众多学科的理论和方法（图 1-2)。这种学科基础既反映了旅游学具有非常丰富的学科营养和发展潜力，也反映了旅游学具有非常明显的综合性和交叉性。

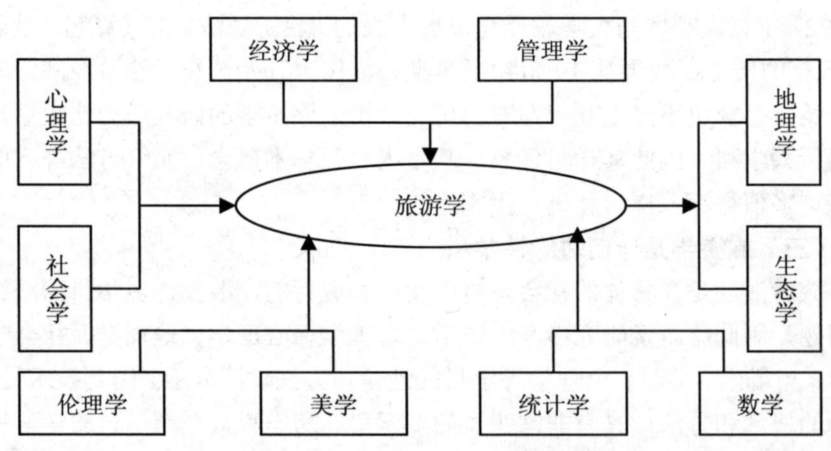

图 1-2　旅游学形成的学科基础

（二）旅游学的体系结构

旅游学是以旅游活动和旅游产业为研究对象的学科，以探讨旅游活动和旅游产业的运行规律和矛盾运动为主要任务和内容，因此旅游学的学科体系构建，可以首先分为三个相互关联的模块——旅游活动模块、旅游产业模块和旅游管理模块。然后在上述学科基础的支撑下，对每个模块进行划分，其中旅游活动是旅游者凭借一定的旅游资源、旅游接待设施所完成的旅游体验，因此旅游活动模块主要包含对旅游者展开研究的相关学科——旅游心理学、旅游社会学、旅游伦理学、旅游消费行为学等；旅游产业是所有直接提供旅游产品和旅游服务并接待旅游者的企业的集合，因此旅游产业模块主要包含对旅游产品、旅游企业和旅游经济运行展开研究的相关学科——旅游资源学、旅游经济学、旅游市场营销学、旅游财务管理、旅游企业战略管理、旅游人力资源管理、旅游策划学等；旅游管理由旅游行政管理部门、旅游行业协会来完成，因此旅游管理模块主要包含对政府管理部门和行业协会展开研究的相关学科——旅游管理学、旅游政策与法规、旅游规划学、旅游统计学、旅游文化学、旅游信息管理、旅游影响管理等，见图 1-3 所示。

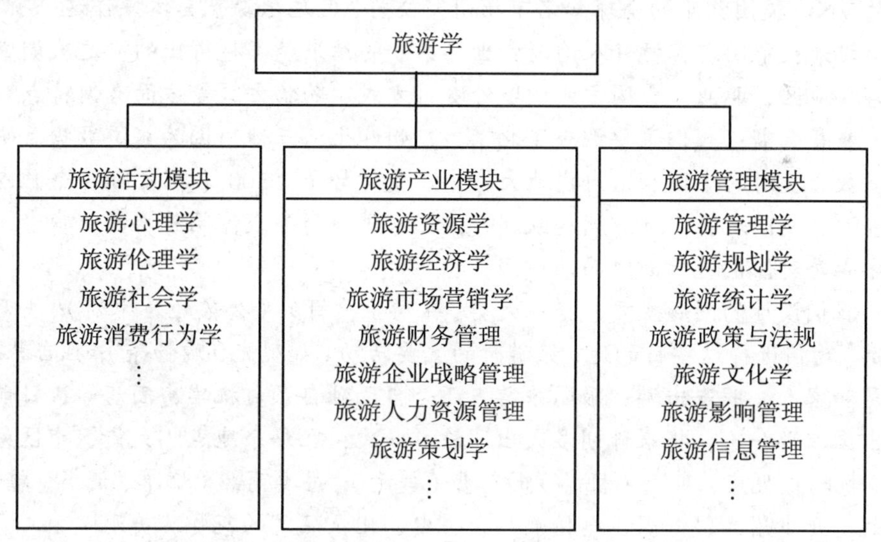

图 1–3　旅游学的学科体系结构

【阅读】

世界正在等待中国

AC 尼尔森与世界免税协会（TFWA）联合进行的最新调查结果，令全世界大吃一惊：虽然中国还是一个发展中国家，境外游项目也只是处于起步阶段，中国游客境外旅游的平均购物花费却高达 987 美元，居世界首位。《新民周刊》专访了世界免税协会研究部主任琳达·霍普金斯（Linda Hopkins），探究这份报告的出台背景、具体内容及其意义。

记者：为何会做这次有关中国游客境外消费的调查？

霍普金斯：对于世界旅游业来说，中国是一个巨大的市场。目前，全世界有 69 个国家和地区成为中国的旅游目的地国家。世界旅游组织预计，中国境外游游客在 2010 年将达到 5 000 万人次。这样一个游客总量对于旅游零售产业很有优势，有必要研究一下中国游客对于目的地、购物地点和商品选择的预期，从而使机场和其他免税零售点做好准备，为他们提供服务。最终，我们委托了荷兰 VNU 集团旗下的全球知名市场研究公司 AC 尼尔森来具体操作这一项目。

记者：中国游客境外人均消费世界第一的结果是怎样得出的？这次调查的人群在地区、职业、出国方式、境外支付方式、购物方式等方面有何特点？

霍普金斯：我们主要调查了北京、广州和上海三地，因为旅游数据表明，大多数出境游的中国人来自内地大城市。受访者是 1 500 名在之前 3 个月内到过香港、澳门地区以及亚洲和欧洲一些国家进行商务或休闲旅游的消费者，调查方式是对他们进行面对面的访问。

我们设计的问题主要包括八大类：旅游主要目的（公务还是休闲）；去哪里旅游，为何选择这些目的地；旅游时的主要活动（如观光、购物等）；独自旅游，还是和家人、朋友出游；跟团旅游，还是自己独自预订机票、酒店等；目前多久出国旅游一次，将来计划多久出国旅游一次；在每个地点（大街、市区免税店，机场免税店，带上飞机的）的花费（美元）；每类商品（烟草、酒类、糖果、时装、儿童用品、电器、电信产品、香水、化妆品）的花费（美元）。

记者：AC 尼尔森中国区董事长高恩曾在报告中指出："随着个人可支配收入的不断增长，中国消费者开始倾向出境游，探索新鲜、有趣的旅游胜地。无疑，消费者对境外游的热情为旅行社、免税店以及奢侈品等相关行业带来了积极的信号。"TFWA 对此看法如何？

霍普金斯：2004 年，中国消费者境外游人数达到 2 900 万，比 2003 年同期增长 43%。虽然中国消费者在单次旅游总花费上略低于日本，位居全球第二，但在购物上的支出却已经位居第一位，而购物支出平均占旅游总预算的 1/3。中国出境游的增长和成熟很快，但仍处于婴儿期，42%的中国游客是第一次出境旅游。这也是我们研究他们境外消费趋势的一个重要原因。受访者表示，观光是他们出境游的重要原因，购物是第二大原因。

中国游客去欧洲旅游的消费者购物花费更多，平均达 1 781 美元。上海游客的平均购物花费高于其他城市的消费者。同时，由于中国境外休闲游客主要人群为女性，时装（53%）、化妆品（50%）、糖果（50%）等高居中国游客购物清单之首。这一消费习惯与欧洲的游客全然不同——他们更倾向于购买酒类、香水及烟草。

记者：此次调查结果说明了哪些问题?

霍普金斯：中国出境游的发展，主要得益于四个方面：其一，中国潜在的出境游人数高达 6 000 万，约占总人口的 5%；其二，中国健康的经济增长和家庭收入增加；其三，出境游政策的自由化，旅游目的地国家从 2002 年的 15 个增加到 2005 年的 64 个，有资格出境游的旅行社从 2000 年的 65 家增至 2004 年的 500 多家；最后，飞中国路线的亚洲低成本航空公司的进入，如泰国航空、曼谷航空、新加坡的 Valuair 等。

此外，VISA 卡的普及化，也给中国的出境游夯实了基础。在过去 4 年，中国的国际 VISA 卡增长率达 300%。2001 年是 40 万用户，2002 年 60 万，2003 年 170 万，去年是 540 万。估计 2009 年将超过 5 000 万，他们大多数在亚洲消费，而消费最快增长地区是欧盟和加拿大。这主要源于中国稳定、积极的宏观经济前景，国内银行的竞争，零售业金融服务急速发展，消费者信用的改善以及政府支持民众使用信用卡。

【思考题】

1. 名词解释：旅游、旅游活动、国际旅游、国内旅游、旅游学。
2. 试分析国际旅游和国内旅游的主要区别。
3. 试分析近代旅游发展的原因。
4. 试分析二战后世界旅游迅速恢复的原因。
5. 现代旅游活动具有哪些特点?
6. 试分析旅游学的学科性质。

第二章 旅游者

【学习目标】

- 熟悉不同组织对旅游者的界定
- 了解决定个人旅游需求的客观条件和主观条件
- 区别消遣型、因公差旅型和因私事务型等三类旅游者

【知识要点】

- 旅游者的界定
- 形成旅游需求的条件
- 旅游者的分类

旅游活动是人们离开其惯常的居住地前往异国他乡的旅行以及在旅游目的地停留期间所开展的全部活动的总和。不仅旅游活动本身是旅游者的活动，而且旅游业的一切行为都是围绕旅游者的旅游需求而进行的。

第一节 旅游者的界定

旅游者的界定不仅是一个概念问题，也是对旅游者本质属性的高度概括。国内外相关组织和学者曾给旅游者下过很多定义。大体上可以将这些定义划分为两类：一是从理论抽象出发的概念性定义（Conceptual Definitions）；二是从实际工作需要特别是从旅游统计工作的需要出发的技术性定义（Technical Definitions）。

一、旅游者的概念性定义

1800 年，塞缨尔·佩季首先使用“tourist”来称呼旅游者。随后不同学者从各自的认知角度和研究目的出发，提出了不尽相同的定义。

1811年出版的《牛津词典》将“tourist”解释为：“以观光游为目的的外来游客”。

1876年瑞士的一部词典将旅游者解释为：“出于一种好奇心，为了得到愉悦而旅行的人”。

1933年，英国学者F W 奥格威尔在《旅游活动》一书中把旅游者定义为：“基于对到访地区的经济影响去认识，旅游者是指具备两项条件的人：第一，离开自己的常住地而外出旅行，在到访目的地的连续停留时间不超过1年；第二，在外出旅行期间，将他们的钱花在所到的地方，而不是在所到访的地方挣钱。”

1936年，英国学者A J 诺沃尔在《旅游业》一书中提出：“不论出于什么原因（要求长期定居或者就业除外），凡是进入外国境内，并在他所暂时停留的国家花钱消费者（所花的钱必须是在别国挣的），均可算是旅游者。”

中华人民共和国国家标准《旅游服务基础术语》（GB/T 16766—1997）将旅游者定义为：“为满足物质和精神文化需求进行旅游消费活动的主体，是旅游服务活动的需求者和服务对象”。

显然，这些定义都存在某些不足，例如对离开常住地多远距离和在目的地停留多长时间这两个关键问题，没有做出明确的界定，因此这些定义充其量只能属于旅游者的概念性定义。

1991年，世界旅游组织在加拿大渥太华召开会议，会议将旅游者界定为：“出于休闲、商务以及其他目的，短期（历时少于一年）离开自己的惯常环境，前往他乡的旅行和在目的地停留访问的人们。”这一界定不仅获得了联合国统计委员会的正式承认，也被世界各国普遍接受。本书也采用该有关旅游者的界定。

二、国际旅游者的技术性界定

各国政府及旅游业界需要准确地了解旅游者的数量、规模、消费水平、消费结构以及整个旅游业在国民经济中的地位、作用和影响等，因此必须从技术层面界定旅游者。这不仅是进行旅游统计时规范旅游者统计口径的需要，而且是制定和执行出入境旅游管理政策（如入境签证、纳税等政策）的需要。事实上，从二战前的国际联盟到二战后的国际官方旅游组织联盟、世界旅游组织、世界经合组织以及很多国家的旅游行政机构，都曾为推进旅游者定义的标准化做了大量工作。到目前为止，世界各国对于国际入境旅游者的界定和统计口径已经达成共识。

（一）国际联盟的定义

1937 年，国际联盟属下的专家统计委员会（the Committee of Statistics Experts of the League of Nations）将旅游统计中的“国际旅游者”定义为“到一个不是自己惯常居住的国家去访问，并在该国停留至少 24 小时的人”。特别界定下列人员是旅游者。

- 为了消遣、家庭事务和身体健康等方面的目的而出国旅行的人。
- 为了出席国际会议或作为公务代表而出国旅行的人（包括科学家，行政、外交、宗教、体育等方面的会议或公务人员）。
- 为了工商业务原因而出国旅行的人。
- 在海上巡游度假（cruising）过程中登岸访问的人员，即使上岸停留时间不足 24 小时。

同时，明确规定下列人员不在国际旅游者之列。

- 来访目的是打工、任职（不论是否订有合同）或从事营业活动者。
- 前来该国定居者。
- 前来该国入学就读，膳宿在学校的学生。
- 跨境前来上班工作的邻国边境居民。
- 途径该国而不作停留的过境旅行者，即使在该国境内停留时间超过 24 小时。

显然，该定义只是针对入境旅游者。这一定义和规定对国际旅游者的统计和国际旅游市场研究起到了重要的作用，也是以后各种有关国际旅游者定义的主要参照。

（二）罗马会议的定义

随着大众旅游在国际间的兴起，统一和规范世界各国的旅游统计口径的问题越来越得到了联合国、有关国际旅游组织以及很多国家政府的关注和重视。在国际官方旅游组织联盟［International Union of Official Tourism Organizations，IUOTO，即当今世界旅游组织（WTO）的前身］的积极推动下，联合国于 1963 年在罗马召开了一次由全体成员国参加的国际旅游会议（以下简称罗马会议）。经过讨论，会议对来访的入境旅游者的统计范围作了新的规范，这就是我国旅游学界习称的关于旅游者的“罗马会议定义”。

罗马会议提出，凡纳入旅游统计中的入境来访人员统称为“游客”（visitor）。这里所指的“游客”实际上也就是旅游理论研究中所泛称的旅游者。

在旅游统计中，将“游客”分为两类。

（1）“旅游者”（tourist）　即在到访目的国停留过夜的游客，也就是旅游理论研究中通常所称的过夜旅游者。

（2）“一日游游客”（day tripper 或 day visitor） 即不在到访目的国停留过夜，而是当日离去的游客，也就是不过夜的旅游者。

罗马会议对“游客”、“旅游者”和“一日游游客”做出了具体的解释和规定。

“游客”：除了移民和就业的目的以外，基于任何其他原因到一个不是自己惯常居住的国家访问的人。其访问目的可以是下列中的任何一项或多项。

- 消遣类目的 包括娱乐、度假、疗养保健、学习、宗教、体育活动等。
- 事务类目的 包括商务、家庭事务、公务出差、出席会议等。

“过夜旅游者”：到一个不是自己惯常居住的国家作短期访问，至少逗留 24 小时的游客。

“一日游游客”：到一个不是自己惯常居住的国家作短暂访问，停留时间不超过 24 小时的游客(包括在海上巡游度假过程中到访并上岸访问的邮轮乘客)。

这一定义还规定，“游客”中不包括那些在法律意义上不视为进入所在国的过境游客（例如虽然途经某国，但并没有离开机场中转区域的航空旅客）。

1968 年，联合国统计委员会正式确认和通过了这一定义。同年，国际官方旅游组织联盟正式通过了这一定义。1970 年，经合组织（OECD）旅游委员会决定采纳这一定义。世界旅游组织（WTO）正式成立后，重申将这一定义作为该组织对应纳入国际旅游者统计的人员范围的解释。因此在国际旅游学术界，人们通常也将这一定义视为世界旅游组织的解释。

这一定义具有以下基本特点。

一是将所有纳入旅游统计的入境来访人员统一称为“游客”。

二是以是否在到访国停留过夜为标准，将“游客”进一步细分为停留过夜的“旅游者”和不停留过夜的“一日游游客”。并规定，分别对两种不同类型的游客进行统计。

三是根据入境来访者的惯常居住国，而不是根据其所属国籍，来界定入境来访者是否属于应纳入旅游统计的游客。

四是根据所规定的访问目的界定入境来访者是否属于应纳入旅游统计的游客。

也就是说，该定义采用三个基本指标来界定旅游者（“游客”）：离开惯常居住国、访问目的和停留时间。

这一定义的不足之处在于，它所界定的只是入境来访的国际旅游者，而没有涉及国内旅游者。

（三）世界旅游组织的定义

1991 年，世界旅游组织在加拿大渥太华召开了旅游统计工作以及旅游者统计口径的界定方面的国际会议。在开幕式上，世界旅游组织指出，长期以来，在倡导旅游统计的标准化和规范化方面，尽管包括联合国在内的许多国际组织都做了很多努力，但依然存在很多问题，主要表现在三个方面。

第一，旅游统计方面的混乱现象并未得到解决。这是因为各国旅游行政部门、旅游行业协会、旅游接待社区、学术界以及旅游企业等对旅游统计的要求存在很大的差异。

第二，不同国家在旅游数据统计方面存在很大差异。有些国家的政府已经建立起提供旅游数据的统计系统，而有些国家的政府才刚刚开始着手这一工作。

第三，包括旅游者在内的有关旅游的基本定义仍不一致。

在这次会议所取得的成果中，最重要的成果有以下两项。

一是对旅游活动的定义取得了一致意见，即"旅游活动是人们出于休闲、商务以及其他目的，短期（历时不超过一年）离开自己的惯常环境，前往他乡的旅行活动以及在到访地的停留访问活动"。这一定义之所以重要，是因为在此之前，包括国际旅游组织在内的各国际组织所正式提出的有关旅游活动和旅游者的定义，都是针对国际旅游而言，而该定义不仅涵盖了国际旅游，而且涵盖了国内旅游。

二是与会各方一致同意将"游客"（visitor）这一概念作为整个旅游统计系统的基本概念。在旅游统计中，游客可划分为国际游客和国内游客；无论国际游客还是国内游客，都可进一步划分为（过夜的）"旅游者"和（不过夜的）"一日游游客"。

这次会议对旅游统计中的有关术语做出如下界定。

● 居民（resident）　在短期（不超过一年）出访他国之前，已经在本国连续居住了至少 12 个月的人。

● 国际游客（international visitor）　到一个不是自己惯常居住的国家去旅行，连续停留时间少于一年，主要访问目的不是去从事从所到访国家获取报酬的活动的人。

● 国际旅游者（international tourist）　到一个不是自己惯常居住的国家去旅行，停留时间至少 24 小时而少于一年，主要访问目的不是去从事从所到访国家获取报酬的活动的人。

● 国际一日游游客（international same day visitor）　到一个不是自己惯常居住的国家去旅行，停留时间不足 24 小时且未在所到访国家住宿设施内过夜，主要访问目的不是去从事从所到访国家获取报酬的活动的人。

会后，世界旅游组织将会上形成的意见提交给联合国统计委员会。1993年3月，联合国统计委员会对这些建议给予了正式承认。

（四）我国入境旅游者的统计口径

根据旅游统计工作的需要，我国国家统计局和国家旅游局对应纳入我国旅游统计的入境旅游者做了一系列的解释和规定。图2-1反映了目前我国入境旅游者统计的基础系统。即入境游客可分为入境旅游者和入境一日游游客，包括外国人、华侨和港澳台同胞。其中有关术语的现行解释及相关规定如下。

入境游客：来我国大陆观光、度假、探亲访友、就医疗养、购物、参加会议或从事经济、文化、体育、宗教交流活动的外国人、华侨和港澳台同胞。

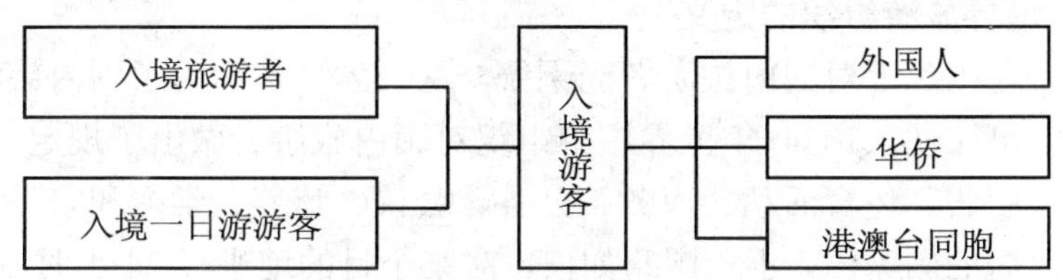

图2-1 我国入境旅游者统计系统

游客：出于上述目的离开惯常居住国（或地区）来我国大陆访问，连续停留时间少于 12 个月，并且来访的主要目的不是通过所从事的活动获取报酬的人。

惯常居住国（或地区）：指一个人在近一年的大部分时间内所居住的国家（或地区），或虽然在该国（或地区）只居住了较短的时间，但在未来12个月内仍将返回居住的国家（或地区）。

- 外国人　指其身份为外国国籍的来访者，包括外籍华人。
- 华侨　指持有中国护照，但侨居外国的中国同胞。
- 港澳台同胞　指居住在我国香港、澳门和台湾的中国同胞。
- 入境旅游者　在我国大陆住宿设施内停留至少一夜的入境游客。
- 入境一日游游客　未在我国大陆住宿设施内停留过夜，而且当日离境的入境游客。

同时，我国还规定，纳入旅游统计的入境游客中不包含下列人员。

- 应邀来华访问的外国政府部长及其以上的官员及其随行人员。
- 外国驻华使馆官员、外交人员及其随行家庭服务人员和受赡养者。
- 在我国驻期已达一年以上的外国专家、留学生、记者、商务机构人员等。

● 乘坐国际航班过境，不需要通过护照检查进入我国口岸的中转游客。

● 边境地区（因日常工作和生活而入出境）往来的边民。

● 来我国内地定居的华侨和港澳台同胞。

● 已在我国大陆定居的外国人以及离境迁出后又返回我国大陆定居的外国侨民。

● 归国的我国出国人员。

三、国内旅游者的界定

尽管世界各国对国际入境旅游者的界定和统计基本上已经形成共识，但对于国内旅游者的界定和统计，目前远没有形成一致的看法。

（一）世界旅游组织的定义

尽管目前国际上对国内旅游者尚无统一的理解，然而为了国内旅游统计与分析的国际可比性，1984 年世界旅游组织对国内旅游者做出了规定："任何以消闲娱乐、度假、体育活动、商务、公务、会议、疗养、学习和宗教为目的，而在自己定居的国家内，不论国籍如何，对某个目的地进行 24 小时以上、1 年以内的旅行和逗留，均视为国内旅行者"。与国际旅游者一样，国内旅游者也被分成了国内旅游者（domestic tourist）和国内不过夜游览者（domestic excursionist），其中后者是指在目的地逗留不足 24 小时的人。

（二）典型国家的定义

一些国家根据自己的国情和理解，对国内旅游者给出了相应的定义。以下列举几个有代表性的国家对国内旅游者的定义。

1. 美国

在美国使用较广泛的国内旅游者的定义是 1973 年美国国家旅游资源评审委员会提出的，旅游者是指为了出差、消遣、个人事务，或者出于工作上下班之外的其他任何原因而离家外出旅行至少 50 英里（单程）的人，而不管其是否在外过夜。美国人口统计局（US Census Bureau）在其每五年一次的"国民旅游调查"（National Travel Survey）中也规定，旅游是指"一个人外出到某地，其往返路程至少为 100 英里"。美国旅游资料中心（USTDC）在其调查工作中也使用了外出往返距离至少 100 英里这一规定。美国人口统计局和旅游资料中心都还规定，下述情况不属于旅游。

● 火车、飞机、货运卡车、长途汽车和船舶的驾驶员及乘务人员的工作旅行。

● 因上下班而往返于某地的旅行。

- 学生上学或放学的日常旅行。

2. 加拿大

加拿大政府部门规定，国内旅游者是指到离开其所居住的社区边界至少50英里以外的地方去旅行的人。这一定义的突出特点是，以外出的路程作为界定旅游者的标准，而不论其是否在外过夜。一般情况下，外出单程50英里即约80千米的旅行都已超出了一个人居住的社区或者城市，这样其外出期间的消费便会发生在其他地区。从旅游的经济影响考虑，做出这种规定是可取的。当然，这一标准也有不足之处，例如一个居住在某城市边缘区域的人很可能无须旅行50英里便已超出其常住地的行政区界，这样即使他在50英里之内的目的地停留一周，甚至一个月，也不会被列为旅游者。所以按照这种标准来统计旅游者，难免会使统计结果低于实际数据。

3. 英国

同美国及加拿大的情况相反，英国在国内旅游者统计方面，强调的是必须在外过夜，而不管其旅行距离如何。英格兰旅游局在其每月一次的英国旅游调查（British Tourism Survey）中对国内旅游者的定义是，基于上下班以外的任何原因，离开居住地外出旅行过夜至少一次的人。对于外出旅行距离则未做任何明确规定。实际上，这是一个过夜旅游者的定义。

这一定义的可取之处在于，按此标准统计国内旅游人次数，基本上可以较真实地反映国内旅游发展情况。显然在通常情况下，一个人外出旅行的路程如果没有超出足够远的距离或者说没有超出自己居家所在地区的范围，一般不会在外过夜。因此这个定义虽然没有明确规定旅行距离，但实际上已间接地涉及了旅行距离。如果一个人的外出旅行距离很远，已经超出了其居家所在地区的行政边界，但他并不在外过夜而是当日返回，那么他是否应该统计为旅游者？答案当然是肯定的。因为他虽然在访问地区没有进行住宿消费，但很可能进行了其他消费。实际上，英国的旅游统计将这类人员列为一日游游客或当日往返游客（day visitor），即不过夜的旅游者。所以英国的定义的又一可取之处在于，它同联合国罗马会议及世界旅游组织对国际旅游者的定义的要旨基本一致。

4. 法国

法国旅游行政管理部门在开展国内旅游调查时规定：“出于消遣、保健、会议、商务、修学等目的，离开其主要居所，外出旅行超过24小时但不足4个月的人。”但同时规定，下列人员不在国内旅游者之列。

- 外出活动不超过24小时的人。
- 为了就业或从事职业活动而前往某地的人。

- 到某地定居的人。
- 在异地就学、膳宿在学校的学生及现役军人。
- 到医疗机构治疗或疗养的人。
- 在规定假期内，因家庭事务而探亲访友的人。

5. 澳大利亚

澳大利亚产业经济局在开展旅游统计工作时，将国内旅游者定义为：“离开自己的惯常居住地，到至少 40 公里以外的某地去访问的人，在目的地至少停留 24 小时，但最多不超过 12 个月”。这一定义的特点是将旅行距离和停留时间同时作为界定旅游者的标准。

综上所述，各国界定国内旅游者的标准离不开旅行距离和停留时间两个指标，但在具体使用时又有所区别。美国和加拿大以旅行距离为界定标准，英国和法国以是否在目的地过夜为界定标准，而澳大利亚则同时采用两个标准来界定旅游者。从表面上看，不同国家的标准不一样，但在本质上是相近的。因为一般情况下，如果旅游者外出旅行超过 50 英里，则外出旅行期间所进行的消费支出一般发生在旅行目的地；如果旅游者在目的地过夜，则说明其外出旅行已达到了相当的距离。

（三）我国国家统计局的定义

在我国的国内旅游统计中，将纳入国内旅游统计范围的人员统称为国内游客。按照国家统计局和国家旅游局的解释，国内游客是指任何因休闲、娱乐、观光、度假、探亲访友、就医疗养、购物、参加会议或从事经济、文化、体育、宗教活动等原因，离开惯常居住地到我国境内其他地方访问，连续停留时间不超过 6 个月，并且主要目的不是从事从到访地区获取报酬的人。

在这一定义中，“惯常居住地”是指一个人最近一年的大部分时间都在此居住的城镇（乡村），或者虽然只居住了较短的时期，但未来 12 个月内仍将返回居住的城镇（乡村）。按照这一解释，国内游客也包括在我国大陆境内居住 1 年及其以上，离开惯常居住地前往我国大陆境内其他地方旅行和访问的外国人、华侨和港澳台同胞。

同时规定，下列人员不在国内游客统计之列。

- 到各地巡视工作的部级以上领导。
- 驻外地办事机构的临时工作人员。
- 调遣的武装人员。
- 到外地学习的学生。
- 到基层锻炼的干部。

- 到境内其他地区定居的人员。
- 无固定居住地的无业游民。

与我国的入境旅游者一样，国内游客也分为国内旅游者和国内一日游游客两类。

- 国内旅游者　是指我国大陆居民离开惯常居住地，前往我国大陆境内其他地方旅行和访问，并在目的地的住宿设施内停留至少一夜，最长不超过6个月的国内游客。
- 国内一日游游客　是指我国大陆居民离开惯常居住地10千米以外的其他地方旅行和访问，出游时间超过6小时但不足24小时，并未在目的地的住宿设施内停留过夜的国内游客。

需要说明的是，该定义所界定的国内游客比常人所理解的国内游客的范围要窄。例如根据这一定义，离开自己的惯常居住地旅行但住在亲友家的人，不包括在国内游客统计之中。

第二节　决定个人旅游需求的客观条件

旅游需求可分为个人旅游需求和市场旅游需求。由于本章讨论的主题是旅游者，因此本节和下一节将讨论个人旅游需求的影响因素。

一、问题的提出

什么样的人可以成为旅游者？对于这样的问题，有人可能会说，人人都可以成为旅游者。然而这一答案既有其正确之处，也有其欠妥之处。之所以说正确，是因为如今，旅游和度假已经演变成为人类现代生活的基本需要之一，人人都有外出旅游和度假的权利。著名的《马尼拉宣言》已对这一点做出了明确而权威的阐释。欠妥之处在于，在现实生活中，虽然人人都有外出旅游和度假的权利，但并非任何人都可以无条件地成为现实旅游者。

现实生活中，有些人几乎每年都会外出旅游观光或度假，甚至是多次外出旅游，而另一些人却从未有过这样的经历。这一事实说明，并非人人都可成为现实的旅游者。一个人要成为现实的旅游者，或者说一个人的旅游需求的产生和实现，是需要具备一定条件的。

在讨论这些条件之前，需要特别说明的是，因商务、公务或会议之类的原因而前往异国他乡的旅游活动都属于因公的差旅性外出，是出于工作的需要或上司的派遣而出行的，因此这类活动通常不受个人方面的因素所影响。正因为如此，在世界各国的旅游研究中，人们在讨论影响个人旅游需求的因素和形成个人旅游需求的条件时，都是针对非差旅性旅游而言的，即都是针对消遣性旅游和因私的家庭及个人事务性旅游而言的。

影响个人旅游需求的条件和因素有很多。从旅游系统的角度考虑，这些影响因素至少可以划分为两大部分：一是旅游供给方面的影响因素，二是旅游需求方面的影响因素。

从旅游供给角度考虑，正如有些学者指出的那样，如果没有具有吸引力的旅游目的地，或这些目的地不能提供必要的食宿、娱乐等条件，则旅游需求不可能产生，更不会产生旅游者。

从旅游需求方面看，一个人能否产生旅游需求，或者能否成为一名现实的旅游者，取决于多个个人条件或因素。那么究竟有哪些因素和条件影响着个人旅游需求呢？如果从正面回答这个问题，恐怕一时很难给出一套全面而完整的答案，因为如果要将每一个人的所有可能的个别情况都巨细无遗地考虑进去，几乎是不可能的，因此回答这一问题的最好方法是从反面去思考，即从反面来分析那些不曾外出旅游和度假的人究竟为什么没有去旅游和度假。将由此所得到的答案反过来，就可以得出人们产生和实现旅游需求所应具备的个人条件。例如如果我们向那些不曾外出旅游的人询问“为什么不去旅游和度假”，有些人的回答是“因为没有钱”；有些人的回答则是“因为实在抽不出时间”；还有一些人可能会干脆回答“因为没兴趣，压根儿就不想出去”。很多调查结果都表明，这三种回答是最具普遍性的。这三种答案告诉我们，个人旅游需求的产生和实现，至少需要同时具备三个方面的个人条件：一是足够的可自由支配收入；二是足够的闲暇时间；三是有外出旅游的动机。如果不能同时具备这三项基本条件，则任何人都无法成为现实的旅游者。

二、足够的可自由支配收入

一个人的收入水平，或者更确切些说，其家庭的收入水平和富裕程度，往往决定着他能否实现旅游需求及其旅游消费水平的高低。家庭收入达到一定的水平是一个人成为旅游者的必要前提之一，也是实现旅游需求的基本物质基础。然而对于一个家庭来说，其收入并非全部都可用于旅游消费。所以真正决定一个人能否实现其旅游需求的家庭收入水平，实际上是指其家庭的可支配收入水平，或者更确切地说，是其家庭的可自由支配收入水平。

（一）可自由支配收入的定义

可支配收入和可自由支配收入是旅游研究中经常使用的两个术语。

● 可支配收入（disposable income）　是指个人或家庭收入中扣除全部应纳所得税之后的剩余部分。

● 可自由支配收入（discretionary income）　是指个人或家庭收入中扣除应纳所得税、社会保障性消费支出以及日常生活必需品消费支出后的剩余部分。

其中社会保障性消费支出包括按规定应由个人负担的养老金、失业保险金、健康保险金等保障性费用的支出，这些费用通常在发放工资时扣除；日常生活必需品消费支出包括衣、食、住、行等方面的消费支出。

可自由支配收入意味着人们可以自由选择这部分收入的用途，因而也是一个家庭真正能够用于旅游消费支出的家庭收入部分。所以严格地讲，拥有足够的可自由支配收入是一个人能够实现其旅游需求的首要物质条件。

（二）可自由支配收入对个人旅游需求的影响

家庭可自由支配收入对个人旅游需求的影响主要表现在四个方面。

首先，家庭可自由支配收入水平是一个人能否成为现实旅游者的前提条件。很多调查结果表明，当一个家庭的可支配收入不足以满足购买日常生活必需品的需要时，则该家庭成员很少外出旅游。然而，一旦家庭可支配收入水平超过某一临界点，有了可自由支配收入，则该家庭成员外出旅游度假的可能性就会大大增加。这一临界收入在各国并不相同，例如在20世纪80年代初期的美国，这一临界收入约为15 000美元/年（对于一对夫妻带1~2个小孩的普通家庭来说，这意味着家庭人均可支配收入为4 000~5 000美元/年）。美国人口调查统计局、美国旅游资料中心以及其他很多市场调研公司的调查结果都表明，人们的外出旅游活动与家庭收入水平直接相关。例如在20世纪80年代初期的美国，年收入在15 000美元以上的家庭外出旅游度假的可能性比年收入低于这一水平的家庭高2倍；年收入在25 000美元以上的家庭外出旅游度假的可能性更高，相当于年收入在5 000美元以下家庭的5倍。

其次，消遣性旅游度假的需求收入弹性很大，即当家庭可支配收入超过某一临界水平后，旅游度假消费支出的增长速度大于家庭可支配收入的增长速度。据英国有关部门估测，旅游消费的需求收入弹性系数为1.5；据国际官方旅游组织联盟估测，旅游需求收入弹性系数为1.88，即可支配收入每增加1%，旅游消费便增加1.88%。

再次，家庭可自由支配收入水平影响旅游消费结构，即家庭可自由支配收入不同，家庭成员在旅游度假过程中的消费结构也存在差异。例如家庭富有的旅游者会在食、宿、购、娱等方面的支出较多，从而使往返交通费用在其全部旅游消费中所占的比例相对较小；相反，对于经济不很富裕的旅游者而言，往返交通费用在其旅游消费总额中所占的比例会相对较高。显然，人们在外旅游期间，食、宿、购、娱等方面的支出比较容易节省，而往返交通费用则相对比较固定。

最后，家庭可自由支配收入水平影响旅游目的地和旅游方式的选择。即家庭可自由支配收入水平越高，就越可能选择距离较远的旅游目的地，越可能选择费用比较高的交通方式，越可能选择费用较高的度假旅游等。

总之，可自由支配收入水平是决定个人旅游需求的最重要的物质基础。当然，可自由支配收入并非个人旅游需求的唯一决定因素。事实上，即使是在那些旅游活动普及程度很高的发达国家中，也总会有一些人虽然有相当高的收入，但却不曾也不愿外出旅游。

三、足够的闲暇时间

很多事实证明，有些人虽然具备了足够的支付能力，但因忙于事务而脱不开身，从而不能外出旅游和度假。可见，拥有足够的闲暇时间是一个人形成和实现旅游需求的又一基本前提条件。闲暇时间的多少不仅决定着一个人能否实现旅游需求，而且还会影响其对旅游目的地和旅游方式的选择以及在旅游目的地的逗留时间的长短。

（一）闲暇时间的概念

时间是稀缺资源，无论是整个人生还是一天之中，都是如此。对闲暇时间的认识和理解，需要从一定时期内一个人的时间构成谈起。显然同一时期的不同人的时间构成有所区别，同一个人在不同时期的时间构成也会不同。例如在现代社会生活中，就业人口的时间可分为以下五个部分。

- 法定的就业工作时间　显然这部分时间不由个人随意支配。
- 必需的附加工作时间　例如必要的加班加点，必要的第二职业的工作时间等。这部分时间同样也不由个人随意支配。
- 用于满足生理需要的生活时间　例如吃饭、睡觉等。这部分时间是维持生命所必需的，个人当然无法自由支配其用于其他用途。
- 必需的社会活动时间　例如出席必要的社交活动、学校召开的家长会等。除非你是一个对子女、对家庭、对朋友、对社会、甚至对自己不负责任的人；否则，你也无法自由支配这部分时间。
- 闲暇时间　亦称为自由时间或者可随意支配时间。

另一种方法是将全部时间划分为两大类：工作时间和非工作时间。同时，可以将一个人在不同时间内开展的活动划分为两大类：限制性活动和自由活动。将二者结合起来，就可以得到表 2-1 所示的对应关系。

表 2–1 各种时间与各类活动的关系表

活动 时间	限制性活动	自由活动
工作时间	法定就业工作、附加工作	工间休息
非工作时间	生理生活活动、必需的社会活动	休闲活动

由表 2-1 可见，休闲活动时间只是非工作时间的一部分；休闲活动也只是自由活动的一部分，所以闲暇时间并非人们通常所说的“8 小时以外”的时间。一些专门研究休闲问题的学者曾明确指出，“就时间而论，闲暇是指人生中除谋生和自我生存所需时间以外的时间，是用于追求闲情逸致的自由时间”。“闲暇时间与娱乐时间远远不是同义语，而是在满足了工作、睡觉、吃饭及必要的日常琐事的需要之后，所剩余的时间。”这些论述都说明，闲暇时间并非只用于娱乐的时间，而是可由个人随心所欲地“自由支配的时间”，也可用于读书、学习和消遣性的劳动等。

综上所述，闲暇时间就是指在日常工作、学习、生活及其他必须占用的时间之外，可由个人自由支配、用于消遣娱乐等自己乐于从事的任何活动的时间。简言之，闲暇时间就是指可由个人自由支配的自由时间。

（二）闲暇时间的类型及其对满足旅游需求的意义

一个人只有拥有足够的闲暇时间，才能实现旅游需求。这里所谓的“足够”，通常是指闲暇时间达到一定数量并且连续集中。依然以就业人口为例，就业人口的闲暇时间可分为五种类型，不同类型的闲暇时间对于满足旅游需求的意义各不相同。

（1）每日闲暇（daily leisure） 即扣除每天限制性活动所需的时间之外的时间。这类闲暇时间过于零散，虽可满足当地娱乐和休息之需，却不足以满足外出旅游对时间的需要，因而对旅游活动几乎没有意义。

（2）周末闲暇（weekend leisure） 主要表现为周末工休时间。这类闲暇时间比较集中，目前世界上大多数国家实行的是每周 5 天工作制，周末工休时间有 2 天，在美国，有关法案还规定，每年有 4 次为期 3 天的周末假日，因此在其他实现旅游需求的条件同时具备的情况下，这类闲暇时间可用于旅游活动，但一般适于开展近距离的周末度假或一日游。

（3）公共假日　通常指法定的公共节假日。世界各国的公共假日数量不一。西方国家中最典型的公共假日是圣诞节和复活节。目前我国每年的公共假日累计为 11 天，包括元旦（1 天）、春节（3 天）、清明节（1 天）、劳动节（1 天）、端午节（1 天）、中秋节（1 天）、国庆节（3 天）。我国比较通行的做法是将公共假日和周末连在一起，因此闲暇时间一般较长。所以这类闲暇时间往往是家人或亲友团聚活动的好时机，往往是人们外出探亲访友或旅游度假的高峰时间，而且通常会形成规模庞大的远程旅游。例如“五一”、“十一”和春节通常是我国出游量十分庞大的三个旅游“黄金周”。

（4）带薪假期　目前，经济发达的工业化国家大都有法律规定的就业人口带薪休假制度。法国是世界上第一个以立法形式规定带薪休假制度的国家，1936 年，法国政府就宣布，劳动者每年可享有带薪假期至少 6 天。目前世界各国实行的带薪假期参差不齐，见表 2-2 所示。

表 2–2　欧洲经济共同体部分国家和美国工作周和假日情况

国别	工作周数			假日情况		
	法律规定最高周数	男女体力劳动者平均数	会议约定通常周数	法律规定最低周数(带薪假期)	公共假日/天	会议约定带薪假期/周
比利时	40	36.9	38.4	3	10	3.5～4
丹麦	—	—	40	5	9.5	5
法国	48	41.4	—	4	8～10	4
西德	48	41.4	37.4	2.5～3	10～13	4～6
爱尔兰	48	—	40	3	8	3
意大利	48	41.5	40	2	17～18	4
荷兰	48	41.0	40	3	7	4～5
美国	—	42.3	39～40	—	8	3～4.5

资料来源：A. Edwards, *Leisure Spending in the EEC: Forecasts to 1990*, E. I. U. 1981.

由于闲暇时间较多而且连续集中，因此带薪假期往往成为人们外出旅游度假，特别是开展远程旅游的最好时机。例如来我国旅游的欧美游客大多是利用带薪假期时间。

总之，闲暇时间是实现个人旅游需求不可缺少的重要条件，对于就业在职人口来说，需要有足够数量而且比较集中的闲暇时间才有可能实现旅游活动。当然，这里只是针对就业在职人口展开讨论。至于其他人员，特别是退休人士的闲暇时间问题，则应根据实际情况另当别论。

四、其他客观条件

除拥有足够的可自由支配收入和足够的闲暇时间外，一个人能否成为现实的旅游者还受许多其他个人因素的影响和制约。早在大众旅游兴起之初的 20 世纪 60 年代中期，英国的一家旅游咨询公司对影响旅游者产生的因素进行了调研，调研结论认为，就需求方面而言，旅游倾向同某些社会经济因素和个人因素之间存在一定的关系，见表 2-3 所示。

表 2–3　旅游倾向同各种因素关系表

社会经济因素和个人因素	对旅游倾向的影响
收入	积极影响
家庭户主学历	积极影响
家庭户主职业	积极影响（就职业的社会地位而言）
带薪假期	积极影响
户主年龄	消极影响
生命周期	消极影响（就婴儿拖累而言）
种族	有色人种不如白种人积极
性别	男性比女性积极

资料来源：Arthur D. Little , Inc. , *Tourism and Recreation* , 1967：64.

由表 2-3 可见，除收入和带薪假期外，仍有不少影响旅游者产生的个人因素。当然这家公司所列的影响因素中，有些因素的列入有不妥之处，甚至未必合理。例如将种族作为影响因素列入显然带有偏见，因为在英国，有色人种的社会经济地位明显不及白种人，因而有色人种参加旅游活动的人数比例低于白种人，实质上是受社会经济地位的影响，而非人种原因所致。

需要特别指出的是，一个人的身体状况是制约他（或她）能否成为现实旅游者的重要因素，身体状况对个人的旅游动机、旅游方式和旅游目的地选择等产生重大影响，它与可自由支配收入及闲暇时间一起构成了影响旅游者产生的最主要的客观条件。当然，就制约产生旅游需求的客观条件的关系而言，它们相互联系，相互作用，缺一不可。但需要强调的是，实现个人旅游需求的最基本条件是拥有足够可自由支配收入和足够的闲暇时间。

第三节 决定个人旅游需求的主观因素

毛泽东在谈到事物的内、外因作用时指出，外因是变化的条件，内因是变化的根据，外因通过内因而起作用。如果一个人不愿意去旅游，即没有旅游的动机和欲望，那么即便他（或她）同时具备了上一节所述的各项客观条件，也不会成为现实的旅游者。也就是说，一个人能否成为现实的旅游者，除了要受到上一节所述的客观因素的影响外，还受其主观因素所决定。这里所说的主观因素，即是旅游动机。

一、旅游动机的概念及其产生原因

（一）旅游动机的概念

要回答什么是旅游动机，首先要知道什么是动机（motivation）。动机是心理学的一个概念。按照心理学家的解释："动机是引发一个人去做某事以满足某种生理需要或心理意愿的内在驱动力"。通俗地说，动机就是促发一个人采取某一行为的内在驱动力。

基于心理学对动机的解释，可以将旅游动机定义为：促使一个人作出是否外出旅游、何时外出旅游、到何处去旅游、选择何种旅游方式等方面的决策的内在驱动力或内在心理原因。

（二）产生旅游动机的原因

旅游动机是如何产生的呢？不同流派的学者有不同的认识和解释。按照有广泛影响的人本主义心理学派的观点，动机与需要存在非常密切的关系，即一个人的行为动机总是为了满足自己的某种需要。根据这种观点，动机是对需要的反应，而需要是促使动机产生的原因。相应地，旅游需要是促使旅游者开展旅游活动的内在驱动力。旅游需要越旺盛，旅游动机也就越强，因此要深刻地理解旅游动机，就要从理解人的旅游需要入手。

1. 马斯洛的需要层次理论对旅游动机的解释

在国内外的众多旅游研究文献中，往往引用马斯洛的需要层次理论来解释旅游动机。马斯洛的需要层次理论（hierarchy of human needs）是长期以来广为流传的动机理论。该理论的要点包括三个方面。

● 人有着多种不同的需要，即人的需要具有多样性。

● 人的需要具有层次高低之分。

● 对于任何个体而言，只有当其较低层次的需要得到满足之后，才会产生较高层次的需要。

马斯洛把人的需求由低到高划分为下列 5 个层次。

● 生理需要　食物、饮水、氧气等。

● 安全需要　治安、稳定、秩序和受保护等。

● 爱的需要　情感、归属感、（亲友间的）感情联系。

● 受尊重的需要　自尊、声望、成功、成就。

● 自我实现的需要　最大限度地发挥个人的潜力的需求。

这五个层次的需要之间的关系可用图 2-2 表示。

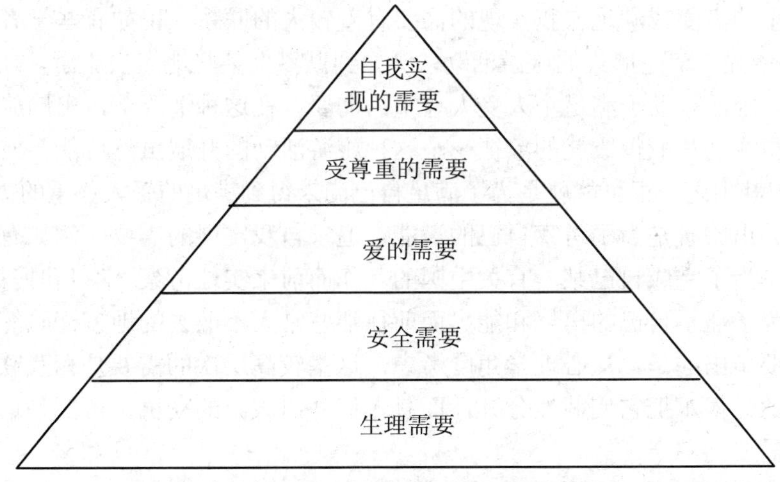

图 2–2　马斯洛需求层次关系图

显然，旅游需要是高层次的需要，是实现了生理需要和安全需要之后的需要。正如上一节所述，只有当可支配收入水平达到一定程度时，人们才有可能外出旅游。这就意味着，凡是在经济上有能力外出旅游的人，都已经解决了温饱问题，因而人们不可能为了追求生理需要而决定外出旅游。如果一个人果真是为了生理需要而离乡外出，那么他（或她）要么是移民旅行者，要么就是难民，决不会是旅游统计中所界定的旅游者。正如有些学者所指出的，“在一个富有的社会中，大多数人用不着牵挂生理需要，因为这些需要普遍得到了满足，（所以）支配人们（外出旅游）行为的是较高层次的需要”[①]。

---

① 李天元.旅游学概论[M].6 版.天津：南开大学出版社，2010.

同样，一个人也不可能为了追求安全需要而前往异国他乡。众所周知，身处自己最熟悉的惯常环境比在任何其他地方都更有心理上的安全感。因此，如果是为了满足安全需要而前往他乡，那么他（或她）如果不是难民便是移民，而不可能是旅游统计中所界定的旅游者。

按照马斯洛的需要层次理论，旅游需要应该归属于爱的需要、受尊重的需要和自我实现的需要这三个较高层次的需要。换言之，人们是为了满足爱的需要、受尊重的需要和自我实现的需要，而前往异国他乡旅游。当然，不同人产生旅游需要的内在驱动力可能存在差别。有些人的旅游动机可能主要是追求爱的需要的满足；有些人可能主要是追求受尊重的需要的满足而外出旅游；有些人可能主要是追求自我实现的需要的满足而外出旅游。例如人们外出探亲访友，在很大程度上是为了满足爱的需要或满足群体归属感的需要；而出国旅游与满足受尊重的需要或满足自我实现的需要有着较大的联系。正如有些学者所指出的，“很明显，某些形式的旅游活动，例如到世界上某些地点去旅游，是很令人敬慕的，因而有助于满足个人受人尊重的需要。在这种情况下，出国旅游便成为了获得成功和取得成就的象征……这种旅游活动的开展虽然可能会兼有若干动机，但其中之一很可能就是为了满足自己尚未得到满足的受人尊重的需要”[①]。有些人外出旅游是为了考察自己的潜能，追求自我实现的需要。例如有些来华旅游者是为了完成自己某一有关中国的著作而前来实地考察、学习和搜集素材；有些人为了显示自己的勇气和能力而前往那些常人不敢去的地方探险等。

需要指出的是，从心理学角度考虑，这些较高层次的需要是相互联系、相互交叉的，很难把它们截然分开，而且人们外出旅游的动机也可能是这些较高层次的需要的综合。

2. 基于经验的观察与分析对旅游动机的解释

大量的经验研究表明，人们外出旅游的动机与探索的需要及缓解压力的需要密切相关。

（1）探索的需要　在很大程度上，好奇心和探索是人类的本能。好奇心会引起人的心理紧张，从而使人们必须以某种方式去缓解这种心理紧张。外出旅游无疑是缓解这种心理紧张的重要方式之一。在现代信息社会，喜欢探索、追求新异已经成为一种时尚，越来越多的人渴望更换一下自己的生活环境，对异国他乡的风土人情、事物、风光、文化等方面颇感兴趣。然而单凭阅读书报或听他人介绍等间接手段去了解和想象异国他乡的情况，难以使自己的好奇心得

---

① 李天元.旅游学概论[M].6 版.天津：南开大学出版社，2010.

到满足。因此人们通常选择外出旅游，前往异国他乡亲眼目睹和亲身体验外面世界的新奇，从而满足自己探索或求知的需要。

（2）缓解压力的需要　在现代社会中，特别是在那些高度城市化和工业化的社会中，人们的生活非常公式化而缺乏变化，而且迫于竞争的压力和对效率的追求，人们的生活节奏不断加快。生活方式的单调和生活节奏的紧张，势必使人们的身心遭受压力，从而造成身体疲惫和精神厌倦。为了消除紧张和厌倦，人们不得不寻机解脱和设法躲避，以便能够为自己的身心“充电”。而外出旅游度假无疑是比较有效的“充电”方式。显然，在异国他乡旅游度假期间，由于所处环境的变化，人们可以暂时摆脱惯常环境下所担任的角色的羁绊，暂时将自己在惯常生活环境下的一切烦恼、工作、生活甚至喜好全部抛开，使自己处于一种完全放松的状态，再加之异国他乡的新奇环境、事物和文化等给人带来的新鲜感和刺激，从而能够有效消除或缓解人们心理上的压力和紧张。很多调查结果都表明，越来越多的人都承认，旅游度假是从喧哗和紧张的日常生活中解脱出来的一种有效手段。

从本质上看，无论是马斯洛需要层次理论中的爱的需要、受尊重的需要和自我实现的需要，还是经验观察层面上的探索的需要和缓解压力的需要，都属于精神层面的需要。所以可以说，旅游动机的产生根源就是为了满足精神层面的需要。

不可否认，外出旅游和度假也必须满足生理层面的需要，但生理需要的满足服务于精神需要的满足，是为了保障精神需要的满足而派生出来的需要，属于精神需要的引致需要，因而并非旅游动机的产生原因。

二、旅游动机的基本类型

如上所述，旅游度假的根本宗旨在于满足精神上的需要。毫无疑问，这种根本性的精神需要因人、因时、因地而异，具有多样性的特点。例如为了开阔眼界、为了接触和了解异国他乡的人民，为了探亲访友，为了寻根问祖，为了宗教信仰，为了追求愉悦，为了摆脱精神压力等。而且人们旅游度假的动机往往不是单　的，而是以某一动机为主（第一动机），兼有某些其他方面的动机。因此，旅游动机的类型划分并无统一的标准。目前广为人们所引用的是美国著名旅游学教授罗伯特 W 麦金托什（Robert W McIntosh）于 1984 年提出的划分标准。他将旅游动机划分为四种基本类型，即身体动机、文化动机、社交动机、地位和声望动机。在此基础上，我国著名旅游学教授李天元增加了“购物动机”。

（一）身体动机（physical motivators）

身体方面的动机包括度假休养、参加体育活动、海滩消遣、娱乐活动，以及其他直接与身体保健有关的活动，例如遵医嘱做异地疗养，泡温泉、浴矿泉、做医疗检查以及其他诸如此类的疗养活动。

这类旅游动机有一个共同点，即都是通过与身体有关的活动来消除和缓解紧张。长期的工作压力、城市环境的喧嚣、快节奏生活的紧张、各种日常应酬的繁琐等，不仅会造成人们身体的疲劳，而且会造成人们精神上的压抑或心理上的紧张。这不仅有损人的身心健康，而且不利于提高工作效率。因此人们为了解除身体的疲劳、消除精神的疲惫和缓解心理上的压力，而产生了旅游度假的动机，通过到异域他乡的宽松环境中开展与身体锻炼和保健有关的活动，获得身心上的愉悦和满足。基于这类动机开展的旅游活动通常被称为“康体旅游。”

（二）文化动机（cultural motivators）

文化方面的动机所反映的需要特点是，都希望了解异国他乡的情况，包括了解其音乐、艺术、民俗、舞蹈、绘画及宗教等。基于这类动机开展的旅游活动通常被称为“文化旅游”。国外也有人把基于这种动机的旅游活动称为“软探险”旅游。

（三）社交（人际）动机（interpersonal motivators）

这类旅游动机是人们为了满足自身开展社会交往、保持与某些异域人群的接触等需要而产生的，包括深入他乡接触民众、探亲访友、逃避惯常的微社会环境、结识新朋友等。基于这类动机所开展的旅游活动可称之为“社交旅游”。

（四）地位和声望动机（status and prestige motivators）

这方面的动机主要反映追求个人成就和个人发展的需要。属于这类动机的旅游活动包括洽谈商务、出席会议、考察研究、追求业余爱好及外出修学等。旅游者希望通过这类旅游活动的开展，实现自己被人承认、引人注意、受人赏识、获得好名声等愿望。基于这类动机所开展的旅游活动，可根据动机的细分称之为“商务旅游”、“会议旅游”、“修学旅游”等。

（五）购物动机（shopping motivators）

虽然理论研究和实证分析都表明，旅游动机的产生是为了满足某种内在的心理需要，但是实际观察的结果表明，在促使人们外出旅游的动机中，的确也存在诸如“购物”之类的外在需要动因，而且在理论上，心理学的某些学派主张，人的某种行为的产生，不仅受内在动机的驱动，而且也受外在动机的驱动。因此，购物显然也是某些人外出旅游的动机之一。例如有市场调查表明，曾有一段时期不少南斯拉夫游客来中国旅游，就是专门为了采购中国的丝绸之类的物品。也有市场调查显示，日本女子的婚前出国旅游，主要动因就是为了采购嫁妆。或许也正是由于“购物”这类外在需要或外在动机的存在，香港作为国际旅游目的地，长时期将旅游形象定位为“购物天堂”。

从深层次分析，“购物”不仅仅是一种外在驱动力，甚至主要不是为了满足物质上的需要，而是为了追求内在的心理需要的满足，主要是为了追求爱的需要、受尊重的需要以及自我实现的需要的满足。例如日本女子的婚前出国旅游，尽管从表象上看，主要动因是为了采购嫁妆，但本质上是为了爱与被爱的追求，为了身份和地位的证明。

三、旅游动机的影响因素

如前所述，动机是需要的表现形式，需要决定着动机的形成，因此影响个人旅游需要的因素往往也就是影响旅游动机的因素。

毛泽东在谈到事物变化的内外因的关系与作用时指出，外因是事物变化的条件，内因是事物变化的根据，外因通过内因而起作用，因此尽管影响旅游动机产生的因素很多，但我们可以把这些因素简单地归纳为两大类：内在因素和外部条件。

（一）内在因素

影响个人旅游动机形成的内在因素主要有个性、态度和认知等。

1. 个性（personality）

个性也称为人格，是一个人在思想、性格、品质、意志、情感、态度等方面不同于其他人的特质，这种特质表现于外，就是他的语言方式、行为方式和情感方式等。个性是一个人的内心自我反映，通常个性会影响一个人的偏好，进而影响他的行为。因此人的个性特征，如气质、性格、兴趣等，会对旅游动机产生直接的重要影响。

有些学者根据不同的个性心理特征，结合心理类型分析，来研究旅游者的类型划分，进而研究不同心理类型对旅游动机以及旅游目的地选择的影响。其中最具代表性的是斯坦利 C 帕洛格（Stanley C Plog）所做的旅游者心理类型研究。

帕洛格以数千美国人为调查样本，对旅游者的个性心理特点及其与旅游目的地选择之间的关系进行了详细的研究。他根据个性心理特点，将旅游者划分为若干类别（图 2-3）。其中最基本的三种心理类型分别是依赖型（在帕洛格的早期研究中称为“自我中心型”）、冒险型（在帕洛格的早期研究中称为“多中心型”）和中间型。帕洛格的研究表明，在这三种基本心理类型中，绝大多数旅游者属于中间型，而属于依赖型和冒险型这两个极端类型的旅游者只占很小的比重，因而旅游者数量在这个心理类型连续系统上呈现比较典型的正态分布。

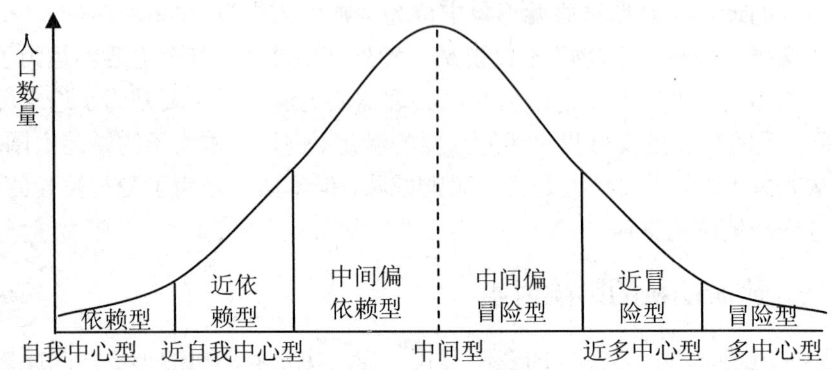

图 2–3 旅游心理类型图

不同心理类型的旅游者不仅个性特征不同，而且表现出来的旅游动机和旅游行为也存在一定的差异（表 2-4）。帕洛格的研究也表明，一个人所属的心理类型距冒险型越近，外出旅游的可能性就越大。

根据帕洛格的这一理论，对于旅游目的地来说，在开发的初期，能够吸引来访的主要是属于冒险型心理类型的旅游者；随着开发的不断成熟，其他心理类型的旅游者会陆续跟进；当旅游目的地步入成熟期，特别是成为旅游热点时，能够吸引来访的主要是心理类型偏向于依赖型的旅游者，而冒险型心理类型的旅游者会逐渐失去对该旅游目的地的兴趣，转而去寻找那些尚未充分开发、依然保持原始魅力的旅游目的地。

2. 态度（attitudes）

态度是人们在自身道德观和价值观的基础上，对事物的评价和行为倾向，表现为对外界事物（如某一旅游目的地）的内在感受（道德观、价值观）、情感（如喜欢、厌恶等）和意向（谋划、企图等）。显然，不同的人所处的社会经济环境不同，他们所具有的价值观、道德观也存在一定的差异，因而对美国拉斯维加斯这一世界著名旅游目的地所表现出来的情感会各不一样，有些人可能会充满向往，有些人会表示厌恶，进一步他们所采取的行为意向也会有所区别，充满向往的人会想方设法前往旅游，而表示厌恶的人肯定不会前往。同样，由于所处的环境和社会文化背景不同（会引起道德观和价值观的不同），有些国家的民众认为外出旅游是一种奢侈，是不必要的浪费，而在另外一些国家中，外出旅游则被人们看作是现代社会的一种生活必需。

表 2–4 旅游心理特点

心理类型	依赖型（自我中心型）	冒险型（多中心型）
个性特征	封闭保守、谨小慎微、多忧多虑、缺乏自信、不爱冒险	天性好奇、喜欢探索、充满自信、主见十足、喜欢挑战
行为特征	喜欢循规蹈矩的生活方式 愿意听公众人物的建议 仿效他人的行为 喜欢购买流行品牌 喜欢熟悉的氛围和活动	喜欢新奇 好冒险 活动量大 不愿随大流 喜欢与不同文化背景的人相处
旅游行为	希望游览地是熟悉的环境 喜欢常规的旅游项目 故地重游概率较高 向往阳光和海水、浪漫气氛 活动量要小 驾汽车前往目的地 要求旅游设施齐备 寻找熟悉的气氛、老朋友 旅游活动要有周密的计划	希望去稀奇古怪的地方 热衷于新发现、新经历 一般不愿故地重游 追求冒险探索和紧张情节 活动量要大 乘飞机到达异乡 适当的条件就行 喜欢结交新朋友 只希望有基本安排，有一定的自主性

3. 认知（cognition）

认知是人们认识外界事物的过程，是人最基本的心理过程，包括感觉、知觉、记忆、想象、思维和学习等。

从认知的途径看，相关旅游信息既可能是通过阅读书刊报纸而获取的，也可能是通过前往旅游目的地的亲身旅游经历而获得的，还可能是通过他人的介绍讲解而获知的。然而，认知具有主观能动性，因而难免会受到个人偏好等因素的影响，而且人们对外部事物的认知一般有所选择。所以人们在面对众多旅游信息时，可能会对其中的某些旅游信息给予关注，而对另外一些旅游信息则“视而不见”或“听而不闻”。

通过不断的认知，人们会逐步建立起自己对有关旅游目的地、旅游产品、旅游方式、乃至旅游活动本身的看法、评价甚至偏见，这些看法、评价与偏见会对人们的旅游动机产生直接的影响。例如如果在你对海南旅游的认知过程中，所接收的都是好的信息——有明媚的阳光、洁白的沙滩、碧蓝的海水、高端的酒店、热情好客的居民和便捷的交通等，那么就很可能对海南留下很好的印象，就会向往前往海南旅游；相反，如果接收的大多是负面的信息——欺客宰客、价格高昂、景点雷同和社会治安欠佳等，那么你对海南的评价就会很差，自然就会放弃前往海南旅游。

（二）外部条件

影响旅游动机形成的外部条件很多，这里主要介绍年龄、性别、受教育程度、微社会群体等几个因素。

1. 年龄

年龄对旅游动机的影响主要表现在两个方面：一是年龄决定所处的生命周期阶段，进而影响旅游动机；二是年龄影响体力，进而影响旅游动机。根据年龄差异，可以将旅游者的生命周期划分为四个阶段，不同阶段的旅游动机和旅游行为存在比较明显的差异。

青年期——未婚青年，或已婚而无子女的青年夫妇。他们有强烈的旅游愿望和较多的闲暇时间，身体条件好，但收入不足，或者依靠父母支持，或者收入较低。因此他们只能开展低档次的旅游，如背包旅游、修学旅游等。

成年Ⅰ期——青年，已婚，子女尚未成年。他们的旅游愿望仍很强烈，身体也好，但苦于家庭经济状况不富裕，又忙于工作和事业，因此处于旅游的艰难时期。但他们还是千方百计地开展低档次的近距离旅游。

成年Ⅱ期——中年，已婚，子女已长大。这是人生旅游的最佳时期。他们旅游愿望和体力尚未减弱，家庭经济状况良好，又有较充裕的闲暇时间，或带薪度假，或因公出差（包括会议、业务、考察等），事业上的成功给他们提供了许多优越的旅游条件，他们一般会开展较高档次的旅游。

老年期——已离休或退休。他们拥有富裕的时间、足够的积蓄和退休金，因而能享受较为安逸的退休生活，如果身体状况允许，旅游就是经常性的活动。他们可以行程较远，在外做较长时间停留。但由于身体条件的制约，他们一般不会参与冒险性较大的旅游活动，即便心理类型属于冒险型也不会。

2. 性别

需要强调的是，性别本身并不会对旅游动机产生直接影响，而只会产生间接影响。性别差异对旅游动机的间接影响主要表现在两个方面：一是通过生理特征（如体力）的差异影响旅游动机；二是通过男女在家庭中扮演的角色的不同而影响旅游动机。很多调查结果表明，男性旅游者多于女性旅游者，尤其是探险性旅游活动的参与者，更是以男性为多。

二战以来，尤其是近20年以来，女性的社会地位得到了显著提高，因而女性旅游市场有了较大的发展。这也验证了性别本身并不会对旅游动机产生直接影响。

3. 受教育程度

受教育程度对旅游动机的影响也是间接的，即通过知识水平和对外界信息的了解与兴趣而对旅游动机产生间接影响。旅游者外出旅游往往会对异国他乡的生活环境、风俗习惯以及语言、饮食等产生陌生感和恐惧感。受教育程度的提高有助于增加对旅游目的地的了解，从而不仅更容易诱发对旅游目的地的兴趣和好奇心，而且有助于克服对异国他乡的恐惧感。与此同时，受教育程度较高的旅游者能够从旅游中领略更多的美感，获得更加丰富的精神享受；而受教育程度较低的人，在这方面的体验就会较少。

4. 微社会群体

指一个人在日常生活和工作中所经常接触的人际环境或人群。例如经常接触的家人、亲友、同学、同事等。微社会群体对旅游动机也会产生间接影响。例如一个原本不愿外出旅游的人，在朋友的怂恿下可能会改变主意而外出旅游；或者一个属于依赖型心理类型的人原本不愿或者不敢去遥远而陌生的某地旅游，但在有他所熟悉的人的陪伴同行的情况下，也会壮胆前行。

第四节　旅游者的类型及其特征

将旅游者划分为不同类型并了解各种类型的旅游者的特征，对开展旅游市场营销具有非常重要的意义。

一、旅游者分类的标准

由于研究角度和研究目的不同，人们所采用的旅游者划分标准及由此划分出来的旅游者类型各不相同。比较常见的划分标准如下。

- 按是否跨越国境，将旅游者划分为国际旅游者和国内旅游者。
- 按所涉及的地理范围，将旅游者分为洲际旅游者、环球旅游者和世界旅游者。
- 按组织形式，将旅游者分为团体旅游者和散客旅游者。
- 按旅游费用的来源，将旅游者分为自费旅游者、公费旅游者和奖励旅游者。

此外，还可以按享受程度、交通方式、年龄、性别等指标来划分旅游者的类型。

需要强调的是，将旅游者划分为不同的类型只是一种手段，其目的在于为某一特定的研究目的或工作目的服务。归纳起来，对旅游者进行类型划分的基本目的有两个方面：一是旅游统计工作的需要；二是认识不同类别的旅游者的特征。

二、世界旅游组织对旅行者的分类

基于规范旅游统计工作的考虑，世界旅游组织从目的地国家或地区的视角，首先将全部旅行者（travelers）分为两类：应纳入旅游统计范围的旅行者和不应纳入旅游统计范围的旅行者，然后再对每一类型进一步细分。其中不应纳入旅游统计范围的旅行者如下。

- 边民过境上下班者。
- 游牧民。
- 没有离开入境口岸中转区域的过境旅客。
- 难民。
- 往来于本国和外国驻防地之间的军事人员（含其家属和随从人员）。
- 往来于本国与外国就任地的领事代表（含其家属及家庭服务人员）。
- 往来于本国与外国就任地的外交人员（含其家属及家庭服务人员）。
- 临时（打工）移民和永久移民。

将应纳入旅游统计范围的旅行者统称为来访游客（visitors），又分为两类。

一是（过夜）旅游者，即在到访目的地过夜至少一天的来访游客，包括外国人、本国的海外侨民，以及在到访地的酒店停留过夜的外国航空机组人员和船舶司乘人员。

二是一日游游客，即不在到访目的地过夜的游客，包括临时到岸访问但不在岸上过夜的游船（或邮轮）乘客、不过夜游客、未在到访地过夜的外国航空机组人员以及列车和船舶的司乘人员，见图 2-4。

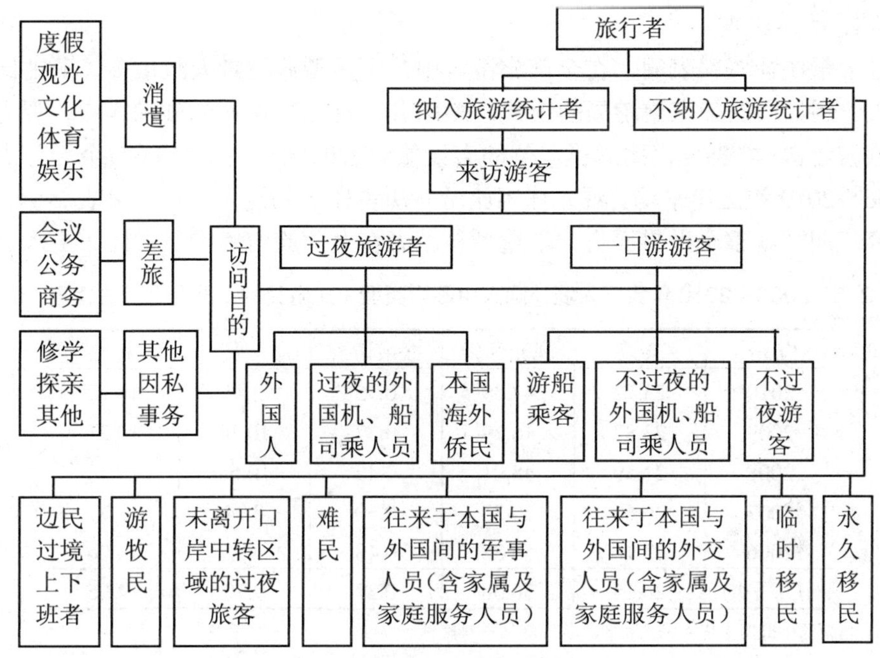

图 2-4　世界旅游组织对旅行者的分类

资料来源：李天元.旅游学概论[M].6 版.天津：南开大学出版社，2009.

三、基于访问目的的旅游者分类

如第一章所述，按旅游目的，可将旅游活动分为消遣旅游、商务旅游、公务旅游、会议旅游、探亲旅游、修学旅游等。同样，从旅游目的地的视角，基于访问目的，参照世界旅游组织的划分，可将旅游者划分为三种基本类型：消遣型旅游者、因公差旅型旅游者和因私事务型旅游者。不同类型的旅游者具有不同的市场特点，探讨这些不同的特点正是划分旅游者类型的目的。

（一）消遣型旅游者

消遣型旅游者通过消遣、娱乐等方式，放松精神、缓解压力、消除紧张。随着城市化和工业化的发展，人们的生活和工作节奏不断加快，竞争压力日益增大。为消除紧张生活带来的烦恼，最好的方式就是摆脱自己的社会角色，去异地消遣旅游。这类旅游者不断增多，并逐步发展成为当今世界旅游者的主流类型。按照世界旅游组织的分类，消遣型旅游者包括度假旅游者、观光旅游者、文化旅游者、体育旅游者、娱乐旅游者（图 2-4）。归纳起来，消遣型旅游者一般具有以下四方面特点。

1. 所占比重大

大量统计资料表明，在全部旅游者中，消遣型旅游者人数最多，所占比重最大。例如根据国家旅游局的统计，2010年，在来华旅游的外国人中，观光休闲旅游者占47.39%，比居第二位的会议旅游者的比重高出23.67个百分点，2006～2010年五年平均，观光休闲旅游者所占比重超过了50%（见表2-5）。有研究表明，就整个世界而言，消遣型旅游者在全部旅游者中所占比重更大。

表2–5　2006～2010年我国入境外国人中不同类型（旅游目的）旅游者所占比重（%）

年份	会议	观光休闲	探亲访友	服务员工	其他
2010	23.72	47.39	0.35	9.43	19.12
2009	23.87	46.19	0.37	10.36	19.21
2008	21.59	48.01	0.42	10.68	19.30
2007	26.66	50.33	0.30	8.94	13.77
2006	23.16	53.38	0.48	9.92	13.06
五年平均	26.15	50.38	0.32	9.10	14.05

资料来源：根据中华人民共和国旅游局网站资料整理。

2. 出游的季节性强

对于消遣型旅游者而言，无论是入境、出境的消遣性旅游活动，还是国内消遣性旅游活动，都存在明显的季节性。例如2005～2007年，我国城镇居民中的国内旅游者，第四季度最多，比最少的第三季度多出了2.85个百分点（见表2-6）。之所以出现这一特点，可以归结为两方面的原因：一是客源的原因，即除退休人员外，所有在职人员基本上是利用休假时间外出旅游，我国旅游“黄金周”期间的情况更是这方面的典型；二是目的地的原因，即绝大多数旅游目的地的气候等自然条件具有明显的季节性。

表2–6　2005～2007年我国城镇居民旅游者的季节性变化（亿人次）

	2005	2006	2007	三年平均
城镇居民旅游者	4.96	5.76	6.12	5.61
一季度	1.33	1.38	1.61	1.44
二季度	1.18	1.41	1.55	1.38
三季度	1.18	1.39	1.38	1.32
四季度	1.27	1.58	1.58	1.48

资料来源：根据中华人民共和国旅游局官方网站资料整理。

3. 选择自由度大

这类旅游者在对旅游目的地、旅行方式和出游时间等的选择方面具有较大的自由度。例如 2011 年 3 月，在得知日本大地震并引发巨大海啸后，我国许多原计划去日本旅游的旅游者放弃了原来的计划。此外，在具体的出游时间选择上，由于消遣型旅游者（尤其是散客）受时间的限制并不严格，而对旅游消费支出比较敏感，所以往往会选择旅行费用较低时出游。

正因为其选择自由度大，消遣型旅游者是同类旅游目的地以及同类旅游企业竞争最激烈的市场部分。

4. 价格敏感性高

因为是自费旅游，大多数消遣型旅游者对价格比较敏感。他们在选择旅行方式、旅游目的地、住宿设施、旅游景区时，甚至在选择旅行社时，往往会对价格进行纵向和横向比较。当他们觉得价格不合适时，尤其是当他们觉得旅游产品与旅游价格不相符时，很有可能放弃原有的选择，而改选其他的旅游目的地和旅游产品。

正因为消遣型旅游者的价格敏感性强，所以无论是旅游目的地还是旅游企业，一旦定价策略出现失误，无异于将市场份额拱手让于竞争对手。

（二）因公差旅型旅游者

因公差旅型旅游者的主要目的是完成工作任务，如经商、参加会议和展览等，以商务人员为典型代表，包括会议旅游者、公务旅游者、商务旅游者（见图 2-4）。在经济全球化和区域经济一体化的大背景下，世界各国（地区）间的经济、技术和文化等领域的交流与合作日益频繁，这使得差旅型旅游者的规模不断扩大，给旅游目的地带来的积极影响非常大，因此，他们成为很多旅游目的地和旅游经营者所关注的重点目标市场。归纳起来，差旅型旅游者一般具有以下五方面特点。

1. 出游率高

有关统计表明，尽管因公差旅型旅游者占全部旅游者的比例相对较低，但出游频率很高。据有关统计，这类旅游者占航空客源市场的 50%，占四星级及其以上高端酒店的客源市场的 60%。

2. 出游的季节性弱

因公差旅型旅游者的出行是为了工作或业务的需要，因而通常没有明显的季节性。而且在短程差旅的情况下，他们的出行时间以及在目的地的停留一般发生在周一至周五，很少占用周末。

3. 选择自由度小

在对目的地和出行时间的选择方面，差旅型旅游者几乎没有自由可言，他们通常是由其所在单位选派在特定的时间段内前往指定的目的地，去完成其所在单位指定的任务或工作。正因为如此，对于旅游目的地来说，在这一客源市场的争取方面，几乎不存在真正的竞争，当然对于旅游企业来说则另当别论。

4. 价格敏感度低

产生这一特点的原因主要有两个方面：一方面，这类旅游者的差旅活动是公费的，由其所在单位承担所有费用；另一方面，这类旅游者在选择旅游目的地和出行时间方面几乎没有自由可言，即便既定目的地的旅游产品价格出现较大幅度的上涨，他们仍会前往。当然，如果既定目的地的旅游产品价格上涨幅度超出了其所在单位能够接受的程度，则此次差旅之行可能会被取消。如果被取消了，这类旅游者一般也不会转而前往其他旅游目的地。

5. 消费水平高

差旅型旅游者所注重的是服务的可靠、舒适和方便，因而其消费水平一般较高。例如为了时间可靠和便利，他们宁可多花钱，也不会购买附有限制条件的廉价机票；为了舒适和方便，同时出于代表企业形象的考虑，他们通常会选择高档的住宿设施。正因为他们的消费水平高，许多旅游企业，特别是航空公司和高星级酒店，都十分重视这一旅游市场。

（三）因私事务型旅游者

按照世界旅游组织的分类，这类旅游者包括修学旅游者、探亲旅游者、其他类型的旅游者。这类旅游者的情况比较复杂，在出游活动的需求方面往往同时兼有前两类旅游者的某些特点。

一方面，他们具有因公差旅型旅游者的某些特点。例如在出游时间上，他们中虽有不少人利用带薪假期探亲访友，但相当多的人都选择在传统假日探亲访友，而各国（民族）的传统节日又不尽相同。再如有些家庭及个人事务的办理，如去外地出席亲友的婚礼、参加子女的毕业典礼等，不仅有特定的日期限制，因而外出旅游的季节性很小，而且在对旅游目的地的选择方面也几乎没有自由可言。

另一方面，他们具有消遣型旅游者的某些特点。例如他们对价格的敏感度较高，旅游需求的价格弹性系数比较大。

【阅读】

旅游者流动行为机理

内推力——旅游动机：国外学者将推力因素定义为由于内在的失衡或紧张而引发的驱动因素，认为它是旅游者行为研究的中心基础，并归入旅游动机的研究范畴。国外学者经过研究得出一些共有的推力因素，如逃避惯常环境、追求新奇、社会交往和声望等。国内有学者认为旅游动机可以分为身心健康动机、怀旧动机等 6 大类。这些推力因素可以解释旅游者为什么要旅游，想去什么目的地，希望获得怎样的经历。

外拉力——目的地感知：拉的因素与目的地自身特色及特征吸引物相联系，由旅游者对目标属性的感知而产生。Turnbull 研究了加勒比海旅游地后，提出历史遗迹与文化、城市飞地等 6 类引力因素。感知价值是驱动目的地忠诚度最关键的因素。

推拉力的关系：推力因素的研究使我们从游客内在心理的不平衡深入了解到旅游者外出旅游的动机与目的，但这种动机并不能促使其到特定的旅游目的地。拉力因素的研究使我们知道景区在哪些方面对游客存在吸引力，但不了解目的地的拉力能否影响旅游者自身的推力。事实上，推力和拉力是相互关联的。当内在的压力推动人们出门旅游的同时，目的地的外在压力也在拉动他们选择特定的目的地。潜在旅游者在决定去哪旅游时，也会考虑与相应推力因素相对应的各种拉力因素。

（**资料来源**：郑鹏. 我国入境旅游者流动行为机理分析[J]. 经济地理,2010（1）：139-144.）

【思考题】

1. 名词解释：旅游者、国内旅游者、入境旅游者、旅游动机、旅游需求。
2. 我国在界定入境旅游者和国内旅游者时有哪些具体规定？
3. 影响旅游动机的因素有哪些？
4. 试比较消遣型旅游者、因公差旅型旅游者和因私事务型旅游者。

第三章　旅游吸引物

【学习目标】

- 掌握区域旅游资源的调查、分类与评价方法
- 掌握创新和设计旅游产品的方法

【知识要点】

- 旅游资源开发的原则和内容
- 旅游产品的特征

第一节　旅游活动的动力机制分析

在人们具备前往异国他乡开展旅游活动的客观条件和主观条件之后，就能够成为现实的旅游者，但是，人们为什么在某一时段内会选择前往某一旅游目的地旅游，而不是前往其他旅游目的地？如第一章所述，旅游者之所以会开展旅游活动，既有旅游客源市场的原因，也有旅游目的地的原因。我们可以引进“推拉理论”来阐述旅游者开展旅游活动的动力机制。

假定来自人们自身的内因（包括主观原因和客观原因，如旅游动机、受教育水平、对旅游的态度、可自由支配收入水平等）是既定的、已知的，那么旅游者能否实现前往某一旅游目的地旅游的目标，实际上取决于三股力量的共同作用：一是来自旅游客源地的推力；二是来自旅游目的地的拉力；三是旅游目的地和客源地之间的阻隔力，见图 3-1 所示。

客源地对旅游者的推力是指旅游客源地的经济、社会、政治、生态和家庭环境等各种环境因素给人们所带来的紧张感、压力感、厌恶感甚至痛苦感等。正是这种推力，使人们产生了暂时逃离惯常生活环境的愿望和冲动。但是这种推力的作用方向是发散性的，没有特定指向。因此在其他条件既定的情况下，推力只是为人们前往某一目的地旅游提供了可能，人们也可能选择任何其他旅

游目的地。这种推力越强大，人们外出旅游的可能性也就越大。

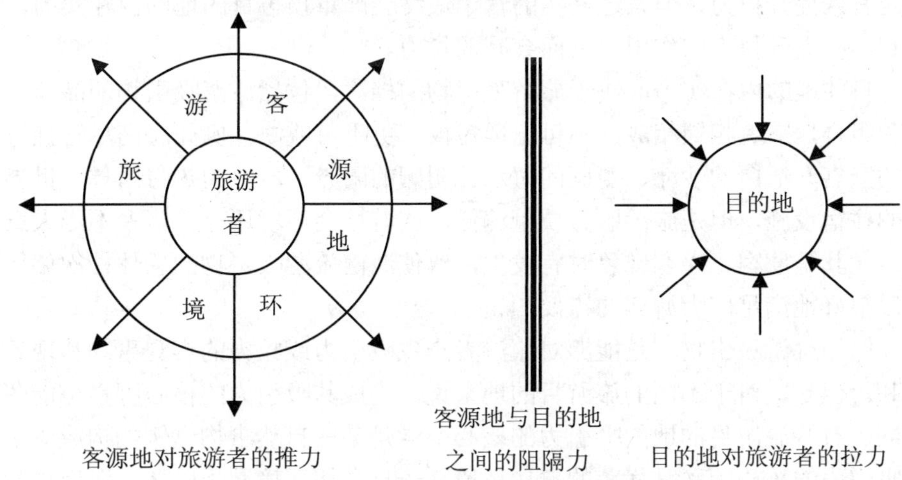

图 3–1　旅游者前往旅游目的地的推拉模型

目的地对旅游者的拉力是指旅游目的地的旅游资源、旅游产品、旅游服务、社会环境、自然环境等对人们产生的新奇感、冲动感、神秘感和渴望感等，以及占有欲、征服欲、体验欲和经历欲等。正是这种拉力，使人们产生了要亲身前往旅游目的地旅游的愿望和冲动。当然就旅游目的地而言，这种拉力的作用方向也是发散的，即能够对不同方向、不同区域的旅游者产生吸引力。但是对于特定的潜在游客来说，这种拉力则是定向的。这种拉力越大，潜在游客前往该目的地的可能性也就越大。

客源地与目的地之间的阻隔力是指客源地与目的地之间的空间距离、时间距离、费用距离和心理距离等，以及通达性、便捷程度、舒适度等。显然，只有当客源地的推力和目的地的拉力的合力足以抵消这种阻隔力时，潜在旅游者才能成为现实旅游者。同样，这种阻隔力越小，人们实现前往某一目的地旅游的可能性也就越大。

影响目的地的拉力的因素有很多，但大致可以归纳为两类：一是旅游目的地的内在实力（可简称为内功），另一类是旅游目的地的营销力。俗话说“酒香不怕巷子深”。只有目的地具有足够强大的内在实力，或者说目的地的内功相当出色，才能对游客产生足够强大的拉力。但俗话也说，“酒香也怕巷子深”。没有强大的营销力，即便内功再深，也会出现“茶壶煮饺子”的困境。

当然，造就目的地的强大的内在实力，或者说练内功，对于任何旅游目的地来说，都是最为重要的。可以说内在实力是目的地拉力的根本。尽管营销力也能有效提升拉力，但言过其实的营销最终会严重损害目的地的内在实力，不仅起不到提升拉力的作用，反而会减弱拉力。

目的地的内在实力取决于旅游吸引物的档次，包括旅游吸引物的品质、规模和组合，三者相辅相成，不可出现短板，更不可或缺。例如海南尽管拥有清新的空气、洁白的沙滩、蔚蓝的海水、明媚的阳光、翠绿的热带雨林、世界一流的住宿设施，但是旅游服务质量偏低，旅游社会环境还存在诸多不尽人意之处，尤其是欺客、宰客现象时有发生，致使海南旅游吸引物的总体档次偏低，难以很好地满足广大游客的需要。

所谓旅游吸引物，是能够对旅游者产生吸引力或拉力的客观事物和现象的总和。但是，对于不同的旅游目的地来说，构成其吸引力的核心因素可能各不相同。有些旅游目的地的吸引力的核心要素是某些自然事物，例如构成海南旅游吸引力的核心因素是优美的自然环境，一旦自然环境遭受破坏，海南也就失去了旅游业赖以发展的根本，也就失去了能够对游客产生吸引力的根本。有些旅游目的地的吸引力的核心要素是某些文化事物、社会事物，例如上海在世博会期间对游客产生了足够强大的吸引力，吸引了来自世界各地的大量游客前来访问，而此期间构成其吸引力的核心要素是世博场馆。有些旅游目的地的吸引力的核心要素是某种现象，例如我国 21 世纪的第一缕阳光照射在浙江省温岭市石塘镇，石塘镇凭借这一核心吸引要素，从一个名不见经传的小镇一跃成为游客心目中理想的旅游目的地。当然，也可能是自然事物、社会文化事物和某些现象共同构成旅游目的地吸引力的核心要素。

本书把旅游吸引物划分为四大基本类型：旅游资源、旅游产品、旅游服务和旅游环境。以下各节将分别讨论前三种基本类型的旅游吸引物。

第二节　旅游资源

对一个国家或地区而言，旅游资源是其旅游业发展的前提和基础。旅游资源的特色、丰度、品质、分布和组合，以及开发和保护水平，直接影响着该国旅游业发展水平，影响着其旅游者的流量和流向。因此旅游资源及其开发已成为现代旅游科学研究的重要内容之一。

一、旅游资源的概念

当前旅游活动已成为人们日常生活的重要构成部分，所以人们对“旅游资源”一词并不陌生。然而尽管如此，人们对旅游资源的理解仍然存在差异。以下列出了几个典型的对“旅游资源”的解释。

● “凡是构成吸引旅游者的自然和社会因素，亦即旅游者的旅游对象或目的物都是旅游资源”。（邓观利，1983）

● “凡是能为人们提供旅游观赏、知识乐趣、度假休闲、娱乐休息、探险猎奇、考察研究以及人民友好往来和消磨闲暇时间的客体和劳务，都可称为旅游资源”。（郭来喜，1985）

● 旅游资源是指“客观地存在于一定的地域空间并因其所具有的审美和愉悦价值而使旅游者向往的自然存在、历史文化遗产和社会现象”。（谢彦君，2001）

● “凡是能够造就对旅游者具有吸引力的环境的自然事物、文化事物、社会事物或其他任何客观事物，都可构成旅游资源……甚至可以简单地说，凡是对旅游者具有吸引力，能够吸引旅游者来访的各种客观事物，均可构成旅游资源”。（李天元，1993）

● “凡是能激发旅游者的旅游动机，为旅游业所利用，并由此产生经济价值的因素和条件即旅游资源”。（邢道隆，1986）

● “自然界和人类社会中凡能对旅游者产生吸引力，可以为旅游业开发利用并可产生经济效益、社会效益、环境效益的各种事物和因素都可视为旅游资源。”（《中国旅游资源普查规范》，1992）《旅游资源分类、调查与评价》（GB/T18972—2003）也完全接受了这一定义。

上述这些关于旅游资源的定义有一个共同点，即都强调了旅游资源对旅游者具有吸引功能这一根本特征。但仔细研究就可发现，这些关于旅游资源的认识和解释基本上可分为两大类：一类是从需求角度来认识和解释旅游资源，认为旅游资源是拉动旅游者来访的吸引源，上述前四个定义都属于这一类；另一类是从供给角度去认识和解释旅游资源，认为旅游资源是旅游业能够借以开展经营活动的凭借物，上述后两个定义属于这一类。

李天元在其颇具影响的教科书《旅游学概论》中指出，从供给角度去认识和解释旅游资源“恐怕难以经得住推敲”，并列举了两个原因：其一，某些事物作为旅游资源的存在是以旅游者对其感兴趣为前提的，而不是以能够“为旅游业所利用”为前提的；其二，某些事物作为旅游资源存在，也并非是以能够带来或“产生经济价值”或“经济效益”为前提的，否则就会得出没有旅游业就没有旅游资源的推论，这显然是错误的。因此他指出，“对于‘旅游资源’这一概念宜从需求角度去认识和解释。如果从供给角度去认识，所理解和解释的结果通常都会是‘旅游业资源’，而不再只是旅游活动的客体。”

马克思在《资本论》中说：“劳动和土地，是财富两个原始的形成要素。”恩格斯指出：“其实，劳动和自然界在一起才是一切财富的源泉，自然界为劳动提供材料，劳动把材料转变为财富。”西方经济学认为，“资源”是“生产过程中所使用的投入”，本质上是生产要素的代名词。所以严格地说，旅游资源是指一切可被人类用于旅游开发的物质、能量和信息的总称。

对于这一定义，有几点需要说明。

第一，这一定义是一个动态的定义，是与特定的经济技术条件相结合的。一种物质、能量和信息也许在当前不能被人类用于旅游开发，但随着技术的进步和社会经济的发展，也许在未来的某个时期能够被人类用于旅游开发。因此在当前来看，它仅是旅游环境的一部分，而在未来来看，则是旅游资源。同样，一种资源如果当前能够对旅游者产生吸引力，它就是旅游资源，但如果有一天其失去了对旅游者的吸引力，也就不再是旅游资源了。

第二，旅游资源的开发与利用并不一定能带来“经济效益”。事实表明，某些原本认为能够“产生经济价值”或“带来经济效益”的旅游资源开发项目，开发之后并没有能够带来“经济效益”。

第三，“被人类用于旅游开发”包含了多层含义。既可以是能够吸引旅游者，又可以是能够被旅游企业开发利用，当然也可以是二者兼而有之。也就是说，“旅游开发”既可以是旅游企业将旅游资源转化成旅游产品，也可以是旅游者直接享受旅游资源。例如张家界优美的自然风光，在旅游企业进行投资开发之前，就已经吸引了众多的旅游爱好者。

第四，旅游资源的范畴相当广泛。既包括有形的客观存在物，如石峰等，又包括无形客观事实和现象，如各种非物质文化遗产等，还包括能量和信息，如钱塘江涌潮等。

然而，从我国当前的情况来看，旅游资源是一个约定俗成的特定概念，与西方国家的“tourism resources”以及上述的概念有所区别。可以说我国人们日常生活和学术研究中所使用的“旅游资源”具有“中国特色”。即将旅游资源视为吸引旅游者来访的凭借物，强调旅游资源是旅游者活动的对象物。在我国，几乎没有谁会将饭店、机场、飞机、公路以及其他各种旅游基础设施和上层设施等为旅游业所使用的资源称之为旅游资源。

二、旅游资源分类

旅游资源分类是认识和了解旅游资源特征的基本手段，是确定旅游资源开发利用方向、规模以及制定旅游资源保护措施的的基本依据。旅游业界与旅游学界根据不同的研究目的和工作目的，提出了众多不同的分类方法。以下对比较常见的分类方法进行简介。

（一）国家标准分类

中华人民共和国国家标准《旅游资源分类、调查与评价》（GB/T18972—2003）依据旅游资源的形状，即现存状况、形态、特性和特征，将旅游资源划分为 3 个层次：8 个主类、31 个亚类和 155 个基本类型，每个层次的旅游资源类型有相应的代码，见表 3-1。

表 3-1　旅游资源分类表（GB/T18972—2003）

主类	亚类	基本类型
A 地文景观	AA 综合自然旅游地	AAA 山丘型旅游地 AAB 谷地型旅游地 AAC 沙砾石地型旅游地 AAD 滩地型旅游地 AAE 奇异自然现象 AAF 自然标志地 AAG 垂直自然地带
	AB 沉积与构造	ABA 断层景观 ABB 褶曲景观 ABC 节理景观 ABD 地层剖面 ABE 钙华与泉华 ABF 矿点矿脉与矿石积聚地 ABG 生物化石点
	AC 地质地貌过程形迹	ACA 凸峰 ACB 独峰 ACC 峰丛 ACD 石（土）林 ACE 奇特与象形山石 ACF 岩壁与岩缝 ACG 峡谷段落 ACH 沟壑地 ACI 丹霞 ACJ 雅丹 ACK 堆石洞 ACL 岩石洞与岩穴 ACM 沙丘地 ACN 岸滩
	AD 自然变动遗迹	ADA 重力堆积体 ADB 泥石流堆积 ADC 地震遗迹 ADD 陷落地 ADE 火山与熔岩 ADF 冰川堆积体 ADG 冰川侵蚀遗迹
	AE 岛礁	AEA 岛区 AEB 岩礁
B 水域风光	BA 河段	BAA 观光游憩河段 BAB 暗河河段 BAC 古河道段落
	BB 天然湖泊与池沼	BBA 观光游憩湖区 BBB 沼泽与湿地 BBC 潭池
	BC 瀑布	BCA 悬瀑 BCB 跌水
	BD 泉	BDA 冷泉 BDB 地热与温泉
	BE 河口与海面	BEA 观光游憩海域 BEB 涌潮现象 BEC 击浪现象
	BF 冰雪地	BFA 冰川观光地 BFB 长年积雪地

表 3–1 （续 1）

主类	亚类	基本类型
C 生物景观	CA 树木	CAA 林地 CAB 丛树 CAC 独树
	CB 草原与草地	CBA 草地 CBB 疏林草地
	CC 花卉地	CCA 草场花卉地 CCB 林间花卉地
	CD 野生动物栖息地	CDA 水生动物栖息地 CDB 陆地动物栖息地 CDC 鸟类栖息地 CDE 蝶类栖息地
D 天象与气候景观	DA 光现象	DAA 日月星辰观察地 DAB 光环现象观察地 DAC 海市蜃楼现象多发地
	DB 天气与气候现象	DBA 云雾多发区 DBB 避暑气候地 DBC 避寒气候地 DBD 极端与特殊气候显示地 DBE 物候景观
E 遗址遗迹	EA 史前人类活动场所	EAA 人类活动遗址 EAB 文化层 EAC 文物散落地 EAD 原始聚落
	EB 社会经济文化活动遗址遗迹	EBA 历史事件发生地 EBB 军事遗址与古战场 EBC 废弃寺庙 EBD 废弃生产地 EBE 交通遗迹 EBF 废城与聚落遗迹 EBG 长城遗迹 EBH 烽燧
F 建筑与设施	FA 综合人文旅游地	FAA 教学科研实验场所 FAB 康体游乐休闲度假地 FAC 宗教与祭祀活动场所 FAD 园林游憩区域 FAE 文化活动场所 FAF 建设工程与生产地 FAG 社会与商贸活动场所 FAH 动物与植物展示地 FAI 军事观光地 FAJ 边境口岸 FAK 景物观赏点
	FB 单体活动场馆	FBA 聚会接待厅堂（室） FBB 祭拜场馆 FBC 展示演示场馆 FBD 体育健身馆场 FBE 歌舞游乐场馆
	FC 景观建筑与附属型建筑	FCA 佛塔 FCB 塔形建筑物 FCC 楼阁 FCD 石窟 FCE 长城段落 FCF 城（堡） FCG 摩崖字画 FCH 碑碣（林） FCI 广场 FCJ 人工洞穴 FCK 建筑小品
	FD 居住地与社区	FDA 传统与乡土建筑 FDB 特色街巷 FDC 特色社区 FDD 名人故居与历史纪念建筑 FDE 书院 FDF 会馆 FDG 特色店铺 FDH 特色市场
	FE 归葬地	FEA 陵区陵园 FEB 墓（群） FEC 悬棺
	FF 交通建筑	FFA 桥 FFB 车站 FFC 港口渡口与码头 FFD 航空港 FFE 栈道

表 3–1　（续 2）

主类	亚类	基本类型
	FG 水工建筑	FGA 水库观光游憩区段 FGB 水井 FGC 运河与渠道段落 FGD 堤坝段落 FGE 灌区 FGF 提水设施
G 旅游商品	GA 地方旅游商品	GAA 菜品饮食 GAB 农林畜产品与制品 GAC 水产品与制品 GAD 中草药材及制品 GAE 传统手工产品与工艺品 GAF 日用工业品 GAG 其他物品
H 人文活动	HA 人事记录	HAA 人物 HAB 事件
	HB 艺术	HBA 文艺团体 HBB 文学艺术作品
	HC 民间习俗	HCA 地方风俗与民间礼仪 HCB 民间节庆 HCC 民间演艺 HCD 民间健身活动与赛事 HCE 宗教活动 HCF 庙会与民间集会 HCG 饮食习俗 HGH 特色服饰
	HD 现代节庆	HDA 旅游节 HDB 文化节 HDC 商贸农事节 HDD 体育节
数 量 统 计		
8 主类	31 亚类	155 基本类型

注：如果发现本分类没有包括的基本类型时，使用者可自行增加。增加的基本类型可归入相应亚类，置于最后，最多可增加 2 个。编号方式为：增加第 1 个基本类型时，该亚类 2 位汉语拼音字母＋Z、增加第 2 个基本类型时，该亚类 2 位汉语拼音字母＋Y。

资料来源：《旅游资源分类、调查与评价》（GB/T18972－2003）

（二）基于成因和属性分类

这种划分体系最早由 M 彼得斯（Peters）于 1969 年提出，他根据自然属性将旅游资源划分为自然旅游资源和人造旅游资源。由于所使用的分类依据比较直观，操作起来比较容易，所以这一分类方法很快得到了广为流传。其中：

自然旅游资源是指以大自然造物为吸引力本源的旅游资源。包括国标 GB/T18972—2003 中的地文景观、水域风光、气候天象和生物景观；

人文旅游资源是指以古今人类社会活动的创造物为吸引力本源的旅游资源。包括国标 GB/T18972—2003 中的遗址遗迹、建筑与设施、旅游商品和人文活动。

（三）基于再生性分类

根据旅游资源是否可以再生，可以将旅游资源划分为可再生旅游资源和不可再生旅游资源。这种分类对旅游资源开发，特别是对旅游景区（点）规划、开发、经营和管理具有重要的现实意义。

可再生旅游资源，是指在使用过程中，如果遭受损耗或破坏，可以通过适当的途径进行自然恢复或人工再造的旅游资源。如垂钓资源，即便因过度垂钓而导致鱼类资源减少，可以通过适当的措施（如人工放流或休渔）得到恢复；再如以主题公园为代表的现代人造景观，人们可以再仿造或重建。

不可再生旅游资源，是指在漫长的地质历史或人类历史过程中形成的、能够吸引旅游者的自然遗存和文化遗存。这类旅游资源一旦遭受破坏，即使采取适当的措施进行补救，也无法真正复原。如典型生态系统、古文化遗址等。

（四）基于品位和级别分类

根据品位和级别，可将旅游资源分为世界级旅游资源、国家级旅游资源、省级旅游资源和市（县）级旅游资源。

世界级旅游资源包括列入《世界遗产名录》、《世界地质公园名录》和“人与生物圈”的名胜古迹、地质公园和自然保护区等。截至 2011 年 6 月，中国已有 41 处世界遗产，其中世界文化遗产 29 处，世界自然遗产 8 处，文化和自然混合遗产 4 处，另有昆曲等 6 项非物质文化遗产入选联合国教科文组织“人类口述和非物质遗产代表作”。截止到 2010 年 10 月，我国已有 24 处地质公园入选世界地质公园名录，有 26 个自然保护区进入“人与生物圈保护网”。

国家级旅游资源主要包括由国务院审定公布的国家重点风景名胜区、国家历史文化名城、国家重点文物保护单位，以及由原国家林业部和现国家环境保护总局及国家林业局批准设立的国家级自然保护区和国家森林公园，由国家旅游局评定的国家 A 级旅游景区，由国土资源部评定的国家级地质公园等。

省级旅游资源包括为数众多的省级风景名胜区、省级历史文化名城、省级文物保护单位、省级自然保护区、省级森林公园和省级地质公园等。

市（县）级风景名胜区主要包括市（县）级风景名胜区和市（县）级文物保护单位等。

三、旅游资源的特征

由于旅游资源本身的内涵和外延的不易确定性，学者们在探讨旅游资源的特点时，提出了多种不同的观点。本书综合各家观点，从其与传统的物产资源的比较出发，认为旅游资源主要具有以下特征。

（一）吸引力的定向性

对旅游者具有吸引力是所有旅游资源共有的本质特征，而对旅游者的吸引力的大小是衡量旅游资源质量和价值的首要指标。如果不能吸引旅游者前往观赏、体验和愉悦，就不能构成为旅游资源。

然而，旅游资源的的吸引功能在很大程度上取决于旅游者的主观认识。显然就某项具体的旅游资源而言，对有些旅游者可能具有很大的吸引力，而对另一些旅游者可能并没有多大的吸引力。例如海南的3S（sea, sun, sad）资源对较高纬度的人们的吸引力比对较低纬度的人们的吸引力显然要大。也就是说，任何一项旅游资源的吸引力都会有某种程度的定向性特点，而不可能对所有的旅游者具有同等的吸引力。

（二）区域性

旅游资源的形成和旅游价值等受特定的地理环境的影响和制约，并反过来反映区域环境的特色。众所周知，不同区域的自然地理环境、社会经济条件总是存在差异，因此所形成的旅游资源在类型上、特色上、乃至开发利用方向上都存在明显的区域差异。例如华北地区和华南地区，二者地理环境差异明显，从而造成自然景观和人文景观的南北迥然：华北地区平原宽广，山体浑厚，人们性格粗犷豪放；华南地区地形复杂，山清水秀，人们性格细腻灵秀。正是旅游资源的区域性构成了旅游资源吸引力的本源。区域性特点要求旅游资源开发要尽可能挖掘区域特色和民族特色。

（三）垄断性

旅游资源不仅具有区域性，而且具有不可移动性。例如无论是我国的长城、埃及的金字塔，还是美国的大峡谷或者东非的天然野生动物园，都具有显著的区域性和不可移动性特征。正是这种区域性和不可移动性，决定了旅游资源的垄断性。可能会有人认为，凭借现代的经济实力和技术能力，人们完全可以在世界其他地方仿造中国的长城和埃及的金字塔等人文景观，甚至可以仿造天然野生动物园等自然景观，但这种仿造将会因脱离了原物特定的历史和环境而不再具有原真性，从而失去了原物所具有的价值和意义。当然旅游资源的垄断性是有层次的，即有些旅游资源在世界范围内具有垄断性，如埃及金字塔等；有些旅游资源具有全国意义上的垄断性，如湖南炎帝陵等；而有些旅游资源只具有省级甚至更低区域级别上的垄断性，如各地的动物园等。

（四）多样性

旅游资源是一个内涵非常广泛的集合概念，任何能够对旅游者产生吸引力的物质、能力和信息都可构成旅游资源。而且，旅游资源在表现形式上也是多种多样的，既可以是地质地貌、气象气候等自然事物和现象，也可以是民俗、宗教等人文事物和现象，还可以是二者的结合；既可以是地质历史和人类历史遗存下来的，也可以是当代人造的；既可以是有形的，也可以是无形的。当然旅游资源的多样性特征从根本上取决于旅游者旅游需求的多样性。

（五）综合性

特定区域中的多种多样的旅游资源，彼此并非孤立存在的，而是相互依存、相互影响，相辅相成，共同构成对旅游者的吸引力。一般来说，一个地区的旅游资源类型越多，彼此间的联系越紧密，则区域的整体吸引力就越大，综合开发利用的潜力也就越大。例如桂林山水、华夏五岳等，就因资源种类繁多、综合特征突出而成为我国著名的传统旅游景区；而由海子、叠瀑、森林、雪山、藏情五大要素构成的九寨沟“立体画卷”，也正是旅游资源多样性和综合性的集中体现，成为我国旅游景区中的新秀。

（六）易损性

与传统的物产资源相比，旅游资源属于非消耗性资源，只要利用和管理得当，就可以永续利用。因此有些学者认为，旅游资源具有永续性特征。但是绝大多数旅游资源都具有易于破坏、难于再生的特点，而且在现实生活中，旅游资源利用和管理得当往往难以得到有效的保证和实现。所以无论是有形的旅游资源还是无形的旅游资源，在开发利用过程中都可能遭受破坏和损毁。

四、旅游资源调查与评价

旅游资源调查与评价是旅游资源开发的必要的前期工作，是确定旅游资源开发目标、开发时序、开发重点、开发方式等的基本依据。调查与评价是同一项工作中的两个步骤，其中调查是评价的前提，评价是调查的进一步深化。

（一）旅游资源调查

指运用一定的方法和手段，系统收集、记录、整理、分析和总结旅游资源及其相关因素的信息的工作。它是进行旅游资源评价、开发规划以及合理利用与保护的最基础的工作。

1. 旅游资源调查的内容

一是旅游资源形成的背景条件调查。又可分为三个条件：自然环境——包括调查区的概况、地质地貌条件、水文条件、气象气候条件、动植物资源状况等；人文环境——包括调查区的历史沿革、经济发展状况、法制环境，以及交通、通信、水电医疗等基础条件，同时还应调查旅游业发展水平以及当地居民对发展旅游业的态度等；环境质量——包括大气状况、水体状况、土壤状况等，以及自然灾害、放射性物质等。

二是旅游资源本身的调查。包括旅游资源的类型、特征、成因、级别、规模、组合状况等，并提供旅游资源分布图、照片、影像等资料，以及与主要旅游资源有关的重大历史事件、名人活动、文艺作品等。

三是旅游资源开发现状和开发条件调查。又可分为三个内容：旅游要素调查——包括交通、饭店、餐饮、游览、购物、娱乐等软硬件条件；客源市场调查——调查主要客源地居民的旅游消费水平、出游率、旅游偏好等；竞争关系调查——调查临近地区的旅游资源与调查区的旅游资源的相互关系，尤其是差异性和竞争性。

2. 旅游资源调查的方法

● 文献分析法　几乎所有调查都可始于现有资料的收集。

● 3S（GPS、GIS、MRS）法　在调查中，要尽量运用 3S 法，提高调查的精确性和科学性。

● 田野勘测法　通过田野勘测，不仅可以获得大量第一手资料，而且可以提高研究人员对旅游资源的感性认识水平。

● 询问法　即向资源所在地的部门、居民及旅游者询问，以及时了解旅游资源的客观事实和较难发现的事物和现象。

（二）旅游资源评价

旅游资源评价是指在旅游资源调查的基础上，采用一定的方法，对一定区域内旅游资源本身的价值及其外部开发条件等进行综合评判和鉴定的过程。旅游资源评价是一项极其复杂而重要的工作，直接影响到区域旅游开发的程度和成效，因此科学、准确地评价旅游资源就显得十分重要。

关于旅游资源评价，许多学者提出了不同的观点。

卢云亭（1988）提出了“三三六”评价体系，即旅游资源评价的内容包括：三大价值——历史文化价值、艺术观赏价值和科学考察价值；三大效益——经济效益、社会效益和环境效益；六大条件——地理位置和交通条件、景物或景类的地域组合条件、景区旅游容量条件、施工难易条件、投资能力条件以及游客市场条件。

黄辉实（1990）认为，旅游资源的评价应主要从旅游资源本身和旅游资源所处环境两方面进行评价，在评价旅游资源本身时，采用“六字”诀——美（美感）、古（历史悠久）、名（名声）、特（特色）、奇（新奇）、用（实用）；在评价旅游资源所处环境时，采用“七标准”——季节性、污染状况、联系性、可进入性、基础结构、社会经济环境、市场。

李天元（2010）认为，虽然从审美价值、文化价值、观赏价值、科学考察价值等方面去认识和评价旅游资源不无合理之处，“但人们对这些价值的评价往往多有主观色彩，很难实现统一。其实，从发展旅游业的角度去认识，旅游资源的根本价值在于对旅游市场的吸引力，在于对旅游者的吸引功能，衡量这一价值的唯一客观标准以及这一标准在数量化方面的唯一表现便是该项旅游资源所能吸引来访游客的数量。”据此他认为，旅游资源价值的大小主要取决于自身的品质及其坐落地点这两个方面的结合情况。其中，自身品质是指该项旅游资源的自身特色与品位；坐落地点是指该项旅游资源所在的地理区位。

《旅游资源分类、调查与评价》（GB/T18972—2003）提出了“旅游资源共有因子综合评价系统”。该评价系统设“资源要素价值”、“资源影响力”和“附加值”三个评价项目，下设“观赏游憩使用价值”、“历史文化科学艺术价值”、“珍稀奇特程度”、“规模、丰度与几率”、“完整性”、“知名度和影响力”、“适游期或使用范围”、“环境保护与环境安全”共8个评价因子，见表3-2。

表3–2　旅游资源评价赋分标准（GB/T18972—2003）

评价项目	评价因子	评价依据	赋值
资源要素价值（85分）	观赏游憩使用价值（30分）	全部或其中一项具有极高的观赏价值、游憩价值、使用价值。	30—22
		全部或其中一项具有很高的观赏价值、游憩价值、使用价值。	21—13
		全部或其中一项具有较高的观赏价值、游憩价值、使用价值。	12—6
		全部或其中一项具有一般观赏价值、游憩价值、使用价值。	5—1
	历史文化科学艺术价值（25分）	同时或其中一项具有世界意义的历史价值、文化价值、科学价值、艺术价值。	25—20
		同时或其中一项具有全国意义的历史价值、文化价值、科学价值、艺术价值。	19—13
		同时或其中一项具有省级意义的历史价值、文化价值、科学价值、艺术价值。	12—6
		历史价值、或文化价值、或科学价值、或艺术价值具有地区意义。	5—1
	珍稀奇特程度（15分）	有大量珍稀物种，或景观异常奇特，或此类现象在其他地区罕见。	15—13
		有较多珍稀物种，或景观奇特，或此类现象在其他地区很少见。	12—9
		有少量珍稀物种，或景观突出，或此类现象在其他地区少见。	8—4

表 3–2（续）

评价项目	评价因子	评价依据	赋值
		有个别珍稀物种，或景观比较突出，或此类现象在其他地区较多见。	3－1
	规模、丰度与几率（10 分）	独立型旅游资源单体规模、体量巨大；集合型旅游资源单体结构完美、疏密度优良级；自然景象和人文活动周期性发生或频率极高。	10－8
		独立型旅游资源单体规模、体量较大；集合型旅游资源单体结构很和谐、疏密度良好；自然景象和人文活动周期性发生或频率很高。	7－5
		独立型旅游资源单体规模、体量中等；集合型旅游资源单体结构和谐、疏密度较好；自然景象和人文活动周期性发生或频率较高。	4－3
		独立型旅游资源单体规模、体量较小；集合型旅游资源单体结构较和谐、疏密度一般；自然景象和人文活动周期性发生或频率较小。	2－1
	完整性（5 分）	形态与结构保持完整。	5－4
		形态与结构有少量变化，但不明显。	3
		形态与结构有明显变化。	2
		形态与结构有重大变化。	1
资源影响力（15 分）	知名度和影响力（10 分）	在世界范围内知名，或构成世界承认的名牌。	10－8
		在全国范围内知名，或构成全国性的名牌。	7－5
		在本省范围内知名，或构成省内的名牌。	4－3
		在本地区范围内知名，或构成本地区名牌。	2－1
	适游期或使用范围（5 分）	适宜游览的日期每年超过 300 天，或适宜于所有游客使用和参与。	5－4
		适宜游览的日期每年超过 250 天，或适宜于 80%左右游客使用和参与。	3
		适宜游览的日期超过 150 天，或适宜于 60%左右游客使用和参与。	2
		适宜游览的日期每年超过 100 天，或适宜于 40%左右游客使用和参与。	1
附加值	环境保护与环境安全	已受到严重污染，或存在严重安全隐患。	－5
		已受到中度污染，或存在明显安全隐患。	－4
		已受到轻度污染，或存在一定安全隐患。	－3
		已有工程保护措施，环境安全得到保证。	3

依据旅游资源单体评价总分，将其分为五级，从高级到低级为：

五级旅游资源，得分值域≥90 分；

四级旅游资源，得分值域≥75～89 分；

三级旅游资源，得分值域≥60～74 分；

二级旅游资源，得分值域≥45～59 分；

一级旅游资源，得分值域≥30～44 分；

此外还有未获等级旅游资源，得分≤29 分。其中五级旅游资源称为“特品级旅游资源”；五级、四级、三级旅游资源通称为“优良级旅游资源”；二级、一级旅游资源通称为“普通级旅游资源”。

五、旅游资源开发

指为了发挥、改善和提高旅游资源对旅游者的吸引力而从事的开拓和建设活动。显然开发是手段，其目的是使旅游资源得到有效利用。不仅处于原始状态的旅游资源需要进行必要的开发和建设，现实的旅游项目也需要进行再生性开发。只有这样，才能使旅游资源优势转化为经济优势。

旅游资源开发通常是在可行性研究的基础上，本着一定的原则，确定开发主体，明确开发内容和重点，选择开发方式，制定开发计划，从而实现旅游资源开发效益的最大化。

（一）旅游资源开发项目可行性研究

1. 可行性研究的概念

旅游资源开发项目可行性研究（通常简称“可研”）是指，在对某一旅游资源开发项目投资决策之前，以市场为导向，以技术为手段，以包含经济效益在内的综合效益为最终目标，对该旅游资源开发项目的必要性、可能性、有效性和合理性所进行的一系列分析和研究。其内容包括建设上是否必要、技术上是否可行、经济上是否有效、环境上是否合理、法律上是否合法。

可研的主要目的是为该开发项目的投资决策提供可靠的客观依据。只有在可行性研究得出肯定的结果的基础上，才能对该开发项目进行具体的规划设计。此外，可研还是旅游资源开发项目筹集资金、通过环保部门等相关部门审查以及申请开发建设执照的依据。

2. 可研报告的内容

（1）阐明项目开发者的实力和资格。在项目开发者为民间企业（无论是本国企业还是外国企业）的情况下，这一内容的阐述尤为重要。即使开发项目是由政府投资，也应根据量力而行的原则对当地的经济实力和经营管理能力进行客观分析和评价。在旅游资源开发实践中，通常需要向银行等金融机构筹措资金，资金贷出机构为保证贷款是良性的，要求贷款申请机构提交开发项目的可研报告，并通过可研报告了解贷款申请机构的经济实力和经营资格。可见这一内容对于资金筹措来说尤为重要。

（2）分析和预测市场需求。在市场调查的基础上，分析和预测该资源开发项目实施后的游客来源、规模、结构和消费水平等，以及市场竞争状况分析、开发项目的竞争能力与竞争策略。根据调查、分析和预测的结果，估计开发项目实施后的市场发展前景，从而确定开发项目的规模、质量、规格，以及相应的服务方式和服务水平等。

（3）分析项目开发和经营方面的微观条件。分析内容主要包括与该开发项目相关的劳动力条件、工程技术条件、施工条件、投入—产出，以及该开发项目实施后的经营条件等，并就所有这些方面可能存在的问题拟出可供选择的解决办法。其中开发项目的投资回收前景分析与预测至关重要。如果投资回报率或投资回收速度低于投资者的要求，则一般认为该开发项目在经济上不可行。

（4）分析当地的宏观经济社会环境。分析内容包括当地居民的生活水平、社会风俗、现有的基础设施状况等，同时，要对开发项目对当地社会的各方面有可能带来的影响进行损益分析。

当然，可研报告具体包括哪些内容，取决于可研报告是为谁而作。如果仅仅是为开发者而作，则通常只需包括上述中的（2）和（4）；如果可研报告要作为申请贷款的依据，则必须包括上述中的（1）、（2）和（3）；如果可研报告要作为政府主管部门审批的依据，则上述中的（1）、（2）、（3）和（4）都必须全部涉及。

（二）旅游资源开发的原则

尽管不同旅游资源开发项目的开发目标和要求可能有所区别，但一般来说，旅游资源开发应遵循以下基本原则。

1. 独特性突出原则

旅游资源的独特性既是其对旅游者产生吸引力的根本所在，也是决定其吸引力大小的最基本的因素。通常独特性越鲜明，可替代性就越小，对游客的吸引力也就越大，所以旅游资源开发尤其要突出独特性原则。旅游界有一句名言，“只有民族的，才是世界的”，说的就是这个道理。在开发过程中，应把充分挖掘当地特有的旅游资源作为出发点，突出当地特有的建筑风格、艺术品位、文化精髓、民风民俗等要素，尤其要重点开发那些在某些方面堪称相对“之最”的旅游资源，例如在一定区域内的历史“最”悠久、规模“最”大、造型“最”

奇、工艺“最”精等资源。只有如此，才能做到“人无我有”或“唯我独尊”，才能形成鲜明的个性和独特的吸引力。需要注意的是，独特性并不是单一性，在突出特色的基础上，还要围绕重点项目，不断增添新项目，满足旅游者多样化的旅游需求。

2. 市场导向原则

旅游资源开发，从根本上说是为了满足旅游者的旅游需求，从旅游目的地或旅游企业的角度说，是为了在满足旅游者旅游需求的同时，实现旅游收入的最大化。如果没有旅游者的到访，就谈不上旅游资源开发的效益。因此旅游资源开发，必须以游客为本，以满足旅游者的旅游需求为中心。在旅游资源开发前，一定要进行市场调查、分析与预测，准确把握旅游市场需求及其变化规律，结合旅游资源特色，寻求旅游资源特色与旅游市场需求之间的结合点，明确旅游资源开发的方向、规模和层次。当然并非有市场需求的就可以进行开发，对于国家法律法规所不允许的或者有害于旅游者身心健康的旅游资源，就应该禁止开发。

3. 保护优先原则

旅游资源开发的保护原则主要涉及两个方面：一是注重对旅游资源本身的保护；二是注重对环境的保护。

旅游资源是大自然的造化、人类历史的遗存和现代人类文明的结晶，通常具有脆弱性的特点，它不但会受自然因素的影响，而且在旅游开发过程中也会遭到损耗和破坏。重要的是，绝大多数旅游资源一旦遭到破坏和损耗，几乎是不可能恢复的。因此在旅游资源开发中，要将旅游资源保护放在首要地位，采取切实可行的保护措施，真正做到“在开发中保护，在保护中开发”。

旅游资源开发不可避免地会导致资源所在地的环境发生某些变化，可以说开发本身就意味着对资源及其所在环境的一定程度的“破坏”。这是不可否认的事实。然而大量事实也证明，如果处理得当，旅游资源开发也可以起到改善当地环境的作用。问题的关键就在于如何将开发工作处理得当。从宏观层面考虑，在开发工作中，首先要避免因规划欠妥等原因而导致环境污染；其次旅游景点及其配套设施的建设要做到衬景而不能夺景，甚至毁景，除用于点景、配景的设施外，其他各类设施都应尽可能做到藏而不露。总之，旅游资源开发项目的建设应融入当地的环境，成为当地景观环境的补充，而不能喧宾夺主地改变当地原有的主环境。

4. 利益协调原则

旅游资源开发的利益协调原则主要体现在两个方面：一是要注重经济效益、

社会效益与环境效益的协调统一；二是要注重利益主体的利益协调统一。

旅游业是区域经济的一个重要产业部门，因此无论是从企业角度考虑还是从政府角度考虑，追求经济效益的最大化显然是旅游资源开发的基本目标，甚至可以说是最主要的目标。然而大量事实证明，良好的生态环境以及和谐的社会环境不仅是旅游吸引物的重要构成要素，而且是旅游资源开发取得成功的前提和基础，因此旅游资源开发必须统筹兼顾经济-社会-环境效益。

旅游企业是旅游资源开发的投资和经营实体。可以说，旅游者是旅游企业的财富之母，员工是旅游企业的财富之父，当地居民是旅游资源的真正所有者，政府部门代表人民行使旅游资源所有者的权利，因此旅游资源开发要统筹兼顾旅游者、企业、当地居民、员工及政府部门的利益。

（三）旅游资源开发的内容

与其他资源一样，旅游资源也需要经过一定的开发才能实现其价值。直观地说，旅游资源开发是为了使旅游资源的吸引力得以发挥、改善和提高，从而实现利益的协调统一。因此旅游资源开发不仅仅局限于旅游资源或旅游景点的开辟和建设，更多的工作是以此为核心，建设旅游设施，改善旅游环境，提高旅游服务质量。在这个意义上，用“旅游开发”或“旅游业开发”（tourism development）代替“旅游资源开发”似乎更为合理。这也是国际社会的规范用法。基于这一考虑，旅游资源开发所涉及的内容主要包括以下几个方面。

1. 增强可进入性

可进入性（accessibility）是指旅游资源所在地与客源地之间以及资源所在地内部的交通的畅通和便利程度。通常可用交通方式及其组合、交通线路（如航线）和交通运营状况等指标来反映。

旅游活动的异地性特征要求旅游者须凭借一定的交通方式离开自己的惯常环境前往目的地，因此是否具备便捷、舒适、安全的交通条件是影响旅游者是否选择某一目的地的关键因素之一。许多案例都表明，没有良好的交通条件，即便旅游资源品质再高，也难以形成足够大的旅游吸引力。

增强可进入性主要涉及三个方面的工作：一是建设和完善必要的资源所在地和客源地之间的交通基础设施，如道路、车站、机场、码头等；二是改善景区内部的交通条件，使游客能够进得来、散得开、出得去；三是根据客流量的大小，合理安排运营时间和班次。

2. 建设与管理旅游景区（点）

旅游资源需要经过一定的开发建设才能成为旅游产品，而旅游景区（点）通常是旅游目的地的核心吸引源，因此旅游景区建设与管理就成为了旅游资源开发的重要环节。

旅游景区建设与管理不仅包括开辟新的景区、景点，而且包括对已有景区、景点进行适时更新和再生性开发；不仅包括硬件方面的开发与建设，而且包括对游客活动项目、活动形式等软件内容的开发与更新。

3. 完善旅游设施

可将旅游设施分为旅游基础设施（infrastructure）和旅游上层设施（superstructure）。旅游基础设施是指主要供当地居民使用，但旅游者也必须依赖的设施。又可分为两类：一般公用事业设施，如供水系统、排污系统、供电系统、交通系统等；现代社会生活所必需的基础设施或条件，如医院、银行、公园、治安管理机构等。旅游上层设施是指虽然也供当地居民使用，但主要供旅游者使用的旅游接待设施。如酒店、旅游问询中心、旅游商店、某些娱乐场所等。如果没有旅游者，这些设施也就失去了存在的必要。

对于那些处于初始开发阶段的旅游区来说，建设和完善旅游设施的必要性是显而易见的。对于那些绝大多数旅游开发区来说，尽管在旅游设施的建设方面已有一定的基础，但这些原有的设施在数量上和布局上大都是根据当时当地人口的需求规模进行建设的。随着外来旅游者的大量涌入，这些设施可能会出现供应能力不足等问题，因而需要进一步增建和扩建。例如三亚目前就存在明显的交通拥挤等问题，必须从旅游城市发展的需要出发，新建和扩建旅游交通设施。

4. 提升旅游服务水平

从供给角度看，旅游服务包括经营性的旅游服务和非经营性的旅游服务。前者通常是指导游和翻译服务、客运服务、餐饮和住宿服务等；后者通常指旅游问询服务、出入境服务等。

国内外的经验和教训告诉我们，虽然旅游目的地或旅游景区（点）的吸引力本源在于其旅游资源，但旅游服务质量的高低也会相应地增强或消弱该地对客源市场的吸引力，尤其在买方旅游市场的情况下，旅游服务质量已成为旅游地竞争力的关键构成要素。

提升旅游服务水平，需要从以下几方面入手：增强旅游从业人员和当地居民的旅游服务意识；端正旅游从业人员和当地居民的服务态度；丰富为游客提供服务的手段；培训为游客提供旅游服务的服务技能；规范旅游服务的价格。

5. 开拓旅游市场

旅游资源开发需要坚持市场导向原则，开发出市场适销对路的旅游产品；反过来，旅游资源开发项目实施后，也需要及时向市场推介，引导市场消费。

只有资源开发与市场开拓紧密结合，使二者相辅相成，才能真正实现旅游资源的价值。

开拓旅游市场的策略通常有价格策略、产品策略、渠道策略、促销策略、公共关系策略等。这些方面的内容将在第五章详细阐述。

6. 优化旅游环境

旅游环境通常包括旅游地的旅游政策、出入境管理政策、政治局势、社会治安状况、风俗习惯，以及当地居民的文化修养、思想观念、好客程度等。这些因素将直接或间接地对旅游者产生吸引或排斥作用，进而影响旅游资源的开发效果。因此营造良好的旅游环境，既可以突出本土旅游资源的特色，又可提高旅游者对旅游目的地的认可度和满意度。

这项工作的主要内容包括：制定有利于旅游业发展的旅游政策；制定方便旅游者出入境管理措施；维持稳定的政治局面和安定的社会治安；提高当地居民的文化修养，帮助当地居民养成文明礼貌、热情好客的旅游理念等。

第三节　旅游产品

旅游产品是旅游活动的主要对象物，旅游产品的类型、数量、质量和结构直接关系到旅游者的旅游需求能否得到较好的满足以及旅游业的兴衰。

一、旅游产品的概念

现代旅游活动是一种综合性的社会经济活动，这就要求旅游产品具有丰富多样性特点。正因为如此，人们对旅游产品的概念的认识和内涵的理解各有不同，迄今仍未形成统一观点。学者们分别从旅游目的地角度、旅游者角度、旅游企业角度等给出旅游产品的定义。也就是说，由于学者们的研究目的不同，他们给出的定义也各有侧重。罗明义（2001）将这些不同的定义归纳为经历说、组合说和交换说。李大元（2010）则认为旅游产品有时指整体旅游产品，有时指单项旅游产品。

其实，对于旅游产品的定义，无非是从供给和需求两个角度出发，但不管从哪个角度下定义，旅游产品在本质上都是一样的。

与一般工农业产品不同，旅游产品的最大特性是综合性，因此如果从供给的角度下定义，几乎没有任何一个旅游企业能够单独满足旅游者多样性的需求，这样单纯从旅游企业角度去理解旅游产品显然是过于狭窄，而必须从旅游目的地的角度去全面理解旅游产品。同样，如果从需求的角度下定义，旅游者在整个旅游过程中也不可能只消费某一方面或几个方面的产品，尽管他（她）有可能在某个时间段单独购买单个旅游企业的产品，但他（她）在整个旅游经历中所消费的显然是具有综合性或整体性的旅游产品。所以本书认为，旅游产品必定是综合性的或整体性的。如果从单项考虑，只能是旅游企业的产品，只是旅游产品的构成要素之一。事实上，尽管学者们（如罗明义、李天元）从不同侧面定义旅游产品，但在分析旅游产品的特点时，却都是从整体旅游产品出发的。

基于上述考虑，本书将旅游产品定义为：旅游产品是指旅游业（旅游企业的集合体，既包括旅游目的地的旅游企业，如目的地的旅游景区、酒店、旅游商场等，也包括客源地的旅游企业，如客源地的旅行社、旅游交通部门等）提供的、能够使旅游者获得一次完整的旅游经历的各种接待条件和相关服务的总和。所涉及的接待条件既包括有形的物质条件，如旅游设施等，也包括无形的非物质条件，如目的地的好客友善等。所涉及的相关服务既包括相关的商业性服务，如导游等，也包括相关的非商业性服务，如旅游咨询等。

由于旅游产品是综合性的或整体性的，是由不同的组成要素共同构成的，所以要求旅游产品符合以下三个方面的基本要求。

（1）内容的丰富性　是指由各种接待条件和相关服务所构成的组合形式是多种多样、丰富多彩的。这取决于不同的旅游者对这种组合形式的要求存在一定的区别，如度假游客要求住宿条件、休闲条件、娱乐条件、饮食条件等都是一流的，而观光游客则要求旅游景区（点）、旅游交通条件是物超所值的。

（2）结构的配套性　是指构成旅游产品的各种接待条件和相关服务彼此间在比例关系上是协调的、合理的。这取决于旅游者在其旅游经历中所消费的是食、住、行、游、购、娱等要素组成的综合性产品。如果某种要素短缺甚至缺失，旅游者就难以获得好的旅游经历，旅游业也就难以树立良好的旅游形象，难以对游客产生足够强大的吸引力。

（3）质量的均等性　是指构成旅游产品的各种接待条件和相关服务彼此间在品质上是相一致的。要使旅游者获得美妙的旅游经历，就必须使构成旅游产品的每个要素都是优质的，否则就会出现旅游产品质量问题，从而有损旅游产品的价值。例如尽管其他各个要素都使游客非常满意，但如果游客在旅游期间丢失了财物，或者是吃了不卫生的食物而拉肚子，那么就很可能引起旅游者的不满情绪，导致旅游产品价值大跌。

二、旅游产品的特点

就性质而言，旅游产品不仅属于服务性产品，而且是综合性的服务产品。因此旅游产品既不同于一般物质产品，也不同于一般的服务性产品，具有很多自身的特点。了解和认识这些特点，无论是对旅游业发展还是对旅游企业的成功经营，都是非常重要的。有学者指出，对于物质产品和服务产品在特点上的不同，可以一言以蔽之，即物质产品是制造出来的，而服务产品则是表演出来的。

（一）综合性

综合性是旅游产品最基本的特点，是与物质产品和其他服务产品的本质区别。可以从多个方面分析和认识旅游产品的综合性。

首先，构成要素的综合性——旅游产品是由旅游资源、旅游设施、旅游服务等诸多要素组合而成的。其中既有有形要素，也有无形要素；既有物质要素，也有精神要素。

其次，生产部门的综合性——旅游产品的生产和提供涉及诸多部门和行业。其中既有直接面向旅游者的旅行社、饭店、交通运输和景区（点）等行业，也有间接面向旅游者的工业、农业、建筑业、金融保险业等行业；既有以物质生产为主的行业，也有以非物质生产为主的行业；既涉及经营性部门，也涉及非经营性部门。

最后，旅游消费的综合性——旅游者的旅游消费几乎都包含了食、住、行、游、购、娱等要素，而且要求在质量上均等，在构成上配套，在内容上丰富。

旅游产品的综合性特点决定了旅游业各部门协调发展和开展联合营销的必要性和重要性，也要求旅游目的地在开发旅游产品时必须全面规划、统筹安排。

（二）服务性

服务性是旅游产品区别于物质产品的本质属性。无论是从旅游供给角度还是从旅游消费角度考虑，服务贯穿于旅游产品生产和消费的整个过程，而且服务质量的好坏，直接影响甚至决定旅游者对旅游产品的评价和看法。尽管旅游产品中包含了物质要素，如食品等，但正如第二章所述，旅游需要本质上是精神需要，为了追求物质上的满足而外出旅游显然是与事实相违背的。因此物质要素的消费尽管对旅游经历具有非常大的影响，但从本源上来说，旅游过程中的物质需要只是精神需要的引致需要。

服务性特点要求旅游业及其相关部门在为旅游者提供基本的物质要素的基础上，最大限度地为游客提供无微不至的旅游服务。“细微之处见真情”说的就是这个道理。

（三）不可转移性

这一特点具有双重含义。

一是指旅游产品具有空间上的不可转移性特点。即使是进入流通领域的旅游产品，仍固定于既定的空间。这一特点意味着，旅游者只能前来旅游产品的生产地进行消费。不是把旅游产品运送给旅游者消费，而是把旅游者运送到旅游目的地进行消费，即发生位移的是旅游者而不是旅游产品。正因为如此，交通运输成为了旅游活动得以完成的重要技术手段。对于国际旅游活动而言，旅游产品的这一特点补充和完善了传统的国际贸易理论。

二是指旅游产品交换不会导致其所有权的转移。物质产品的交换引起其所有权从供给方转移到购买方，而旅游产品的交换仅仅表现为供给方将旅游产品的有限使用权交付给旅游者。也就是说，旅游产品交换的完成，只是准许旅游消费者在规定的时间和地点按规定的消费方式消费，而无权将旅游产品据为己有，而且使用权的有限性也决定了旅游者无权自行决定让他人分享，甚至在很多情况下，无权将这一有限使用权自行转让给他人。

当然，旅游产品的某些物质性构成要素，如旅游购物品，无论是空间位置还是所有权，都是可以发生转移的。

这一特点意味着，旅游产品存在着较强的可替代性，旅游市场的竞争非常激烈。因此要求旅游业及其相关部门必须不断创新和优化旅游产品，从而提高旅游产品的吸引力和竞争力。

（四）不可储存性

物质产品是可以储存的，如家用电器、机械设备、粮食等，可以将生产、储存、运输和消费过程分开来。然而，旅游产品的生产和消费是同步进行的，生产过程也就是消费过程。旅游者购买或者预订旅游产品后，如果未能在规定的时间内使用，就须按双方事先的协议，承担因此而给卖方带来的损失；对于卖方来说，届时未能售出的旅游产品无法积存起来留待日后继续出售，也就是说，随着时间的流逝，未售出的旅游产品在特定时期内的价值会自然消失，并且永远不复存在，在新的时期内，旅游产品将表现出新的价值。

当然，旅游产品的某些构成要素，如旅游商品，与其他物质产品一样具有可储存性。但是，绝大多数旅游产品的构成要素，如客机座位、酒店客房，以及旅游产品本身，如目的地的旅游接待能力，因其生产过程离不开从业人员所提供的服务，只要某天出现闲置，因此而带来的损失将永远无法追补。

这一特点决定了旅游业及其构成要素——旅游企业有必要对旅游产品实行

差别定价，以及采取各种必要的营销措施去刺激和影响旅游市场需求，以便最大限度地实现旅游产品的价值和提高旅游产品的使用效率。

（五）不可分割性

旅游产品的不可分割性是指旅游产品的生产过程和消费过程总是在同一地点同时进行的。这一特点表现在两个方面：一是旅游产品生产与消费在空间上是不可分割的，即旅游者必须进入旅游目的地才能消费旅游产品，一旦旅游者离开旅游目的地，则旅游生产与消费也立即终止；二是旅游产品生产与消费在时间上是不可分割的，即旅游者对旅游产品的消费过程与旅游经营者对旅游产品的生产过程是同时进行的，没有旅游者对旅游产品的消费过程，也就没有旅游产品的生产过程。

需要注意，这一特点并不意味着旅游产品的消费与购买不可分离。事实上，有相当一部分旅游者对旅游产品的购买都是提前预订甚至提前购买。

这一特点告诉我们，旅游从业人员的一言一行、一举一动，甚至是他们的衣着仪表，都会影响旅游者对旅游产品的满意度和认可度，因此质量控制在整个旅游产品生产过程中就显得至关重要。

三、旅游产品的生命周期

旅游产品生命周期，是指旅游产品从投入市场直到退出市场的全过程。这一概念的内涵包括：旅游产品的寿命是有限的；旅游产品的生命周期可分为不同阶段；旅游产品生命周期的长短因旅游产品本身而异；对于处于不同阶段的旅游产品，旅游企业应采取不同的经营策略。

（一）旅游产品生命周期模型

旅游产品大体要经历推出期、成长期、成熟期、衰退期/再成长期的周期性变化（图 3-2）。旅游产品生命周期的各个阶段一般是以销售额或所获利润的增长率来衡量的。一般处于不同生命周期阶段的旅游产品具有不同的特点。

1. 推出期

旅游产品的推出期，是指旅游产品正式推向旅游市场的阶段。一般推出期具有以下特点。（1）由于旅游产品尚未被旅游者所了解和接受，因此旅游者的购买很多是试探性的，几乎没有重复性购买，导致销售量增长缓慢而无规律，增长率也起伏波动。（2）旅游企业通常会在推出期采取试销方式，因此旅游企业的接待量很少，旅游产品销售水平低。（3）为了使旅游者了解和认识旅游产品，旅游企业需要做大量的广告和促销工作，使旅游产品的单位经营成本较高，导致旅游企业往往利润极小，甚至亏损。处于这一阶段的旅游产品一般没有市场竞争者。

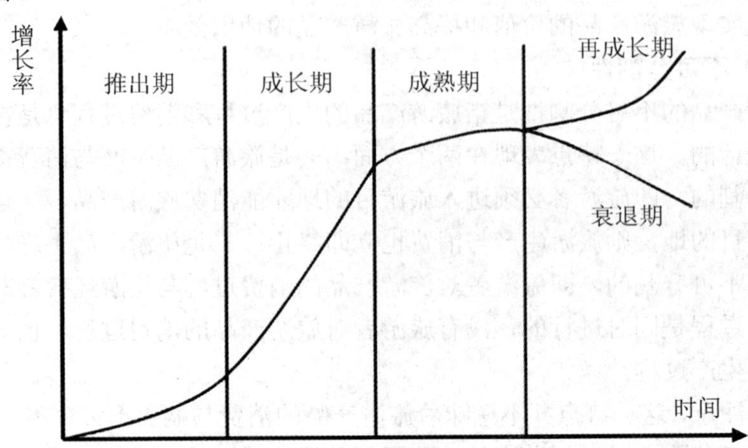

图 3–2 旅游产品生命周期典型模型

2. 成长期

旅游产品的成长期，是指旅游产品基本定型并形成一定特色的阶段。在这一阶段，由于前期的旅游宣传促销效果开始显现，旅游者对旅游产品逐渐熟悉，越来越多的人购买旅游产品，重复购买的旅游者也逐步增多，使旅游产品销售量迅速增加，增长率一般超过 10%；同时旅游企业的宣传促销费用相对减少，经营成本大幅度下降，经营利润迅速上升。因此当旅游产品处于这一阶段时，其他旅游企业就有可能推出相同的旅游产品，从而出现市场竞争。

3. 成熟期

旅游产品的成熟期，是指旅游产品市场需求达到饱和状态的阶段。在此阶段，潜在顾客逐渐减少，大多数旅游者属于重复购买，旅游产品的销售额增长幅度一般在 1%～10%之间。在旅游产品成熟期，由于很多同类旅游产品进入市场，扩大了旅游者对旅游产品的选择范围，使旅游市场竞争十分激烈，加上一些新产品对原有旅游产品的替代作用，使旅游产品差异化成为旅游市场竞争的核心。

4. 衰退/再成长期

旅游产品的衰退期/再成长期，是指旅游产品老化或更新换代阶段。在此阶段，由于新的旅游产品进入市场并逐渐代替老产品，旅游者或丧失了对老产品的兴趣，或被新产品的兴趣所取代，除少数名牌旅游产品外，大多数旅游产品销售量逐渐减少；同时，旅游市场竞争加剧而迫使旅游企业降价销售旅游产品，导致销售额和利润增长率急剧下降，利润迅速减少，甚至亏损。

这时旅游企业需要迅速采取有效措施使旅游产品进入再成长期，以延长旅游产品的生命周期；否则，旅游产品将随着旅游市场的激烈竞争，以及销售额和利润额的持续下降而被迫退出旅游市场，从而导致旅游产品生命周期的终结。

（二）延长旅游产品生命周期的策略

旅游产品遵循生命周期性这一客观规律，因此从经营者的角度考虑，就必须运用各种经营策略，延长旅游产品生命周期的成熟期，以实现利润最大化。实践中，延长旅游产品生命周期成熟期的策略主要有以下几点。

1. 旅游市场开拓策略

即为处于成熟期的旅游产品寻找新的旅游者或客源地，以达到延长其成熟期的目的。主要有两种做法：一是拓展旅游产品的新功能，即在旅游产品原有功能的基础上开发出新的旅游功能，使旅游产品永葆生命力；二是开辟新市场，即为旅游产品寻找新的消费者，使旅游产品进入细分市场，这方面的成功案例不胜枚举。

2. 旅游产品改进策略

指通过对处于成熟期的旅游产品作某些局部改进和优化，以继续吸引新老旅游者，进而延长其成熟期。旅游产品的改进和优化可以从旅游产品的质量、功能、形态等很多方面进行。例如提高旅游服务质量、改善旅游设施和设备、增加新的旅游服务项目等。每进行一个方面的旅游产品改进，就相当于刺激了一个新的旅游需求热点，从而使旅游产品的成熟期得以延长。如三亚作为热带滨海旅游城市，通过不断推出新的旅游景区、提高旅游服务质量等措施，使旅游形象和知名度得以提升。

3. 旅游市场营销组合策略

指通过产品、价格、促销和渠道等因素的优化组合来刺激旅游需求和提升销售量，进而延长旅游产品生命周期，如提供更多的旅游服务项目、优化分销渠道、调整销售价格及其有机组合等。

4. 旅游产品升级换代策略

指根据旅游市场需求的变化，不断开发创新型旅游产品，推动旅游产品的不断升级换代，从而保持旅游目的地的持久生命力。如对于中国观光旅游产品来说，只有通过创新型旅游产品的适时、有序开发，形成合理、有序的第一、第二代甚至第三代观光旅游产品的成熟期序列，才能维持我国观光旅游产品的持久吸引力和生命力。

四、旅游产品质量

旅游产品是游客完成旅游体验、实现旅游经历的核心要素，因此，旅游产品质量的高低直接决定着游客的满意度、愉悦度以及回头率。

（一）提高旅游产品质量的重要性

一方面，高质量的旅游产品是旅游业赖以生存和发展的生命线。随着我国改革开放的不断深入、经济全球化和区域经济一体化进程的加快，以及各地对发展旅游业的重视程度的大幅度提高，无论从我国还是全世界来看，旅游业已成为一个非常典型的买方市场产业，人们选择旅游目的地的空间非常大，因此旅游市场竞争也就越来越激烈。而在激烈的市场竞争背景下，高品质的旅游产品就成为旅游目的地及旅游企业赖以生存和发展的基础。显然无论对于一个旅游目的地还是对于一个旅游企业来说，如果其旅游产品质量不能让旅游者满意和信赖，便难以在激烈的市场竞争中赢得消费者，更难以扩大市场占有率，从而无法实现自己所追求的经济效益。

另一方面，旅游产品的特点要求旅游产品是高品质的。首先，旅游产品的综合性特点要求旅游产品的各组成要素在质量上和数量上具有均等性，任何一个要素出现问题（如质量上的问题或数量上的短缺），都会使旅游产品的质量大打折扣。其次，旅游产品的无形性使得旅游产品不能像工农业产品那样可以进行随时的质量检验，只有通过旅游者的消费，才能衡量或检验其质量的高低，这就要求在每一个生产环节都严把质量关，否则所带来的损失将是无法挽回的。最后，旅游产品的时空同一性要求旅游产品具有高品质。旅游产品具有生产与消费的时空同一性特点，即旅游者必须前往旅游产品的生产地，并在生产旅游产品的同时就进行消费，一旦旅游者离开旅游产品的生产地，旅游消费就会立即停止。这一特点要求，旅游目的地和旅游企业要时时处处重视旅游产品质量的提高，如果等到发现存在质量问题，那就为时已晚，所造成的消极影响和反作用是不可估量的，可能就会因此而失去市场的信任，从而导致经营惨淡。

（二）衡量旅游产品质量的标准

如前所述，旅游产品具有服务性特点。因此尽管旅游产品的某些要素，例如提供服务的速度，能够比较容易地量化衡量与客观评价，但有些要素，例如服务态度，则难以量化衡量，因而难以进行一致性的客观评价。正是这种难以量化进而难以客观评价的特点，使得人们所提出的衡量旅游产品质量的标准难以统一。

- 高质量就是符合服务规范。

- 高质量就是令消费者满意。
- 高质量意味着服务到位。
- 高质量是指价格与价值之间的交换公道。
- 高质量是持之以恒地关注每一个工作细节。

归纳这些关于旅游产品质量的衡量标准可以发现，衡量旅游产品质量高低的指标实际上有两个。

一是令消费者满意。

二是符合服务规范。

也就是说，只有既令消费者满意又符合服务规范的旅游产品才是高质量的，二者缺一不可。显然，不能令消费者满意的旅游产品无论如何也不能说是优质的，而如果为了令消费者满意，就违背服务规范，例如违背相关法律法规，或者以牺牲企业或目的地的利益为代价，自然也不可取，不可能实现可持续发展。

（三）提高旅游产品质量的途径

提高旅游产品质量是一项系统工程。从所涉及的人员看，要求旅游企业的每一位员工和旅游目的地的每一位公众的共同努力；从所涉及的内容看，要求有形产品和无形服务都是高质量的。然而在本质上，高质量的旅游产品意味着旅游者对旅游产品的预期与对旅游产品的感知实现高度一致。

众多学者就如何提高旅游产品的质量进行了大量研究。其中最具代表性的研究成果，当属由著名服务营销专家朗格鲁斯提出的“感知服务质量控制模型”，图 3-3。

根据该模型：（1）树立和维护良好的形象是提高感知服务质量的核心工作；（2）预期服务和感知服务之间的任何差距都会在形象上得到反映；（3）形象受众多因素影响，包括技术质量、功能质量、常规营销活动及外部影响因素。因此提高旅游产品质量，关键在于缩小预期服务和感知服务的差距，可以用以下公式来表示旅游产品的质量：

$$\text{旅游产品质量}=\frac{\text{感知服务}}{\text{预期服务}}$$

当感知服务符合预期服务时，游客就会认为旅游产品是合格的；如果感知服务优于预期服务，游客就会认为旅游产品是高质量的；反之，游客就会认为旅游产品的质量较低。只要旅游产品是合格的或高质量的，就会对形象的树立和维护具有促进作用；反之，就会使形象受损。

因此，提高旅游产品质量的途径无非有两个方面：一是使消费者对服务有恰当的预期；二是提高消费者的感知服务质量。

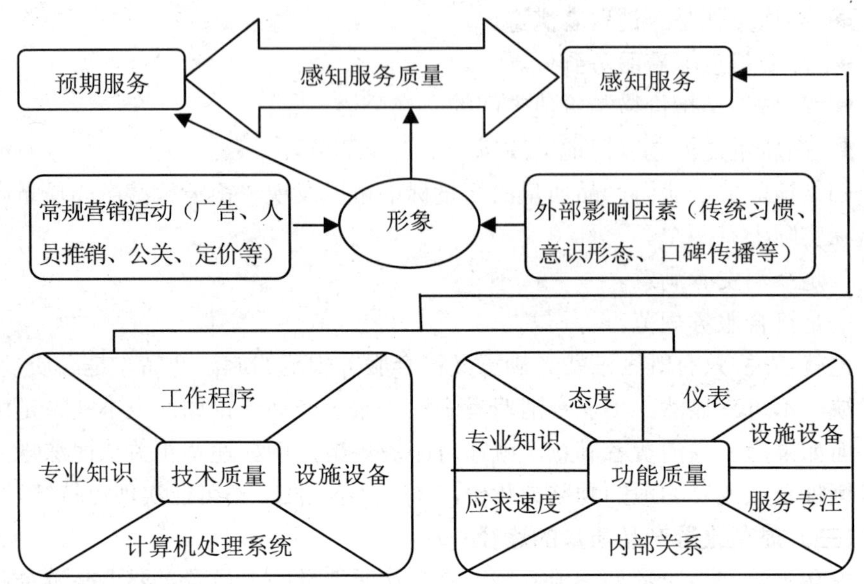

图 3–3 感知服务质量控制模型

消费者的预期服务受常规营销活动和外部影响因素的制约，也就是说，既与旅游目的地或企业的承诺（如广告、公关等）密切相关，也与口碑、传统习惯等密切关联。这就意味着旅游目的地或企业不仅要诚信，宣传促销活动要真实地反映自己的产品，而且要一如既往地为消费者提供自己所承诺的产品或服务。

消费者的感知服务取决于技术质量和功能质量。其中技术质量相当于顾客从旅游产品中所实际获得的使用价值，如同有形产品一样，能够客观地进行测量；功能质量是旅游产品交付过程或交付方式的理想程度，例如前往某餐厅用餐的顾客在对餐厅的产品质量进行评价时，不仅会评价膳食的品质，而且会评价膳食的交付方式——如服务人员的仪表和举止，餐厅环境氛围等。显然只有当技术质量和功能质量都是高品质的，顾客的感知服务才会较好。这就意味着从提高功能质量的角度考虑，要求旅游从业人员培养服务意识、端正服务态度、提高服务技能；而从提高技术质量的角度考虑，不仅要完善服务条件，而且要有严格的保障措施——如建立健全服务规范、工作规章、检查和奖惩制度等。

【阅读】

亚龙湾热带天堂森林公园

亚龙湾热带天堂森林公园位于中国唯一的热带滨海城市海南省三亚市亚龙湾国家旅游度假区。总面积 1 506 公顷，是按照国家森林公园规范要求开发建设的三亚市第一个森林公园，是海南省第一座滨海山地生态观光兼生态度假型森林公园。

园区定位于国际一流的滨海山地生态观光兼生态度假型森林公园，植被类型为热带常绿性雨林和热带半落叶季雨林。其生物、地理、天象、水文、人文资源丰富多彩，景观建设极尽生态自然。可开展登山探险、野外拓展、休闲观光、养生度假、科普教育、民俗文化体验等多种旅游活动。海南省是中国第一个生态省，而“热带天堂”就是离城市最近的天然森林氧吧。

【思考题】

1. 名词解释：旅游资源、旅游产品、旅游吸引物、旅游产品生命周期。
2. 试分析旅游资源的特征。
3. 试分析旅游资源开发的原则和内容。
4. 试分析旅游产品的特点。
5. 试分析如何延长旅游产品的生命周期。
6. 试分析提高旅游产品质量的意义和途径。

第四章　旅游业

【学习目标】

● 熟悉旅游业和其他传统产业的差异

● 熟悉旅游业的构成和特点

【知识要点】

● 旅游业的概念和构成

● 旅行社业

● 饭店与住宿业

● 旅游交通客运业

随着社会经济的发展和产生旅游需求条件的改善，旅游市场规模不断扩大，特别是现代大众旅游的形成和发展，使得旅游需求与日俱增，旅游活动的规模也不断扩大。

然而，旅游需求条件的改善及其对旅游需求的推动作用，只是促进旅游活动规模扩大的影响因素的一个方面，如果没有旅游供给的支持和拉动，旅游活动就不可能发展到当今如此之大的规模。例如从我国入境旅游发展的情况看，如果旅游供给能力或旅游接待能力仍然停留在改革开放之初的水平，我国的入境游客接待量就不可能发展到当今如此之大的规模。所以旅游供给能力的提高对旅游活动规模的扩大无疑具有重要的作用。基于这一考虑，本章重点探讨旅游供给，也就是旅游业。

第一节　旅游业概述

一、旅游业的概念

旅游业也称为旅游产业（the tourism industry）。关于旅游业的定义，许多学者给出了不同的定义，例如美国旅游学家伦伯德格认为，“旅游业是为国内外旅游者服务的一系列相关的行业。”《旅游研究杂志》（*Journal of Travel Research*）的创刊编辑格德纳（Charles R. Goeldner）和世界旅游组织旅游教育理事会首任主席瑞奇（Brent Ritchie）在其合著的2006年新版《旅游学》中指出，“旅游业是参与为游客提供旅游体验的多种经济活动、多种服务或多种行业的集合体……它包括所有旅游产品及相关服务的提供者，是一个……综合性产业”。李天元在《旅游学概论》中指出，“旅游业就是以旅游消费者为服务对象，为其旅游活动的开展创造便利条件并提供其所需商品和服务的综合性产业。”

要准确理解旅游产业，首先需要理解什么是产业。按照经济学的解释，产业是生产同类产品或提供同类服务的企业的集合体或总称。例如工业是生产工业产品的企业的集合体，农业是生产农业产品的企业的集合体等。因此照此类推，旅游业就应该是生产旅游产品的企业的集合体。

旅游业产品（可简称为旅游产品）是一个综合性概念，就跟工业产品也是一个综合性概念一样。工业可以进一步细分为重工业和轻工业两大部门，重工业又可以分为电器工业、机械工业……轻工业则可以分为纺织工业、食品工业……然后可以继续细分下去。相应地，旅游业也可以细分为旅行社业、宾馆住宿业、旅游景区（点）业……

因此认为旅游业不能构成一个产业的观点显然是不正确的。在实践中，尽管世界上许多国家（地区）在制定其产业分类标准时，似乎都未将旅游业作为一个产业明确立项，但在这些国家所制定的国民经济发展规划中，几乎无一例外地将发展旅游业作为其中的一项重要内容。而且在许多国家，特别在几乎所有的发达国家，旅游业是其国民经济中的重要产业，在我国大陆31个省、市、区中，至少有27个省、市、区将旅游业作为支柱产业或重要产业甚至主导产业来发展和扶持。

当然由于研究上的不够深入等原因，使得因旅游业务的开展而发生的投入和产出难以清晰测算和确定，再加之旅游业与传统产业之间的交叉和融合，从而造成难以精确测算旅游业对国民经济的影响等尴尬局面。

二、旅游业的构成

目前，学术界对旅游业的构成主要有以下三种认识。

(一)“三大支柱”说

这种观点出现在早期的旅游研究中。根据联合国的《国际标准产业分类》以及对从事旅游业务经营的具体经济部门进行分析，旅游业的大部分收入流入三个经济部门，即旅行社部门、饭店与住宿部门、交通运输客运部门。据此人们认为，旅游业主要由旅行社部门、交通运输客运部门以及饭店与住宿部门构成。也正因为如此，我国学术界通常将旅行社、饭店与住宿业和交通运输业称为旅游业的“三大支柱”。

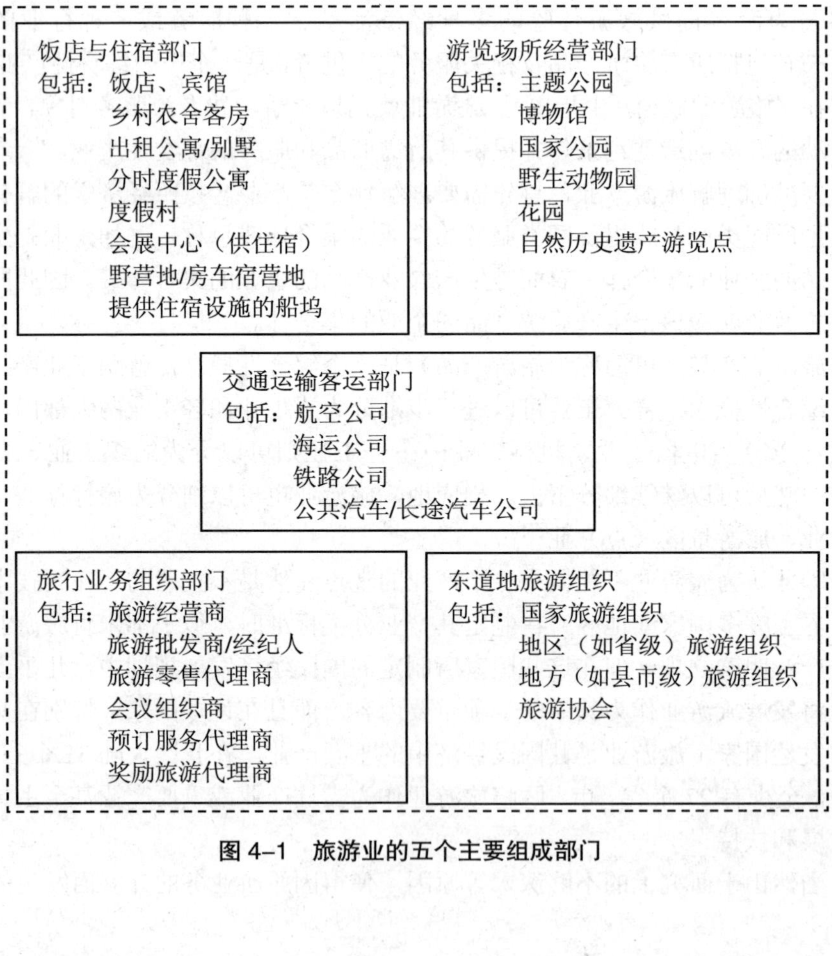

饭店与住宿部门
包括：饭店、宾馆
乡村农舍客房
出租公寓/别墅
分时度假公寓
度假村
会展中心（供住宿）
野营地/房车宿营地
提供住宿设施的船坞

游览场所经营部门
包括：主题公园
博物馆
国家公园
野生动物园
花园
自然历史遗产游览点

交通运输客运部门
包括：航空公司
海运公司
铁路公司
公共汽车/长途汽车公司

旅行业务组织部门
包括：旅游经营商
旅游批发商/经纪人
旅游零售代理商
会议组织商
预订服务代理商
奖励旅游代理商

东道地旅游组织
包括：国家旅游组织
地区（如省级）旅游组织
地方（如县市级）旅游组织
旅游协会

图 4–1 旅游业的五个主要组成部门

（二）“五大部门”说

在国际旅游研究中，比较有代表性的一种观点认为，旅游业通常是以旅游目的地（主要是国家或地区）为单位来划分的，因此从国家或地区的旅游业发展，特别是从一个旅游目的地市场营销角度去认识，旅游业主要由五大部分组成，即旅行社部门、交通运输客运部门、饭店与住宿部门，以及游览场所经营部门和各级旅游管理组织，见图4-1。

（三）“八大部门”说

李天元认为，从旅游者的旅游活动所涉及的要素（食、住、行、游、购、娱）进行反推，我国旅游业的基本构成应包括八个部门，即餐饮服务部门、住宿服务部门、交通运输客运部门、旅游景区（点）部门、旅游纪念品/用品零售部门、娱乐服务部门，以及旅行社部门、旅游行政管理机构和旅游行业组织。

三、旅游业的特点

（一）综合性

旅游者的旅游经历是指从离开惯常居住环境前往旅游目的地直到回到惯常居住环境这一过程所经历的所有活动。在这期间，旅游者既需要满足物质产品消费的需求，如饮食等，也需要满足精神产品的需求，如无微不至的服务，即旅游者在旅游经历中的需求具有多样性的特点，主要体现在食、住、行、游、购、娱等方面的多重需求。为了满足这些多样性的需求，需要由多种不同类型的旅游企业提供相应的产品和服务。据美国、澳大利亚等国的统计分析，直接和间接为旅游者提供服务的行业或部门达30余个，涉及108个不同门类。正是旅游者的需求，把这些不同类型的企业联系在一起，形成一个为旅游者提供服务的共同体。因此，旅游业是一个综合性产业或集群性产业。

认识旅游业的综合性特点对于旅游业的经营和管理具有非常重要的意义。即要求旅游目的地的旅游业内部各部门通力合作，形成综合竞争力。对于任何旅游目的地而言，旅游业内部的各个部门或行业之间的命运是紧密联系在一起的，其中任何部门或行业的滞后或行为失误，都会造成旅游者对旅游目的地的旅游业产品的评价大打折扣，从而影响该目的地整个旅游业的发展。相反，只有旅游业内部各部门达到同步发展，各自所提供的产品具有质量上的均等性，才能使旅游者对目的地整体旅游产品和旅游业具有良好的印象和评价，从而提升和维护旅游目的地的旅游形象。

（二）服务性

尽管旅游者在旅游过程中需要得到物质产品消费的满足，但旅游需求在本质上是一种精神需求，是为了获得精神上的满足和享受，而且即便是在消费物质产品时，也总是离不开旅游从业人员所提供的服务。在旅游产品的构成要素中，尽管有食品、纪念品等有形的物质产品，但旅游者真正获得并最终可以据为己有的并非食品、纪念品等物化的东西，而是旅游过程中的体验以及对这次旅游经历的“记忆”。从旅游者离开惯常环境前往旅游目的地的那一刻起，直到回到家中，都离不开旅游从业人员所提供的关怀备至和无微不至的服务。正因为如此，旅游业成为现代服务业的重要构成部分，在一些区域，例如海南省，旅游业成为了现代服务业的龙头产业。

（三）劳动密集性

按照国际学术界的观点，劳动工资成本在全部营业成本中的比例越高，行业或企业的劳动密集程度也就越高，而不管其投资规模及其与员工人数之间的关系如何。显然，旅游业及其内部的旅游企业所经营的是以劳务为主的旅游服务，生产和经营过程中对原材料的消耗相对较少，这就决定了劳动工资在旅游业及其内部的旅游企业的经营成本中占据相当高的比重。所以旅游业是劳动密集型产业。

（四）脆弱性

旅游业的脆弱性表现在旅游业的发展会受到其内部和外部的各种因素的影响，从而出现非常明显的波动性。从旅游业内部看，各个部门或企业为旅游者提供的旅游产品无论在数量上还是在质量上，都必须实现均等性，必须协调发展，任何一个环节出现问题，都会引发一系列的连锁反应，造成整个供给失调。从旅游业外部看，各种自然的、政治的、经济的和社会的因素，都可能对旅游业产生影响，有时甚至是毁灭性的影响。例如2001年美国的“9·11”事件、2003年亚洲流行的“非典”和“禽流感”、2011年日本大地震及其引发的巨大海啸进而引发的核泄漏、2011年利比亚问题等，都对当地的旅游业带来了几乎是致命性的打击和冲击。

第二节 旅行社业

旅行社业是经济和社会分工进一步发展的产物，是现代旅游活动发展的必然结果，也是旅游业的重要组成部门之一，是饭店、航空公司、旅游景区等旅游供应商的产品分销渠道，属于旅游中间商，其主要业务是招徕和接待旅游者，并为其提供相关旅游服务。

一、旅行社的定义

不同语境下，旅行社具有不同的含义，有时指旅行社行业，而有时指旅行社企业。此处指旅行社企业。

根据我国最新颁布实行的《旅行社条例》（国务院令第550号，2009），旅行社“是指从事招徕、组织、接待旅游者等活动，为旅游者提供相关旅游服务，开展国内旅游业务、入境旅游业务或者出境旅游业务的企业法人”。作为一类企业，旅行社是依法设立、具有法人资格、独立核算、自负盈亏的经济实体。

根据《旅行社条例实施细则》（国家旅游局令第30号，2009），“招徕、组织、接待旅游者提供的相关旅游服务”，主要包括：（1）安排交通服务；（2）安排住宿服务；（3）安排餐饮服务；（4）安排观光游览、休闲度假等服务；（5）导游、领队服务；（6）旅游咨询、旅游活动设计服务。旅行社还可以接受委托，提供下列旅游服务：（1）接受旅游者的委托，代订交通客票、代订住宿和代办出境、入境、签证手续等；（2）接受机关、事业单位和社会团体的委托，为其差旅、考察、会议、展览等公务活动，代办交通、住宿、餐饮、会务等事务；（3）接受企业委托，为其各类商务活动、奖励旅游等，代办交通、住宿、餐饮、会务、观光游览、休闲度假等事务；（4）其他旅游服务。其中出境、签证手续等服务，应当由具备出境旅游业务经营资质的旅行社代办。

根据《旅行社条例实施细则》，凡是经营上述旅游业务的营利性企业，不论其所使用的具体名称是“旅行社”、“旅游公司”，还是“旅游服务公司”、“旅行服务公司”、“旅游咨询公司”等其他称谓，都属于旅行社企业。

二、旅行社的分类

由于不同国家和地区的政治经济制度和旅游业发展水平不同，旅行社在行业分工的形成机制及分工状况等方面存在差异，因而对旅行社分类也有所不同。

（一）我国的旅行社分类

我国的旅行社分类属于“水平分工体系”，是一种人为划分旅行社类别的分类体系。

1. 一、二、三类旅行社

1985年国务院颁布的《旅行社管理暂行条例》及1988年国家旅游局颁布的《旅行社管理暂行条例实施细则》将我国旅行社划分为三类，即第一类旅行社、第二类旅行社和第三类旅行社，并界定了三类旅行社的经营业务范围。其中第一类旅行社经营对外招徕并接待外国人、华侨、港澳台同胞来中国、归国或回内地旅游业务；第二类旅行社不对外招徕，只经营接待第一类旅行社或其他涉外部门组织的外国人、华侨、港澳台同胞来中国、归国或回内地旅游业务；第三类旅行社经营中国公民国内旅游业务。

2. 国际旅行社和国内旅行社

1996年国务院颁布的《旅行社管理条例》按照经营范围将我国的旅行社分为两类，即国际旅行社和国内旅行社。其中国际旅行社的经营范围包括入境旅游业务、出境旅游业务和国内旅游业务；国内旅行社的经营范围仅限于国内旅游业务。

3. 国内投资旅行社和外商投资旅行社

为了加强对旅行社行业的管理，保障旅游者和旅行社的合法权益，维护旅游市场秩序，促进旅游业的健康发展，国务院于2009年颁布了《旅行社条例》，同年国家旅游局颁布了《旅行社条例实施细则》。这一最新颁布的《旅行社条例》首先从经济类型出发，将我国旅行社分为两大类：国内投资旅行社和外商投资旅行社；再根据经营范围，分为两类旅行社：一是经营国内旅游业务和入境旅游业务的旅行社；二是经营国内旅游业务、入境旅游业务和出境旅游业务的旅行社。

《旅行社条例实施细则》对国内旅游业务、入境旅游业务和出境旅游业务做出了明确规定。

国内旅游业务，是指旅行社招徕、组织和接待中国内地居民在境内旅游的业务。

入境旅游业务，是指旅行社招徕、组织、接待外国旅游者来我国旅游，香港特别行政区、澳门特别行政区旅游者来内地旅游，台湾地区居民来大陆旅游，以及招徕、组织、接待在中国内地的外国人，在内地的香港特别行政区、澳门特别行政区居民和在大陆的台湾地区居民在境内旅游的业务。

出境旅游业务，是指旅行社招徕、组织、接待中国内地居民出国旅游，赴香港特别行政区、澳门特别行政区和台湾地区旅游，以及招徕、组织、接待在中国内地的外国人、在内地的香港特别行政区、澳门特别行政区居民和在大陆的台湾地区居民出境旅游的业务。

外商投资旅行社不得经营中国内地居民出国旅游业务以及赴香港特别行政区、澳门特别行政区和台湾地区旅游的业务，但是国务院决定或者我国签署的自由贸易协定和内地与香港、澳门关于建立更紧密经贸关系的安排另有规定的除外。

（二）欧美国家的旅行社分类

欧美国家的旅行社分类属于“垂直分工体系”，即根据旅行社行业中的自然分工情况，按照有关旅行社主营业务的类型，将旅行社分为两类：一是旅游批发商/经营商；二是旅游零售商。

1. 旅游批发/经营商

旅游批发/经营商是指那些主要经营批发业务的旅行社或旅游公司。所谓批发业务是指旅行社企业根据自己对客源市场需求的了解和预测，在选定旅游目的地的基础上，分别批量订购交通运输公司、饭店/酒店、旅游景区（点）等各类有关旅游企业的产品和服务，然后将这些单项产品和服务组合为包价旅游线路产品或包价度假集合产品，最后通过一定的销售渠道向旅游消费者销售。由于购买这些包价旅游产品的消费者通常是在旅行社的组织下以团体方式外出旅游，因而旅游批发/经营业务也可以理解为组团业务。

在欧美国家，又根据这些从事旅游批发业务的旅行社在销售渠道方面的差异，将这类旅行社分为两个亚类——旅游批发商（tour wholesaler）和旅游经营商（tour operator）。二者的差别在于前者在组合出包价旅游产品后，不直接面向消费者出售，而是通过第三方，即独立的旅游零售商，向消费者出售；而后者在组合出包价旅游产品后，除了通过独立的旅游零售商向消费者出售之外，还通过自设的零售网点进行销售，也就是说，它也直接向消费者销售包价旅游产品。

一般情况下，旅游批发/经营商的数量比较少，规模比较大，实力比较强，所组合的旅游产品也具有明显的特性，因而具有一定的市场垄断势力，如美国运通（Express）、英国托马斯·库克、德国的途易（Tui）等。

2. 旅游零售商

旅游零售商（tourism retailer）泛指那些主营零售代理业务的旅行社，以旅行代理商为典型代表。其角色是在某一特定领域内代表委托方的有关旅游供应企业（如饭店/酒店、航空公司、旅游批发商等）向旅游者销售其产品。

作为专业的“旅游通”，旅行代理商知识广博，通晓交通运输企业的运营线路及其客运班次和时刻表、各地住宿设施情况、有关旅游批发商的包价旅游产品、各旅游供应商的产品价格及购买时的有关规定和要求、各旅游目的地的基本情况、货币兑换，以及所有其他与安排旅行/旅游活动有关的信息。代理商凭借自己的专业知识和运作能力，不仅能为客户在安排旅行/旅游活动方面节省时间，而且能为客户节省费用。这既是很多旅游者选择旅行代理商服务的原因，也是旅行代理商的立足之本。

旅行代理商的具体业务主要包括以下方面。

（1）咨询服务　为潜在旅游者提供有关交通客运班次、旅游批发商的包价旅游产品、出游/度假计划以及旅游目的地情况等方面的信息咨询。

（2）代客预订　为顾客预订交通安排、客房住宿、娱乐门票、包价旅游产品等。

（3）代理服务　为顾客代办旅行证件（如护照、签证等）。

（4）信息反馈　向有关委托方反馈旅游者的意见。

随着经济、社会和技术等方面的发展，出现了一些新的旅行服务组织形态，主要有旅游网站、俱乐部、包机公司、中介公司和低成本航空公司等。

三、旅行社的产品

根据游客数量和包价项目的多少，可将旅行社的产品分为包价旅游和散客旅游两大类型。

（一）包价旅游

包价旅游始于综合包价旅游（package tour 或 inclusive tour），即我国所称的全包价旅游。综合包价旅游是指旅行社经过事先计划、组织和编排旅游全程的活动项目，向旅游者推出的包揽全程服务工作的一种旅游组合或整体产品。

包价旅游活动的开展通常为团体形式。关于团体的界定，按照国际旅游业的惯例，是指人数至少为 15 人（含导游）的旅游团；按照我国现行的行业惯例，是指人数至少为 10 人（含导游）的旅游团。

自大众旅游兴起以来，包价旅游迅速发展和普及。例如目前我国接待的国际旅游者以及我国的出境旅游者大都采用团体包价旅游的方式。包价旅游之所以能迅速发展和普及，既有需求方面的原因，也有供给方面的原因。从需求方面考虑，主要是因为：（1）省心省力，即一切事宜皆由旅行社负责计划和安排；（2）安全感强，即在旅行社工作人员的带领下，以集体的方式开展活动；（3）省钱，这是因为旅行社在组织包价旅游产品时，成批量地购买饭店床位、交通客票、景点门票以及其他各种旅游服务，所以在价格上享有优惠折扣。从供给方面考虑，主要是因为包价旅游这种产品形式有利于实行批量生产，从而有利于旅行社扩大经营规模。

随着市场需求的变化，包价旅游产品在全包价旅游产品的基础上，出现了半包价旅游、小包价旅游和零包价旅游等新的包价形式。

全包价旅游一般规定全程旅游活动的日程，目的地，食、住、行、游、购、娱等的具体地点和服务等级。包价的项目通常包括以下八种。

- 往返旅游目的地的长途交通费。
- 按规定等级的饭店客房费。
- 一日三餐的餐饮及饮料费。
- 目的地游览的交通费。
- 翻译、导游服务费。
- 交通集散地的接送服务费。
- 行李服务费。
- 景区（点）和文娱活动场所的门票费。

半包价旅游在全包价旅游产品的基础上，扣除中餐、晚餐费用。

小包价旅游常见的包价内容包括三种。

- 往返交通费。
- 在目的地停留期间的住宿费。
- 在目的地停留期间的每日早餐费。

零包价旅游的包价项目仅含往返交通费，其目的是可以获得团体机票价格的优惠。

按照国际惯例，旅行社的包价旅游产品的价格中一般不包括以下项目。

- 旅游证件（护照和签证）的手续费。
- 意外事故保险费。
- 行李保险费。
- 行李超重费。
- 计划外活动项目和私人花费。

（二）散客旅游

散客是相对于团体而言的，未达到团体旅游规定的人数限额的自行外出旅游的游客，即为散客。

散客旅游者通常只向旅行社购买或预订某一或某些单项旅游服务产品，但也有些散客会委托旅行社专门为其组织一整套组合旅游产品。例如有的散客会根据自己的意愿，提出自己的旅游线路，要求旅行社据此协助安排和预订；有的散客则会要求旅行社提供部分服务，如要求旅行社帮助安排交通和住宿等。所以在某种意义上，这些散客所购买的也是一种类似于包价旅游的组合产品。但是与一般包价旅游不同的是，散客要求旅行社包揽的只是相关旅游活动项目的组合安排，而不是价格上的包揽。也就是说，对于所涉及的具体服务项目，旅行社会分别计费。正因为如此，散客旅游的费用通常会比同样路线和内容的包价旅游昂贵。

目前我国旅行社针对散客开展的业务主要包括散客成团业务和委托代办业务。

散客成团业务也称选择旅游，是指旅行社将来自不同客源地的到访散客临时组合成团，组织他们前往某些地方开展旅游活动。旅行社对这类旅游团一般不设导游陪同，到达既定地点后，旅游者根据自己的兴趣自由活动，因而具有较强的自主性。

委托代办业务主要涉及两类：一是当地单项委托，即接受到访散客的委托，为其代办预订客房、租雇车辆、提供翻译导游等单项服务项目；二是联程委托，服务对象主要是入境旅游者，又可分为当地联程委托和国际联程委托。当地联程委托是指入境口岸城市的某旅行社接受到访入境旅游者的委托，按照委托方自己计划的旅游线路，为委托方安排和提供按时抵达和离开沿途某些旅游目的地的接送服务。国际联程委托是指旅行社根据旅游者的委托，为其安排入境来访期间或出境访问期间所需要提供的各种服务，包括提供翻译导游、预订客房、预订租用汽车、代办旅游签证、代订机票车票，以及机场、车站或码头的接送服务等项目。

四、旅行社在旅游业中的作用

无论在国内还是在国外，旅行社在旅游业的发展和旅游活动的开展中都起到了至关重要的作用，这些作用主要表现在以下几个方面。

（一）旅游业的先锋

一方面，旅行社是旅游业的“神经中枢”。旅行社在旅游业中的先锋作用集中表现在对旅游需求信息和供给信息的收集和传递方面，进而起到指导旅游供给和引导旅游消费的功能。一是在旅游业的各组成部门中，旅行社最接近客源市场，并且最先直接与旅游者接触，因此旅行社不仅能最先、最全面地了解客源市场需求信息，而且能及时、全面地将其他旅游部门和企业的旅游产品信息传递给旅游市场；二是由于旅行社与其他各旅游部门和企业有着密切的业务联系与合作，因此旅行社不仅能全面完整地了解其他旅游部门和企业的产品信息，而且能将其所了解的旅游市场需求信息及时反馈给旅游部门和企业。也就是说，旅行社是旅游市场与其他旅游部门和企业市场供需信息传递的桥梁和纽带，是旅游业的“神经中枢”。正是通过这种桥梁和纽带作用，使旅行社能够发挥指导旅游供给和引导旅游消费的功能。

另一方面，旅行社是旅游业的支柱产业。旅行社通过旅游中介活动获得收益，这些收益是旅游业收入的主要来源之一。而且相对于其他旅游部门和企业而言，旅行社是完全意义上的旅游部门和企业，它专门为旅游者的旅游活动提供服务，而旅游饭店和交通业等，除了为旅游者服务外，也为其他人群提供服务。因此，旅行社在现代旅游发展中起着龙头作用，是旅游业的重要的支柱产业之一。

旅行社的先锋作用在一些新兴旅游目的地的旅游业发展中表现得更为突出，可以说没有旅行社的努力，各旅游供给部门难以及时了解旅游市场需求及其变化，旅游客源市场也难以全面了解旅游供给部门的产品信息。国内外经验表明，旅游供应商都普遍重视旅行社的意见。当然，旅行社的工作业绩也需要旅游供应商的多样化、高品质的旅游产品作为强大后盾。

（二）旅游供应商的产品展示平台与销售渠道

一方面，旅行社是旅游供应商的产品的展示平台。旅行社通过把不同旅游供应商的产品组合起来，形成综合性旅游产品，并推销给客源市场，从而起到了展示和推介旅游供应商的产品的作用。

另一方面，旅行社是旅游供应商的产品的主要销售渠道。旅游业中的旅游景区、旅游饭店、旅游交通以及其他旅游供给部门，虽然也直接向旅游者出售自己的产品，但其相当数量的产品都是通过旅行社销售给旅游者的。特别是在现代大众化旅游的背景下，作为旅游生产者的旅游供应商，通常不大容易直接与旅游产品的最终消费者发生购销接触，而是通过旅行社这一中间商完成销售工作的。例如对于一家大型饭店企业来说，为了争取客源市场而在每个潜在客源市场都分别设立销售办事处的做法显然是不切实际的，比较现实而有效的做法通常是委托客源地的旅游零售商代理其产品的销售，当然也可以通过将其饭店产品纳入目的地或客源地的旅游批发商组织的包价旅游/度假产品之中，从而实现借助旅游批发商这一中间媒介实现其产品销售的目的。

实践表明，我国入境旅游者中绝大部分是通过旅行社预订或购买机票和客房；在美国半数以上的国内机票、2/3 以上的国际长途机票都是通过旅行代理商经手销售的。

（三）旅游活动的组织者

旅行社在旅游活动中扮演着重要角色，它是联系旅游者和旅游目的地的桥梁。特别是在团体包价旅游活动中，旅行社的这一作用更加明显。现代大众旅游的迅速发展，同旅行社这种组织协调作用的推动是分不开的。旅游者在确定目的地后，其他一切活动都可以由旅行社负责组织安排。事实证明，旅行社的便利性得到了旅游者的普遍认可，即使在旅游电子商务发达的今天，旅游者的行程也需要旅行社来协调安排，由旅行社组织外出旅游已成为现代大众旅游尤其是国际旅游的常规化模式。而且旅行社将自己的包价旅游产品出售给旅游者后，并不意味着组织工作的完结，旅游者在外的旅游活动的开展以及各有关旅游企业之间的联系与衔接，仍有赖于旅行社的组织和协调。因此旅行社不仅为旅游者组织旅游活动，而且客观上起到了旅游业各组成部门之间的组织和协调作用。

第三节　饭店与住宿业

本节所说的饭店是一个广义的概念，是经营住宿接待业务的机构的总称，包括宾馆、饭店、酒店、旅馆、旅社、度假村、度假营地等多种类型。

一、饭店的发展历史

早在公元前600多年前，就出现了为旅行者提供简单食宿的场所。在欧洲，最早的食宿设施始于罗马时期。二战后，随着现代大众旅游的快速发展以及旅游需求的变化，饭店在数量、类型、发展模式、经营方式等方面都有了新的变化。从历史角度考虑，可将饭店的发展历程划分为三个时期。

（一）小客栈时期

这一时期从商业性饭店开始出现直到19世纪中叶。在此时期，旅行活动具有以下几方面特点：（1）大多数外出旅行活动都是基于商贸目的；（2）主要是国内的陆路旅行；（3）旅行活动的参加人数很少；（4）绝大多数的外出旅行方式都是徒步，所能利用的代步工具都很原始，最先进的也不过是马车。人员流动规模小和交通运力有限，使得小客栈就能满足需求。所以分布在主要干道沿线和主要城镇中的小客栈或小客店及类似的小型住宿场所就成了这一时期主要的住宿接待设施。这类客栈设施简单，仅提供食宿，主要服务于平民百姓和一般商旅客人等。

（二）大饭店时期

这一时期从19世纪中叶到20世纪中叶。在此时期，旅行活动最基本的特点是，基于非经济目的外出旅行的人数大幅度增加，观光和度假逐渐成为人们外出旅行的重要原因。其原因主要有（1）产业革命加速了社会经济的发展；（2）旅行社的出现推动了旅游活动规模的扩大，也促进了旅游活动方式的变化；（3）交通技术的革新使得铁路和轮船成为最主要的客运方式。在这一背景下，传统的小客栈已无法满足变化了的市场需求，从而使得规模较大、接待条件较好的饭店的发展成为可能。

大饭店多建在繁华的大都市，规模宏大、设施豪华、装饰讲究，提供多种服务，主要服务于王室贵族和社会名流。典型代表有巴黎的巴黎大饭店和罗浮宫大饭店、柏林的凯撒大饭店等。大饭店时期的代表人物是瑞士人塞扎路·里兹，他建立了大饭店建设和经营模式。另一位代表人物是美国人斯坦特勒，他把“提供普通民众能付得起费用的世界第一流的服务”作为经营目标。

（三）多种饭店竞争时期

这一时期从二战结束至今。在这一时期，随着科学技术的进步和社会经济的发展，汽车成为中短程旅行的主要交通工具，飞机则成为人们远程旅行的主要交通工具。这些变化推动了旅游市场规模的扩大和旅游需求层次的提高。正是这些变化，使住宿市场需求呈现出多样化的发展趋势。虽然传统的饭店依然在这一阶段扮演着主力军的角色，但其他新型的住宿接待设施，例如汽车旅馆（motels）、度假村（holiday resorts）、度假营地（campsites）以及各种各样的自助式住宿接待设施，例如青年旅馆（youth hotels）、公寓（sercice apartment）等，也在世界各地不断涌现，从而形成了多种住宿接待服务竞争的局面。

二、饭店的类型和等级

饭店业是由各种不同类型和等级的饭店企业构成的集合体。根据研究和认识目的的不同，可以按照不同的指标或标准对饭店进行分类和分等。

（一）饭店的类型

饭店类型不同，其服务项目、设施设备、目标市场和经营模式等也会有所不同。为了比较研究及更好地经营管理等目的，人们采取不同的方法划分饭店的类型。综合起来，常见的划分标准及相应的类型有以下几种。

（1）按照饭店的地理位置，可分为城市饭店、度假地饭店、滨海饭店、交通饭店、乡村饭店等。

（2）按照饭店的功能和目标市场定位，可分为商务饭店、经济饭店、会议饭店、度假饭店等。

（3）按照饭店的规模，可以分为大型饭店（客房数在600间以上）、中型饭店（客房数在300～600间）和小型饭店（客房数在300间以下）。

（4）按照饭店的档次或等级，可分为高档、中端和低端饭店，或者星级饭店和经济饭店。

（5）按照饭店的经营管理方式，可分为单体饭店、连锁饭店、分时度假饭店等。

（6）按照饭店的经济类型，可分为国有饭店、集体饭店、民营饭店、合资饭店、外资饭店等。

此外还有许多其他的分类方法，在此不再一一列举。

（二）旅游饭店的等级

对饭店进行分等评级，有利于对国家或地区的旅游产品质量加强管理，维护国家或地区作为旅游目的地的市场形象，特别是有利于保护旅游者的合法权益，为旅游者在选择饭店时提供参考。具体来说，对饭店进行分等评级的作用主要有（1）明示产品档次，方便消费者选择；（2）向社会做出产品质量保证承诺；（3）方便消费者监督产品质量；（4）明确产品质量标准和责任范围。

在以欧美国家为代表的西方国家，通常由饭店行业组织或代表消费者的某些组织对饭店进行分等评级。在我国及一些发展中国家，饭店的分等评级工作通常是在国家旅游组织的领导下进行的。

国际上较为流行的饭店等级划分是以星号（★）的多少为标识，将饭店由低到高划分为五个等级，即一星级（★）、二星级（★★）、三星级（★★★）、四星级（★★★★）和五星级（★★★★★）。但由于各种原因，世界各地对饭店等级的划分并不统一，例如法国将饭店划分为四个等级；荷兰和英国等将饭店划分为五个等级；有些国家将饭店划分为七个等级。根据最新公布的《中华人民共和国星级酒店评定标准》，我国用星的数量和设色表示旅游饭店的等级，分为五个等级，即一星级、二星级、三星级、四星级、五星级（含白金五星级）。最低为一星级，最高为白金五星级。星级越高，饭店的档次也越高。

按照国际通行惯例，饭店分等评级时要考核“硬件”和“软件”多项指标。其中主要考核内容如下。

- 设施和设备的档次和健全程度。
- 服务项目的健全程度和提供服务的水平与质量。
- 顾客的满意率和满意度。
- 社会印象。

饭店等级评定工作的实施原则一般包括以下四项。

- 参加等级评定的饭店必须有1年以上的营业历史。
- 等级的评定需经过多次调查之后才能确定。
- 饭店等级的高低通常不受规模大小的限制。
- 评定后的等级并非永久不变，根据日后情况，可升可降。

大多数国家和地区在评定饭店等级时采用的制度有专家评估制、暗访制、评分制、年审制。

三、饭店在旅游业中的作用

饭店是旅游者开展旅游活动的基础条件和重要场所，是旅游生产力的重要组成部分，是旅游业创收的主要源泉，因此在旅游业中具有重要的地位，发挥着重要的作用。

（一）旅游业的物质基础

首先，饭店是一项富有吸引力的旅游吸引物。饭店舒适的环境、特色的文化、良好的设施、优质的服务，吸引了众多商务旅游者、度假旅游者、会议旅游者。其次，饭店的规模、数量和等级是反映一个国家或地区旅游接待能力的重要指标。通常旅游业发达的地区，往往也是饭店业发达的区域。最后，饭店是游客缓解疲劳、恢复体力的场所，因而是游客顺利完成旅游经历的前提保障。

（二）旅游收入的重要源泉

良好的食宿条件和完善的设施设备以及各种周到而具有特色的个性化服务，使旅游者无需离开饭店就能享受到全方位的优质服务，因此在饭店的消费支出占据了旅游者消费总支出相当大的比例。据相关统计，饭店业创造的收入占旅游总收入的30%以上；2009年，我国仅星级饭店就实现营业收入1 818.18亿元，占当年旅游业总收入（1.29万亿元）的14.1%。

第四节　旅游交通客运业

旅游交通客运业是凭借某种手段或方式实现旅游者从一个地点到达另一个地点的部门或企业的集合体。即这类部门或企业提供的是实现旅游者空间位移的服务，这种位移既可以是客源地与旅游目的地之间的位移，也可以是不同旅游目的地之间的位移，还可以是在旅游目的地内部的移动。

一、旅游交通客运在旅游业中的作用

旅游活动的开展首先表现为旅游者的空间位移，可以说没有现代旅游交通客运系统的发展，就没有现代旅游业。而且交通客运能力是旅游生产力的重要组成部分。

（一）完成旅游活动的先决条件

从旅游者角度考虑，旅游活动包括食、住、行、游、购、娱等基本要素，其中，“行”和“游”都与旅游交通客运密切相关，没有便捷舒适的交通客运系统，就不可能实现旅游者从客源地到目的地之间的流动，也不可能实现旅游者在旅游目的地内部的空间移动。因此旅游交通客运是旅游活动的先决条件。此外，游客的空间流动和移动本身也是旅游活动的重要组成部分，显然旅游是旅行和游览的集合体，二者缺一不可。舒适、安全、便捷的旅游交通客运方式，能够使游客产生愉悦的体验。例如邮轮旅游，不仅邮轮本身就是旅游吸引物，游客在邮轮上就可以实现旅游经历，获得旅游享受，而且其作为交通客运工具，可以实现游客在不同旅游目的地之间的空间移动。

（二）目的地旅游业的命脉

对于任何旅游目的地来说，旅游业的生存和发展有赖于充足的客源。而客源是否充足主要取决于两个方面：一是旅游吸引物的吸引力是否足够大；二是旅游目的地的可进入性是否足够强。而且现代旅游业发展的实践表明，可进入性的作用更为明显。只有游客进得来、散得开、出得去，才能使旅游资源优势转化为现实意义上的旅游经济优势。可以说，旅游交通客运犹如旅游目的地的血管，承担着在各地输送游客的任务，因而成为旅游目的地旅游业的命脉。

（三）目的地旅游收入的重要来源

在各种旅游消费支出中，交通支出是不可或缺的基本旅游消费支出，因而构成了旅游目的地旅游收入的稳定性来源。在国内旅游收入方面，美国交通客运的收入占旅游总收入的40%，2005年我国的这一数字约为29%。在旅游外汇收入方面，2005年我国交通客运的外汇收入（仅含入境旅游者在我国国内的长途交通费和市内交通费，不含乘坐我国航空公司的国际航班费）约占旅游外汇收入总额的32%。

二、主要旅游交通客运工具

如今人们外出旅游所选用的主要交通工具有汽车、飞机、火车和轮船。这些交通工具相互补充，为旅游活动的开展提供了便捷的代步条件，也缩短了客源地与目的地之间的时间距离。

（一）汽车

汽车包括客运汽车、旅游汽车、出租车和私家汽车等。汽车在现代旅游交通客运工具中排在首位，尤其是人们在中短程外出旅游时乐于选择的交通工具。其原因主要有以下四点。

（1）私家汽车的普及。

（2）现代公路系统的不断完善，尤其是高速公路网的建设。

（3）很多中短程的旅游目的地只有公路交通。

（4）最重要的是，汽车旅行，特别是自驾车旅行，具有自由、便捷、灵活等特点，不仅能使人们根据需要随时停留，而且能够机动地安排行止时间。

随着社会经济的发展，私家汽车拥有率不断攀升，因而自驾车旅游活动得以快速发展。随着自驾车旅游的发展，为满足市场需求，许多国家的旅游业开办了相应的业务，包括组织并推出以自驾车方式开展的包价旅游产品；发展汽车租赁业务；在高速公路沿线发展汽车旅馆、咖啡厅和餐馆等自驾车旅游者途中休息的服务设施；推出飞机+汽车、火车+汽车等联合经营产品等。

与自驾车相比，汽车公共客运服务的价格较低，特别是汽车旅游公司的客运价格更低，而且汽车旅游公司通常配有导游，能够上门接送游客，因此在很多国家，包价汽车旅游受到消费层次较低的旅游者（如老年市场、青年学生市场）的广泛青睐。

与其他交通客运工具相比，汽车也有如下一些明显的缺陷。

（1）不适合长途旅行。不仅速度慢，而且空间小，容易使人疲惫与不适。

（2）不利于环保。不仅人均能耗高，而且人均尾气排放量大，属于典型的非低碳行为，尤其是自驾车更是如此。

（3）安全性较差。统计资料表明，在所有交通客运工具中，汽车的交通事故率是最高的。这不仅是因为司机容易疲劳，而且也受路况、天气、交通状况等方面的影响。

（二）飞机

随着航空运输业的发展和机票价格的不断下调，再加上飞机所固有的一些优势，民航业在远程客运尤其在国际旅游交通中的主导地位得以确立。发达国家和地区常把机场吞吐能力作为衡量一个地区旅游接待能力的重要指标。

与其他旅游交通客运工具相比，飞机的优越性主要表现在以下方面。

（1）速度快　目前大中型客机的飞行时速一般为700～900千米，相当于火车的8～10倍，再加之飞机航线较直，能够使游客在途中所花费的时间最少，符合人们省时的需要。

（2）舒适　大中型飞机性能好，设施设备比较考究，而且空中服务在整个服务业中堪称一流。

（3）安全　航空运输拥有最安全可靠的技术和管理系统，在所有民用交通中事故率最低。

当然，飞机这种旅游交通客运工具也有一定的局限性，主要表现在以下 3 点。

（1）对机场周边环境质量影响很大。不仅能耗大，更重要的是飞机的噪声大。在一些起降大型超音速客机的机场，周围几十千米之内，人与动物都难以忍受飞机起降时所产生的噪音。

（2）附加时间长。机场通常选址在距离城市市区较远的地点，抵离机场所需的时间可能较长，而且机场候机和办理登机手续等的时间较长，这些时间甚至会超过旅途的飞行时间。

（3）乘客规模受到限制。一方面，有些人对飞行怀有恐惧心理，尽管航空公司在宣传方面付出了不少努力，但收效并不明显；另一方面，航空旅行的费用较高，使得低收入旅游者不敢问津。而且许多旅游目的地不在航空客运的服务范围之内。

此外，航空客运受天气情况的影响较大，可能会影响正常运营。

（三）火车

在世界旅游发展史上，火车曾是人们外出旅游的主要交通客运工具，可以说，火车的运营标志着现代旅游活动的真正起步。但 20 世纪 50 年代以来，由于汽车、航空等运输方式的挑战，很少提供高质量的服务，以及技术方面的原因，火车在旅游交通客运中的地位逐渐被飞机和汽车所取代，地位不断下降。

实际上，火车有很多其他旅游交通客运工具所不具备的优点，主要表现在如下方面。

（1）运力大　1 列火车能同时运载上千名乘客。

（2）票价低　火车票价一般为飞机票价的 1/3～1/2，也低于汽车票价。这对价格敏感的旅游者具有较大的吸引力。

（3）安全性高　在所有各类旅游交通客运工具中，火车事故的人员伤亡率尽管高于飞机，但毕竟是在地面上行使，不存在乘坐飞机那种悬在空中的心理，因此游客对火车最为放心。

（4）环保性强　不仅表现在人均能耗低，而且全封闭的车厢和垃圾处理制度的逐步健全，铁路对沿线环境污染的现象也在快速减少。

（5）车内活动自由　乘客能在车厢内自由走动和伸展放松，并可观赏沿途风光。

（6）运行计划性强　火车是在科学慎密的调度运行图的指挥下有计划运行的，是最遵守时间的交通工具。这对游客安排旅游计划大有好处。

20 世纪 80 年代以来，很多国家都试图推出新的服务项目、改进技术和改良设备等措施，来维护和扩大火车在客运市场中的份额。例如针对火车速度慢的缺陷，许多国家推出了城际直达列车、高速列车等。

（四）轮船

根据服务内容，可将轮船客运业务分为远程定期班轮服务、海上短程轮渡服务、邮轮旅游和内河客运服务四种。

由于航空客运业的快速发展等原因，远程定期班轮服务自 20 世纪 50 年代以来就已经衰落。而由于跨海大桥和海底隧道的修建，海上短程轮渡服务也受到了重创。

邮轮被称为“漂浮的度假胜地”和“漂浮的饭店”，邮轮上提供的各种消遣娱乐设施，能够为游客提供悠闲、舒适的生活环境，而且邮轮旅游可以在不同的目的地登岸旅游，又可随时回船休息，免除了每到一地就上下搬运行李和寻找饭店的麻烦。因此与上述两种船舶客运方式形成鲜明对比，邮轮旅游自 20 世纪 80 年代以来得到快速发展。目前世界上最大的邮轮可容纳 6 320 名乘客和 2 100 名船员；邮轮航线主要集中在地中海海域和加勒比海域，但东南亚和东亚海域正在成为重要的邮轮旅游海域。

在一些国家和地区，内河船舶客运也是旅游交通客运的重要组成部分，如我国的长江、美国的密西西比河、欧洲的多瑙河和英国的泰晤士河等。但实际上已发展为内河旅游项目，单纯的旅游交通客运方面的功能基本退化。

第五节　旅游景区业

旅游业是由多个部门组成的综合性经济产业，在这一产业体系中，旅游景区（点）是导致游客产生旅游动机并作出旅游决策的核心因素，可以说，没有旅游景区就不会出现旅游业。

一、旅游景区的定义

从广义上理解，任何一个可供旅游者或来访游客参观游览或开展其他休闲活动的场所，都可以称为旅游景区（点）。这种场所的地理概念可以很小，例如可以是一座历史建筑、一处名人故居或一个博物馆等，但也可以很大，例如可以是一个国家公园或野生动物保护区等。显然这种广义的旅游景点的概念过于宽泛，甚至有可能误导人们将旅游资源与旅游景区混为一谈。

从狭义上理解，作为旅游业的组成部门，旅游景区是指“专为来访公众参观、游乐或增长知识而设立和管理的长久性休闲活动场所”。根据我国颁布的《旅游景区质量等级的划分与评定》（GB/T 17775—2003），“旅游景区是以旅游及其相关活动为主要功能或主要功能之一的空间或地域。本标准中旅游景区是指具有参观游览、休闲度假、康乐健身等功能，具备相应旅游服务设施并提供相应旅游服务的独立管理区。该管理区应有统一的经营管理机构和明确的地域范围。包括风景区、文博院馆、寺庙观堂、旅游度假区、自然保护区、主题公园、森林公园、地质公园、游乐园、动物园、植物园及工业、农业、经贸、科教、军事、体育、文化艺术等各类旅游景区。”根据这一定义，旅游景区应该具备以下基本特点。

（1）专用性　旅游景区是指定的专供游人参观、游览或开展某类休闲活动的场所。这种专用性的指定要么出于商业性决策，要么出于政府有关部门的公益性决策。但不管出于哪一种决策，旅游景区的上述职能都是不可改变的，如果发生改变，则不再属于真正意义上的旅游景区。例如学校和部队军营都可供旅游者参观、游览，但它们都不属于规范意义上的旅游景区，因为它们的职能都不是专供游人参观。换言之，只有那些其职能是专供游人参观、游览或开展其他休闲活动的场所，才属于真正意义上的旅游景区。

（2）长久性　这里所说的长久性是指作为一个旅游景区，必须有其长期固定的场所，并利用这一场所发挥其固有职能。这里对其长久性的强调，主要是用以同那些没有固定场所的旅游吸引物区别开来，例如某时某处临时举办的展览、娱乐活动、流动演出及民间盛会等。由于这类暂时性的旅游吸引物有其不同的组织和营销方式，并且没有长期专用的固定场所，因而不属于规范意义上的旅游景区，特别是在讨论旅游景区的经营管理时更是如此。

（3）可控性　旅游景区必须有人管理，必须能够对游人的出入行使有效的控制；否则，从旅游经营的意义上讲，便不属于真正意义上的旅游景区，而只能是一般的公众活动区域。但是按照这一定义，旅游景区并非仅限于那些对来访游人收费的旅游景区，同时也包括那些有人管理，但对游人实行免费参观的旅游景区，后者多见于政府部门和社会团体出于社会公益目的而兴办和管理的参观和游览场所。

需要说明的是，目前世界各国的绝大多数旅游景区都实行购票准入的做法。纯商业性的旅游景区旨在通过门票收费，去补偿其全部运营成本并获取利润。对于由政府部门和社会团体兴办的旅游景区，有些是旨在通过门票收费去补偿其流动成本而非建设投资，有些则仅仅是为了减少有关方面所支付的费用补贴。

总之，从世界各国的情况看，不论出于上述何种目的，旅游景区管理的发展趋势是实行门票收费，而不是完全免费参观游览。

二、旅游景区的类型

（1）按设立性质，可分为纯商业性旅游景区和公益性旅游景区。前者指投资者完全是出于盈利目的而建造或设立的旅游景区，因而纯属企业性质；后者指政府部门和社会团体出于社会公益目的而建造或设立的旅游景区。这类旅游景区虽然也大多采用收费准入的管理方法，但收费的目的不是盈利，更不是借以回收其建设投资，而是为了补充景区维护费的不足。

（2）按所依赖的吸引物的成因，可分为自然旅游景区和人造（或人文）旅游景区。前者的主要吸引物属大自然禀赋；后者的主要吸引物或为人类历史遗产或为现代人造产物，但不论如何，都属人为产物。

（3）按所展示内容的多寡，可分为单一性旅游景区和集合性旅游景区。前者指仅有一项参观或游览内容的旅游景区，如某一历史建筑或人类遗址、名人故居等；后者指由多项参观或游览内容共同构成的旅游景区。

（4）按内容和表现形式，可分为以下八大类型。

● 古代遗址（Ancient Monuments） 尤指挖掘出土和加以保护的古迹，例如古城防建筑、古墓葬等。我国西安的半坡遗址、秦俑坑，北京周口店的猿人遗址，洛阳的古墓葬展览馆等，都属这一类型。

● 历史建筑（Historic Buildings） 指以历史上遗留下来的各种建筑物为主要游览内容而设立的旅游景区。包括历史上遗留下来的城堡、宫殿、名人故居、庙宇寺院、民居等。

● 博物馆（Museums） 博物馆的系列十分庞大，又可分为两大类：一类是以特定收藏品为展示内容的博物馆，例如中外的各种科学博物馆、历史博物馆、军事博物馆、交通运输博物馆等；另一类则是以特定场址为展示内容的博物馆，例如我国的故宫博物馆、美国的殖民地时期威廉斯堡博物馆、英国的铁桥堡博物馆等。另外，博物馆还可按其收藏品来源范围进行划分，例如国家博物馆、地区博物馆、地方博物馆。

● 美术馆（Art Galleries） 美术馆多数以收藏和展览历史或传统美术品为主。

● 公园和花园（Parks and Gardens） 指以具有特色的自然环境和植物景观为主要内容的旅游景区，例如国家公园、自然保护区、著名的花园和园林等。

● 野生动物园区（Wildlife Attractions）。指以观赏野生动物为主要活动内容的旅游景点，例如动物园、水族馆、观鸟园、天然动物园、蝴蝶庄园等。

● 主题公园（Theme Park） 这类旅游景点多为以某一中心主题为基调而兴建的大型人造游览娱乐园区，以美国佛罗里达州的迪斯尼世界最为著名。我国北京的世界公园、深圳的世界之窗和锦绣中华等都属此类。

● 早期产业旧址（Industrial Archeology Site） 指那些在已经遗弃的早期工矿产业旧址基础上开发形成的参观景点，主要使参观者了解当地早期的社会生产和技术状况。例如早期的采矿业、纺织业、铁路运输业以及运河码头等旧址。

三、旅游景区在旅游业中的地位

对于旅游目的地而言，旅游景区往往是展现当地旅游资源精华的场所。因此，旅游景区与旅游资源在目的地旅游业中具有同等重要的地位。可以说，人们对旅游交通客运和饭店等旅游部门的产品的需求基本上属于派生/引致需求，是由对旅游景区产品的需求派生或引致出来的。旅游交通客运和饭店产品对旅游者的来访只是起着一种支撑或保障作用，相比之下，旅游景区产品对旅游者的来访则起着一种激发或吸引作用。旅游者之所以去某地访问，从根本上讲是受该地旅游资源吸引的结果，而作为旅游资源的重要组成部分和典型体现，人们对景区的需求也就构成了根本性需求。正是在这个意义上，同旅游业中其他行业的服务产品相比较，作为旅游资源的代表，旅游景区产品在目的地旅游业整体产品构成中居于中心地位。正如国外学者所指出的，“旅游景区是人们外出旅游的吸引因素……是旅游系统中最重要的组成部分……毫无疑问，旅游景区是旅游活动的主要刺激因素。如果没有旅游景区吸引旅游者来访，对所有其他旅游服务的需求，例如交通运输服务、住宿服务、餐饮服务、购物服务等方面的需求，几乎就不存在了”。因此旅游景区“在决定一个旅游目的地的竞争力方面扮演着重要的角色”。

四、旅游景区经营长期成功的关键

实践表明，旅游景区的经营状况受突发性外部环境变化的影响通常不是很大。这一点与大型饭店及交通客运企业的情况不大相同。这一方面是因为大多数旅游景点的经营规模都比较小，另一方面是因为旅游景区市场构成中包括了大量的当地居民。但是一个旅游景区若要长期经营成功，除了做好内部管理外，必须重视以下几项长远性外部环境因素的影响。

1．竞争状况的变化

旅游景区的竞争突出表现在两个方面。一是地处同一区域内的各景区之间的竞争。由于大多数旅游景区都实行无差异目标市场策略，因此同一区域内的旅游景区数量的不断增加，就意味着一个景区必须更加努力才可能维持其游客接待量。二是周边相邻地区的旅游景区之间的竞争。由于越来越多的地区出于发展经济和增加就业机会等原因而大力发展旅游业，从而使旅游景区的供给水平提高，并且在一定的距离范围内构成对周边地区旅游景区的竞争。随着新的旅游景区的出现和竞争，一些原有的旅游景区可能不再能够吸引足够数量的游人来访，甚至可能被排挤而倒闭。可见旅游景区的经营者必须随时关注竞争状况的发展与变化，并及时策划和实施相应的策略和措施。

2．市场需求层次的变化

随着改革开放的深入和扩大，人们的出国经历在增多，或者通过电视对国外情况的了解也在增多。由于这些情况的影响，人们势必会以国际水准来衡量和要求国内的旅游景区。此外，由于国内某些一流景区的开发水准和服务水准不断提高，人们也同样会以此为参照去衡量其他的旅游景区。所有这些都会影响人们的需求层次变化，从而导致人们对旅游景区产品的质量也会越来越挑剔。因此，旅游景区的经营者必须要随时关注人们需求层次的变化方向和变化速度，及时更新旅游景区的服务接待条件，不断提高旅游服务质量。

3．新技术的发展与应用

随着现代科技的发展，一些新技术的出现也会为景区的建设和更新改造带来新的机会。例如声、光、电、激光等现代技术以及塑料和碳纤维等新型材料都已应用为现代展示手段，甚至连过山车之类的娱乐设施所使用的传统滑道也已让位于使用管形钢材的新式螺旋轨道和立式环形轨道。此外，随着技术的发展和生产能力的提高，利用电脑操控的各种模拟器已不再像过去那样昂贵。由于这些模拟技术可以创造出犹如身临其境的逼真动感和视听效果，因而可能会越来越多地应用于旅游景区的建设和更新改造之中。如果哪个景区不注意这些新技术，不能适时地引入和利用这些新技术，再加之前述两项因素的影响，其后果则不难想象。

【阅读】

中国的世界遗产

世界文化遗产和自然遗产是人类祖先和大自然的杰作，有效保护世界文化遗产和自然遗产，就是保护人类文明和人类赖以生存的环境。1972 年 11 月 16 日，联合国教科文组织大会第 17 届会议通过了《保护世界文化和自然遗产公约》。1999 年 10 月 29 日，中国当选为世界遗产委员会成员。中国于1986 年开始向联合国教科文组织申报世界遗产项目。自 1987 年至 2011 年 6 月，中国先后被批准列入《世界遗产名录》的世界遗产已达 41 处，如下表所示。

遗产名称	批准时间	遗产种类
长城	1987.12	文化遗产
明清皇宫（北京故宫、沈阳故宫）	1987.12	文化遗产
陕西秦始皇陵及兵马俑	1987.12	文化遗产
甘肃敦煌莫高窟	1987.12	文化遗产
北京周口店北京猿人遗址	1987.12	文化遗产
山东泰山	1987.12	文化与自然双重遗产
安徽黄山	1990.12	文化与自然双重遗产
湖南武陵源国家级名胜区	1992.12	自然遗产
四川九寨沟国家级名胜区	1992.12	自然遗产
四川黄龙国家级名胜区	1992.12	自然遗产
西藏布达拉宫	1994.12	文化遗产
河北承德避暑山庄及周围寺庙	1994.12	文化遗产
山东曲阜的孔庙、孔府及孔林	1994.12	文化遗产
湖北武当山古建筑群	1994.12	文化遗产
江西庐山风景名胜区	1996.12	文化遗产
四川峨眉山—乐山风景名胜区	1996.12	文化与自然双重遗产
云南丽江古城	1997.12	文化遗产
山西平遥古城	1997.12	文化遗产
江苏苏州古典园林	1997.12	文化遗产
北京颐和园	1998.11	文化遗产
北京天坛	1998.11	文化遗产
重庆大足石刻	1999.12	文化遗产
福建武夷山	1999.12	文化与自然双重遗产
四川青城山和都江堰	2000.11	文化遗产
河南洛阳龙门石窟	2000.11	文化遗产
明清皇家陵寝：明显陵（湖北钟祥市）、清东陵（河北遵化市）、清西陵（河北易县）、盛京三陵	2000.11	文化遗产
安徽古村落：西递、宏村	2000.11	文化遗产
山西大同云冈石窟	2000.12	文化遗产
云南三江并流	2003.7	自然遗产

续表

遗产名称	批准时间	遗产种类
高句丽王城、王陵及贵族墓葬	2004.7	文化遗产
澳门历史城区	2005.7	文化遗产
四川大熊猫栖息地	2006.7	自然遗产
安阳殷墟	2006.7	文化遗产
中国南方喀斯特	2007.6	自然遗产
开平碉楼与村落	2007.6	文化遗产
福建土楼	2008.7	文化遗产
江西三清山	2008.7	自然遗产
山西五台山	2009.6	文化遗产
登封“天地之中”历史建筑群	2010.7	文化遗产
中国丹霞	2010.8	自然遗产
杭州西湖	2011.6	文化遗产

【思考题】

1. 名词解释：旅游业、旅行社、旅游饭店、旅游交通、旅游景区。
2. 试分析旅游业的构成和特点。
3. 试分析旅行社在旅游业中的作用。
4. 试分析饭店业在旅游业中的作用。
5. 试分析旅游交通客运业在旅游业中的作用。
6. 试分析旅游景区成功经营的关键。

第五章　旅游市场

【学习目标】

- 掌握旅游市场细分的方法及意义
- 了解国际旅游市场的基本状况
- 认识我国旅游业在国际客源市场竞争中存在的问题
- 掌握并运用旅游市场开发的策略

【知识要点】

- 旅游市场细分的概念和方法
- 全球国际旅游市场的基本状况
- 我国的入境旅游市场和国内旅游市场状况
- 旅游市场开发策略

随着世界经济的迅猛发展，全球旅游者人数迅速增加，这不仅产生了巨大的旅游需求，而且形成了以满足旅游需求为目的的旅游供给。通过旅游这一特殊商品的交换，旅游需求与旅游供给联系在一起，从而形成了旅游市场。

第一节　旅游市场的概念

一、市场与旅游市场

学者们从各自的角度出发，对市场给出了不同的解释。按照日常生活的解释，市场是商品买卖的场所。按照经济学的解释，市场是将买者和卖者联系起来并顺利实现商品交换的规则。按照市场营销学的解释，市场是指特定时空内和一定条件下的具有购买能力和购买愿望的消费者。

可以从广义和狭义两个角度来理解和把握旅游市场的概念和内涵。本章从狭义的角度进行分析和研究。

（一）广义的旅游市场

指在旅游产品交换过程中所形成的各种经济行为和经济关系的总和。在市场经济条件下，旅游产品交换离不开旅游市场，而旅游市场的形成和发展必须具备市场交换主体、交换客体和交换媒介等。旅游市场交换主体是指旅游产品的需求方和供给方，即旅游者和旅游经营者；旅游市场交换客体是指旅游市场交换的对象物，即旅游产品；旅游市场交换媒介是指实现旅游产品交换的各种手段和媒介。

1. 旅游者和旅游经营者是旅游市场的主体

任何产品的市场交换都必须有需求与供给双方，并由其共同构成市场交换的主体。从旅游需求角度看，旅游者以旅游产品的需求和消费主体的形式构成了旅游需求市场或旅游客源市场，反映了旅游市场上旅游需求和旅游消费的规模和水平。从旅游供给角度看，旅游经营者以旅游产品供给者的形式构成了旅游供给市场或旅游目的地市场，反映了旅游市场上旅游产品的供给能力、供给规模和供给水平。因此旅游者和旅游经营者作为旅游市场主体，离开任何一方均不能实现旅游产品交易，也不能形成现实的旅游市场。

2. 旅游产品是旅游市场的客体

旅游产品是旅游市场交换的对象物，构成了旅游市场的现实客体，既表现为旅游者在旅游活动过程中购买和消费的各种物质产品和服务的总和，也表现为旅游经营者向旅游市场提供的食、住、行、游、购、娱等旅游要素的有机组合。旅游者和旅游经营者在旅游产品交换过程中，不仅完成了旅游产品的交易，同时也实现了旅游产品的价值和使用价值，从而使社会再生产得以正常进行。因此，如果没有旅游产品这个旅游市场交换的对象或客体，旅游市场就无法形成，旅游经济活动也就不能有效开展。

3. 交换媒介和手段是旅游市场运行的条件

交换媒介和手段是指有效实现旅游产品在旅游者和旅游经营者之间交换和转移的必备条件，如货币、信息、中介机构以及必要的市场设施等。在现代旅游市场中，旅游产品价格和汇率及其变化、旅游信息充足性和便捷程度、旅游中介机构的资信状况，以及其他必要交易手段和设施的现代化程度，都直接或间接地对旅游产品交换产生重要的影响和作用。

（二）狭义的旅游市场

狭义的旅游市场是指在一定的时间、地点和条件下对旅游产品具有消费意愿和支付能力的消费者群体，也就是通常所说的旅游需求市场或旅游客源市场。

旅游市场的大小主要受旅游者数量、旅游购买力和旅游购买欲望等因素影响。

1. 旅游者数量

旅游者作为旅游产品的消费者构成旅游市场的主体之一，其数量多少在一定程度上决定了旅游市场规模的大小。旅游者的数量多少与一个国家或地区的人口数量密切相关。通常一个国家或地区的总人口越多，则产生的旅游者越多，旅游市场规模越大，对于旅游产品的需求越大；反之亦然。

2. 旅游购买能力

指人们在其可支配收入中用于购买旅游产品的能力。通常旅游购买能力由人们的收入水平决定，随着人们收入水平的提高，用于购买旅游产品的支出也会相应提高。如果没有较高的收入水平和足够强的购买能力，旅游者的旅游活动便无法进行，旅游市场也就只是一种潜在市场。

3. 旅游消费欲望

是旅游者购买和消费旅游产品的主观愿望，是促使旅游者的潜在购买能力转变成现实购买力的重要因素。如果人们没有旅游消费欲望，即使其有较高的收入和购买能力，也不可能形成现实的旅游需求，更不可能主动选择和购买各种旅游产品。因此，只有当旅游者既有旅游购买能力又有旅游消费欲望时，才能形成现实的旅游需求和旅游市场。

二、客源市场的重要性

客源市场的重要性对旅游业来说是不言而喻的。狭义的旅游市场即指旅游客源市场。在旅游经营过程中，只有先满足顾客的需求，才能进而实现旅游企业自身的发展目标。因此很多旅游业界人士明确表示，满足客人的需要就是在满足企业的需要。

就旅游业发展而言，如果不了解旅游市场的规模、不了解客源市场所在、不了解旅游客流规律、不了解自己在市场竞争中的地位，这必定是盲目的，也是毫无把握的发展。在我国旅游业发展的初期，曾有人认为，只要建起酒店、完善基础设施、配备服务人员，旅游业就会自然而然地发展，这种认识显然是错误的。离开了客源市场，任何投资都是没有意义的。

在当今旅游业竞争如此激烈的情况下，努力了解和掌握客源市场的情况，有针对性地发展旅游业，有计划地开展旅游营销，则旅游发展成功的几率就较大。因为只有了解客源市场的需求，才能生产出适销对路的旅游产品，进而满足顾客需求。

第二节　旅游市场细分

一、旅游市场细分的概念和意义

（一）旅游市场细分的概念

旅游市场细分也称为旅游市场划分，是指将一个整体市场按照消费者的某种或某些特点，分解或划分为不同的消费者群的过程，所划分出来的每一个消费者群就是一个市场部分，称之为细分市场。因此旅游市场细分就是将全部旅游市场依据旅游者的某种或某些特点划分为不同的细分市场的过程与结果。

（二）旅游市场细分的意义

1．有助于选定和明确目标市场

旅游目的地和旅游企业在对市场进行细分的基础上，便于分析各细分市场的需求特点和购买潜力，从而依据自己的旅游供给或经营实力，有效地选定适合自己经营的目标市场，进而增加销售量，扩大市场占有率。

2．有助于有针对性地开发旅游产品

在选定目标市场的基础上，旅游目的地和旅游企业就可以针对目标市场的需求，结合旅游资源特点，有针对性地开发适销对路的旅游产品或旅游服务。这样既可以避免因盲目开发而造成的低效率，又可以为顾客满意奠定基础。

3．有利于有针对性地开展促销

对于旅游目的地和旅游企业来说，开展促销工作无疑是非常重要的。俗话说，“酒香也怕巷子深”。不为旅游者所知的旅游产品无异于该产品不存在。然而无论是旅游目的地还是旅游企业，其营销费用都是有限的。因此，就必然要追求“既定成本下的收益最大化”，即“好钢要用在刀刃上”。面向目标客源市场开展有针对性的宣传促销活动，既可以避免因盲目促销而造成的浪费，又有利于提高宣传促销成效。

4．有利于提高效益，降低风险，增强市场竞争力

对市场进行细分，深入了解每个细分市场，衡量细分市场的开发潜力，然后集中投入人力、物力、财力资源，形成相对的力量优势，能减少费用，提高效益，降低风险，增强旅游目的地或旅游企业的发展能力和市场竞争力。

二、旅游市场细分的方法

旅游市场由旅游产品的购买者或者有支付能力的旅游需求者所构成。这些不同的旅游者通常具有某些相同的特点或共同之处，如年龄、性别等，这些相同的特点或共同之处就成为旅游市场细分的标准。

可用于旅游市场细分的标准很多。综合国内外的有关研究和经营实践，基本上可以归纳为四大类：地理因素、旅游者的特征、需求和购买行为特点、旅游者的心理特点。

（一）根据地理特征细分旅游市场

根据地理特征细分旅游市场，是指旅游目的地和旅游企业按照旅游者居住地所在的地理区域或行政区域来划分旅游市场。

对于国际旅游市场的细分来说，用作市场细分的地理特征标准可以是洲别、世界大区、国别或地区等。例如世界旅游组织（WTO）曾基于对全球旅游发展进行统计和分析的需要，根据地理区域将全球国际旅游市场分为六大市场，即欧洲市场、美洲市场、东亚和太平洋市场、非洲市场、中东市场及南亚市场。进入 21 世纪后，世界旅游组织对这一传统划分进行了调整，将全球国际旅游市场划分为五大地区市场，即欧洲市场、美洲市场、亚洲和太平洋市场、非洲市场以及中东市场。对于旅游接待国来说，通常根据游客的国别或地区划分其入境旅游市场，并根据客源市场的重要程度排定主次地位，如一级市场、二级市场、机会市场等。

对于国内旅游市场的细分来说，用作市场细分的地理特征标准通常是地区、省（州）、市等行政区域。例如我国根据各区域的地理特征，将旅游市场细分为华东市场、华南市场、西南市场、西北市场、中南市场、东北市场、华北市场。

这种划分不仅有助于了解旅游客源的分布状况，从而可以促使人们进一步研究和发现为什么有些地区和国家产生的旅游者较多，而有些则较少，从而为制定旅游营销战略和决策提供必要的信息基础。

（二）根据旅游者的某些特征划分旅游市场

（1）来访游客的人口学特征。这类指标包括年龄、性别、职业、收入、家庭规模、受教育程度、种族、宗教信仰、民族等。

（2）游客的来访目的。据此可分为消遣旅游市场、商务旅游市场、会议旅游市场、奖励旅游市场、特种旅游市场等。

（3）游客来访的旅行方式。据此可以分为航空来访者市场、游船来访者市场、自驾车旅游市场等。

（4）游客的来访形式。据此可分为团体旅游市场、散客旅游市场等。以这类指标为依据的旅游市场细分在很大程度上是侧重战术上的划分，一般是在已经确定目标区域市场的基础上所进行的进一步细分。

第三节　全球国际旅游市场

一、国际旅游市场规模

自二战结束以来，全球国际旅游市场规模总体上呈现快速增长的态势。根据世界旅游组织发布的统计数据，1950～2006年，全球国际旅游人次数增长了33.4倍，全球国际旅游收入增长了近350倍（表5-1）。2010年，全球国际旅游收入已超过9 000亿美元。

表5-1　全球国际旅游市场规模及其变化

年份	国际旅游人次数/百万人次	国际旅游收入/亿美元
1950	25.3	21.00
1960	69.3	68.67
1965	112.7	116.04
1970	159.7	179.00
1975	214.4	407.02
1980	288.0	1 023.72
1985	329.5	1 173.74
1990	459.2	2 647.14
1995	561.0	3 806.93
2000	687.3	4 960.00
2003	690.0	5 240.00
2004	763.0	6 230.00
2005	806.2	6 800.00
2006	846.0	7 330.00

资料来源：李天元.旅游学概论[M].6版.天津：南开大学出版社，2009：247.

二、国际旅游客流分布

（一）国际旅游客流的分布格局

1. 国际旅游接待量高度集中于少数国家和地区

根据世界旅游组织的统计数据，1986～1991年，国际旅游接待量（不含国际一日游接待量）居前10位的一直都是法国、美国、西班牙、意大利、匈牙利、奥地利、英国、墨西哥、德国和加拿大。这10个国家的国际旅游接待量合计超过这一时期全球国际游客接待量的60%。

20世纪90年代，世界10大国际旅游接待国的构成及其排位出现了一些新变化，其中最明显的是中国（内地）作为亚洲唯一的国家进入前10位。世界旅游组织1999～2000年的统计资料显示，世界前10大国际旅游接待国依次是法国、美国、西班牙、意大利、中国（内地）、英国、俄罗斯、墨西哥、加拿大和德国，它们接待的国际旅游人次数合计占全球的54%。

21世纪以来，世界10大国际旅游目的地国家发生了新的变化。由表5-2可见，2006年，世界10大国际旅游目的地国家的国际游客接待量合计占全球的46.7%，与1999～2000年的54%相比已经明显降低。另据德国《金融时报》，2009年世界10大旅游目的地国家依次是法国、美国、西班牙、中国、意大利、英国、土耳其、德国、马来西亚、墨西哥，与2006年相比又发生了一些新变化，土耳其和马来西亚进入前10，而奥地利和俄罗斯则退出了前10位。

表5-2 世界10大国际旅游目的地 单位：百万人次

国家/地区	2000年		2005年		2006年		
	接待量	排名	接待量	排名	接待量	排名	市场份额/%
法国	75.5	1	76.0	1	79.1	1	9.3
西班牙	48.2	3	55.6	2	58.5	2	6.9
美国	50.9	2	49.4	3	51.1	3	6.0
中国	31.2	5	46.8	4	49.6	4	5.9
意大利	41.2	4	36.5	5	41.1	5	4.9
英国	25.2	6	30.0	6	30.7	6	3.6
德国	19.0	10	21.5	8	23.6	7	2.8
墨西哥	20.6	8	21.9	7	21.4	8	2.5
奥地利			20.0	10	20.3	9	2.4
俄罗斯	21.2	7			20.2	10	2.4
加拿大	20.4	9					
土耳其			20.3	9			

资料来源：李天元.旅游学概论[M].6版.天津：南开大学出版社，2009：248.

2. 国际旅游客流分布趋向均衡

一方面，从世界 10 大国际旅游目的地国家的国际游客接待人次数占全球的比重来看，从 1986～1991 年间的 60%下降到 1999～2000 年间的 54%，进而下降到 2006 年的 46.7%，说明国际旅游客流分布的均衡化趋势比较明显。

另一方面，如果按照世界旅游组织所划分的世界五大旅游区进行统计，从统计结果（表 5-2）可以得出，世界国际旅游客流分布总体上也是趋向均衡的，具体表现在以下几个方面。

第一，欧洲的国际旅游接待份额尽管有所下降，但一直最大。2006 年，欧洲旅游区接待的国际游客占全球国际游客的比重为 54.44%，尽管比 1997 年下降了 5.22 个百分点，但仍占 50%以上，说明欧洲仍是当今世界上国际旅游活动的接待中心，因而也是全球国际旅游业最发达的地区。

表 5–3 全球国际旅游接待量的分布格局 单位：百万人次，%

地区	1997 年	2000 年	2004 年	2005 年	2006 年
世界 （份额）	619.8 （100）	686.8 （100）	763.3 （100）	802.8 （100）	846.4 （100）
欧洲 （份额）	369.8 （59.66）	395.8 （57.63）	416.4 （54.55）	438.7 （54.65）	460.8 （54.44）
美洲 （份额）	118.9 （19.18）	128.1 （18.65）	125.8 （16.48）	133.2 （16.59）	135.9 （16.06）
亚太 （份额）	92.8 （14.97）	110.5 （16.09）	152.5 （19.98）	155.3 （19.34）	167.2 （19.75）
非洲 （份额）	23.2 （3.74）	28.2 （4.11）	33.2 （4.35）	37.3 （4.65）	40.7 （4.81）
中东 （份额）	14.1 （2.27）	24.2 （3.52）	35.4 （4.64）	38.3 （4.77）	41.8 （4.94）

资料来源：李天元.旅游学概论[M].6 版.天津：南开大学出版社，2009：249.

第二，美洲的国际旅游接待份额呈下降趋势，已退居第三位。1997 年，美洲的国际游客接待份额为 19.18%，比亚太高出 4.21 个百分点，但随后一直下降，到 2006 年，已下降到 16.06%，比亚太地区低 3.69 个百分点。

第三，亚太的国际旅游接待份额不断上升，已跃居第二位。亚太的国际旅游接待份额从 1997 年的 14.97%迅速提高到 2006 年的 19.75%，已高出美洲（16.06%）3.69 个百分点，成为仅次于欧洲的全球第二大旅游接待地区。

第四，非洲和中东的国际旅游接待份额尽管较低，但一直保持增长态势。

1997～2006 年，非洲旅游接待份额提升了 1.07 个百分点，中东旅游接待份额更是提升了 2.67 个百分点。

如果把考察的时间往前推延到 1960 年，则世界旅游客流分布的均衡化趋势更加明显。根据世界旅游组织的统计资料，1960～2006 年，欧洲的国际旅游接待份额从 72.5%下降到 54.44%，降低了 18 个百分点，表现出明显的下降态势；美洲的国际旅游接待份额从 24.1%下降到 16.06%，降低了 8 个百分点，下降态势也很明显；与之相反，亚太的国际旅游接待份额则表现出强劲的上升势头，从 1960 年的不足 2%快速上升到 2006 年的接近 20%。

（二）国际旅游客流分布均衡化趋势的原因

促成国际旅游客流分布向均衡化方向发展的原因是多方面的。

1. 亚太地区产生了大量的客源

随着亚太地区经济的迅速崛起和居民出国旅游需求的发育，区内客源市场规模有了很大发展。例如我国公民出境旅游人次数从 2005 年的 3 102.63 万人次迅速增长到 2008 年的 4 584.44 万人次，3 年内增长 47.8%。

2. 亚太地区的旅游吸引力不断增强

由于亚太地区旅游业开发工作和对外营销的力度不断加强，增强了该地区的旅游吸引力，从而吸引了更多的区外旅游者，特别是欧美旅游者。例如 2005～2007 年，前来我国访问的美国游客从 155.55 万人次增长到 190.13 万人次，俄罗斯游客从 222.39 万人次增长到 300.39 万人次，增长幅度分别达到 22.23%和 35.07%。

3. 近距离旅游所占份额大

在国际旅游客流中，近距离的出国旅游，特别是前往邻国的国际旅游一直占据较大比重。根据 20 世纪 80 年代的相关统计，70%的美洲地区的出国旅游者是在美洲各旅游目的地旅游，前往区外目的地的只占 30%；在东亚太地区，75%的出国旅游者在本区内，去区外的仅占 25%；欧洲地区出国旅游者的 79%在欧洲区内旅游，前往欧洲以外目的地的仅占 21%。

4. 欧美客源接近“封顶”

自 20 世纪 80 年代以来，随着欧美各国旅游市场趋于成熟，出国旅游市场规模增长速度明显放慢，有些国家的出国旅游市场甚至接近“封顶”，因而其出国旅游人次数很难再有大幅度的增长。然而欧美地区的国际旅游客源主要是区内客源，以及欧美两地互为主要客源。因此不论是欧洲还是美洲，国际旅游客流份额的增长空间都很小。

5. 游客追求新的旅游经历

作为全球最大的国际旅游客源地，欧洲的旅游者对欧洲区内各主要旅游目的地已经比较熟悉，因而在条件允许的情况下，就会去欧洲以外的旅游目的地作长距离旅游，以寻找新的旅游经历，而主要去处就是亚太地区。

三、世界国际旅游客源分布

由于世界各国经济发展的不平衡，使得各国产生旅游者的数量有很大不同。一般情况下，经济发达国家和地区产生的旅游者数量大于经济欠发达国家或地区。例如 1997 年，德国、美国、英国、法国、意大利、荷兰、加拿大、日本、俄罗斯和澳大利亚等 10 个国家的出国旅游人次约占世界的 43%。那么国际旅游客源是一个什么样的分布格局？

表 5-4 分别列出了 1986 年和 1991 年的世界 10 大国际旅游支出国，从中可以得到以下几点结论。

第一，这 10 个国家的国际旅游支出额合计占全世界的 69%左右。

第二，虽然在排位顺序上有所变化，但构成上没有发生变化。

第三，这 10 个国家集中分布在欧洲、美洲和亚洲，包括 7 个欧洲国家，2 个美洲国家，1 个亚洲国家。

第四，这 10 个国家无一例外地都是经合组织成员国，即都是经济发达国家。

表 5-4　1986 年、1991 年世界 10 大国际旅游支出国

国别	1986 年			1991 年		
	国际旅游支出/亿美元	占世界份额/%	排名	国际旅游支出/亿美元	占世界份额/%	排名
美国	260.00	20.80	1	394.18	16.24	1
德国	180.00	14.40	2	316.50	13.04	2
日本	72.29	5.78	4	239.83	9.88	3
英国	89.42	7.16	3	167.93	6.92	4
意大利	29.10	2.33	10	133.00	5.48	5
法国	65.13	5.21	5	123.38	5.08	6
加拿大	42.94	3.44	7	105.26	4.34	7
荷兰	49.01	3.92	6	77.00	3.17	8
奥地利	40.26	3.22	8	74.49	3.07	9
瑞士	33.68	2.70	9	65.80	2.17	10
共计	861.83	68.96		1 697.37	69.39	

注：表中数字不含国际间交通费。资料资源：世界旅游组织（WTO）。

20 世纪 90 年代以来，随着亚太地区的经济快速增长和出国旅游市场迅速发育，世界 10 大国际旅游支出国的构成和排位情况发生了一些变化。

表 5–5 2005 年、2006 年世界 10 大国际旅游支出国

国别	2005			2006		
	国际旅游支出/亿美元	占世界份额/%	排名	国际旅游支出/亿美元	占世界份额/%	排名
德国	727	10.7	1	748	10.2	1
美国	692	10.2	2	720	9.8	2
英国	596	8.8	3	631	8.6	3
法国	312	4.6	5	322	4.4	4
日本	375	5.5	4	269	3.7	5
中国（内地）	218	3.2	7	243	3.3	6
意大利	224	3.3	6	231	3.2	7
加拿大	184	2.7	8	205	2.8	8
俄罗斯	178	2.6	9	188	2.6	9
韩国				182	2.5	10
荷兰	162	2.4	10			
共计	3 668	54.0		3 739	51.1	

资料来源：世界旅游组织（WTO）。

结合分析表 5-4 和表 5-5 可以发现以下三点。

第一，世界 10 大国际旅游支出国的构成发生了明显变化：亚洲国家明显增加，除日本外，中国的地位已不可撼动，韩国在个别年份也得以列入；欧洲和美洲国家则有所减少。

第二，世界 10 大国际旅游支出国的排名发生了变化：德国超过美国成为世界上最大的客源国，中国（内地）成为亚洲第二、世界第六大客源国。

第三，尽管世界 10 大国际旅游支出国的国际旅游支出额明显增加，从 1991 年的 1 697.37 亿美元增长到 2006 年的 3 739 亿美元，增长了 1.2 倍，但是占全世界的比重却明显下降，从 1991 年的 69.39%下降到 2006 年的 51.1%，下降了 18.29 个百分点。这一变化说明有更多的国家和地区加入到国际旅游客源地行列。

第四节　我国的旅游市场

由于政治、经济等原因，我国旅游业的发展历程与发达国家有所不同。一般来说，世界上大多数发达国家采用的是延伸型发展模式，即先发展国内旅游，在国内旅游发展所形成的基础上再发展入境旅游，并随着国民出游能力的发展而发展出境旅游。而我国采取的是推进型发展模式，即先发展国际入境旅游，通过发展国际入境旅游推动本国旅游经济基本构架的形成，并随着本国社会经济的发展，逐步发展国内旅游和出境旅游。

目前我国实行的旅游业发展政策是“大力发展入境旅游，积极发展国内旅游，适度发展出境旅游”。在这一政策的推动下，基本上形成了入境旅游、出境旅游和国内旅游三足鼎立的局面。

一、我国的入境旅游市场

（一）我国入境旅游市场的发展与现状

我国的入境旅游市场曾称为海外来华旅游市场。根据我国旅游统计中对入境游客所作的技术性定义，我国的入境旅游客源市场由三部分构成：来华旅游的外国人（包括外籍华人）；来华旅游的海外华侨；来内地旅游的港澳台同胞。但由表 5-6 可见，来华旅游的海外华侨所占比重很小，绝大多数年份都在 0.5%以下，因此从 2001 年开始，《中国旅游统计年鉴》中不再对入境的海外华侨游客单独列项。所以我们也可以认为我国的入境旅游市场由两部分构成，即外国人市场和港澳台市场。

改革开放以来，我国的入境旅游接待量有了巨大的发展，除 1989 年因政治风波、2003 年因“非典”以及 2008 年和 2009 年因金融风暴而入境游客接待量较上年有所下降外，其余年份都有明显增长，与 1979 年相比，2010 年入境游客总量增长了 30.8 倍，其中外国人增长了 71.1 倍，港澳台同胞增长了 27.2 倍，见表 5-6。

表 5–6 我国入境游客接待量及其构成的变化情况 单位：万人次

年份	入境游客	外国人	华侨	港澳台同胞
1978	180.92	22.96	1.81	156.15
1979	420.39	36.24	2.09	382.06
1980	570.25	52.91	3.44	513.90
1981	776.71	67.52	3.89	705.31
1982	792.43	76.45	4.27	711.70
1983	947.70	87.25	4.04	856.41
1984	1 285.22	113.43	4.75	1 167.04
1985	1 783.31	137.05	8.48	1 637.78
1986	2 281.95	148.23	6.81	2 126.90
1987	2 690.23	172.78	8.70	2 508.74
1988	3 169.48	184.22	7.94	2 977.33
1989	2 450.14	146.10	6.86	2 297.19
1990	2 746.18	174.73	9.11	2 562.34
1991	3 334.98	271.01	13.34	3 050.62
1992	3 811.49	400.64	16.51	3 394.34
1993	4 152.70	465.59	16.62	3 670.49
1994	4 368.45	518.21	11.52	3 838.72
1995	4 638.65	588.67	11.58	4 038.40
1996	5 112.75	674.43	15.46	4 422.86
1997	5 758.79	742.80	9.90	5 006.09
1998	6 347.84	710.77	12.08	5 624.99
1999	7 279.56	843.23	10.81	6 425.52
2000	8 344.39	1 016.04	7.55	7 320.80
2001	8 901.29	1 122.64		7 778.66
2002	9 790.83	1 343.95		8 446.88
2003	9 166.21	1 140.29		8 025.92
2004	10 903.82	1 693.25		9 210.57
2005	12 029.22	2 025.51		10 003.71
2006	12 494.21	2 221.03		10 273.19
2007	13 187.33	2 610.97		10 576.36
2008	13 002.74	2 432.53		10 570.20
2009	12 647.59	2 193.75		10 453.84
2010	13 376.22	2 612.69		10 763.54

资料来源：根据各年《中国旅游统计年鉴》及国家旅游局官方网站数据整理。

（二）我国入境旅游的特点

通过对中国旅游统计资料的分析，可以得出以下关于我国入境旅游客源市场的几点结论。

1. 以港澳台市场为主，外国人市场为辅，但外国人所占比重趋于增大

港澳台游客占我国入境游客总量的比重长期保持在 80%～94%之间（见表 5-6），构成了我国入境游客的主体，而来华旅游的外国人占我国入境游客总量的比重保持在 6%～20%之间。

表 5–7　1995 年、2001 ~ 2010 年外国人来华旅游市场的分布　单位：万人次

年份	市场分布	全球	亚洲	欧洲	美洲	大洋洲	非洲	其他
1995	来访人次	588.67	351.84	145.49	67.93	15.85	4.08	3.48
	比重/%	100	59.77	24.72	11.54	2.69	0.69	0.59
2001	来访人次	1 122.64	698.24	256.73	127.84	31.02	7.33	1.49
	比重/%	100	62.20	22.87	11.39	2.76	0.65	0.13
2002	来访人次	1 343.95	864.38	282.59	150.96	35.37	9.85	0.81
	比重/%	100	64.32	21.03	11.23	2.63	0.73	0.06
2003	来访人次	1 140.29	726.5	259.76	113.29	30.01	10.42	0.3
	比重/%	100	63.71	22.78	9.94	2.63	0.91	0.03
2004	来访人次	1 693.25	1 073.66	377.58	178.95	45.21	17.34	0.52
	比重/%	100	63.41	22.30	10.57	2.67	1.02	0.03
2005	来访人次	2 025.51	1 250.63	478.49	214.58	57.36	23.8	0.65
	比重/%	100	61.74	23.62	10.59	2.83	1.18	0.03
2006	来访人次	2 221.03	1 359.6	527.18	240.58	63.86	29.38	0.43
	比重/%	100	61.21	23.74	10.83	2.88	1.32	0.02
2007	来访人次	2 610.97	1 607.03	620.73	272.1	72.85	37.91	0.34
	比重/%	100	61.55	23.77	10.42	2.79	1.45	0.01
2008	来访人次	2 432.53	1 456.17	611.27	258.19	68.87	37.84	0.19
	比重/%	100	59.86	25.13	10.61	2.83	1.56	0.01
2009	来访人次	2 193.75	1 377.93	459.12	249.12	67.24	40.12	0.22
	比重/%	100	62.81	20.93	11.36	3.07	1.83	0.01
2010	来访人次	2 612.69	1 618.87	568.78	299.54	78.93	46.36	0.21
	比重/%	100	61.96	21.77	11.46	3.02	1.77	0.01

资料来源：根据《中国旅游统计年鉴》及国家旅游局官方网站数据整理。

需要指出的是，20 世纪 90 年代以来，港澳台市场所占份额呈明显的下降趋势，从 1989 年的 93.76%下降到 2010 年的 80.47%，21 年内下降了 13 个百分点；相反，外国人（含华侨）所占比重却在明显上升，从 1989 年的 6.24%上升到 2010 年的 19.53%。

2. 以亚洲市场为主，欧美市场为辅，且亚洲市场的比重增大

按照大洲来分，我国入境旅游的外国人市场依次是亚洲市场、欧洲市场、美洲市场、大洋洲市场和非洲市场，其中亚洲市场所占份额长期保持在 60%～65%，欧美市场合计占 33%～37%，例如 2010 年，亚洲、欧洲、美洲、大洋洲和非洲市场占来华旅游的外国人的比重分别为 61.96%、21.77%、11.46%、3.02%和 1.77%（见表 5-7）。而且从表 5-7 可以发现，这种洲际构成是比较稳定的，不同年份之间的变化比较小。

3. 前 10 大客源国以近距离的临近国家为主

按照国别来分，据国家旅游网统计，近几年我国的入境旅游客源市场较以前有所变化。20 世纪 80 年代，我国入境旅游主要客源国的构成和排序情况相对比较稳定，前 10 位的入境旅游客源国的构成一直维持不变，其中亚洲国家 4 个（日本、菲律宾、新加坡和泰国），欧洲国家 3 个（英国、法国和德国），美洲国家 2 个（美国和加拿大），大洋洲国家 1 个（澳大利亚）。也就是说，近距离的周边国家和远距离的欧美国家各占一半。

进入 21 世纪，我国入境旅游客源国的构成和排序发生了一些明显的变化，分析表 5-8 可以发现以下三点。

第一，前 10 大客源国的来华游客占总量的比重呈下降趋势，从 2005 年的 72.83%下降到 2010 年的 66.62%，而且这种下降是持续的。说明我国入境旅游客源市场呈现出多元化的趋势。

第二，前 10 大客源国的构成趋于稳定。前 8 大客源国的构成已经非常稳定，分别是韩国、日本、俄罗斯、美国、马来西亚、新加坡、菲律宾和蒙古，而且排名除个别年份外（2009 年日本游客超过了韩国游客），也是一致的。同时近 4 年来，澳大利亚也稳步进入了前 10 大客源国的行列。

第三，从 10 大客源国的分布看，近距离的临近国家占绝对优势。远距离的欧美国家除美国稳居第 4 位外，只有加拿大和英国时而进入该行列。

我国入境旅游主要客源市场现状，不仅符合国际旅游客源市场构成的规律，而且也反映了我国入境旅游的客源市场结构正趋于成熟化。

表 5-8　2005～2010 年我国前 10 大客源国市场构成　（%）

年份	2010	2009	2008	2007	2006	2005
入境总量/万人次	2 612.69	2 193.75	2 432.53	2 610.97	2 221.03	2 025.51
韩国	15.6（1）	14.58（2）	16.28(1)	18.3（1）	17.67(1)	17.5（1）
日本	14.28（2）	15.12（1）	14.17(2)	15.23(2)	16.87(2)	16.74(2)
俄罗斯	9.07（3）	7.95（3）	12.84(3)	11.5（3）	10.83(3)	10.98(3)
美国	7.69（4）	7.79（4）	7.34（4）	7.28（4）	7.7（4）	7.68（4）
马来西亚	4.77（5）	4.83（5）	4.28（5）	4.07（5）	4.1（5）	4.44（5）
新加坡	3.84（6）	4.05（6）	3.6（6）	3.53（6）	3.73（6）	3.73（6）
菲律宾	3.17（7）	3.41（7）	3.27（7）	3.19（7）	3.17（7）	3.23（7）
蒙古	3.04（8）	2.63（8）	2.9（8）	2.61（8）	2.84（8）	3.17（8）
加拿大	2.62（9）	2.51（10）				
澳大利亚	2.53（10）	2.56（9）	2.35（9）	2.33(10)		
泰国			2.28(10)	2.34（9）	2.67（9）	2.89（9）
英国					2.49(10)	2.47(10)
小计	66.62	65.43	69.31	70.39	72.06	72.83

注：括号内为排名情况。

资料来源：根据中华人民共和国旅游局官方网站相关资料整理。

（三）我国旅游业在国际市场竞争中存在的问题

改革开放以来，我国旅游业在开拓和巩固国际客源市场方面取得了令人瞩目的成绩。据世界旅游组织（WTO）的统计数字，2006 年我国的国际旅游接待量为 4 960 万人次，占世界总量的 5.9%，居世界第 4 位；2006 年我国国际旅游收入达到 339 亿美元，占世界总量的 4.6%，居世界第 5 位。然而我国旅游业在高速发展的同时，也面临着一些不利因素。

1. 我国距离欧美这两大世界上最大的国际旅游客源地较远

这种不利因素所带来的影响是非常明显的。从欧美地区前来我国旅游的交通费用和时间成本非常高。例如据我国旅游部门的有关调查资料，北美游客来华旅游的国际间交通费用约占来华旅游基本支出总额的 40%；而如果乘坐火车，仅从莫斯科到北京就需要 7 天。空间距离和时间距离远对欧美地区居民的来华旅游需求产生了显著的制约作用。也正因为空间距离和时间距离远，使得欧美游客来华旅游很容易遭受经济危机和世界油价上涨的冲击。例如 2009 年受全球金融风波的冲击，来华旅游的欧美游客比 2008 年减少了 18.54%，其中欧洲游客减少了 24.89%，美洲游客减少了 3.52%。

2. 我国旅游业面临着众多周边国家和地区的激烈竞争

我国旅游业所处的区域性国际环境为东亚和太平洋地区，而这一地区内各旅游接待国所面对的国际客源市场有着惊人的共同性。这些竞争对手的旅游业比我国起步早，在基础设施、服务质量、交通运输和产品价格等方面具有一定的优势。尽管可以开展区域合作，但在一定程度上，区域合作是有限的，是有条件的，而区域竞争则是无条件的，占据主导地位。例如在争夺日本客源市场方面，韩国、新加坡、菲律宾、泰国等周边国家及中国香港、中国台湾都是我国内地的有力竞争者。

3. 我国在旅游产品开发和提高旅游产品质量方面尚存在问题

旅游目的地的竞争力源泉无非是目的地自身的吸引力和对客源地的营销力。俗话说，“酒香不怕巷子深”。只有目的地的旅游产品具有足够强大的吸引力，才能在充分市场营销的基础上，吸引更多的游客；否则，无论在市场营销方面付出多大的努力，也难以取得良好的营销效果。

一方面，我国类型单一化的旅游产品难以满足国际旅游的需要。度假旅游和参与型旅游已成为现代旅游的基本趋势。总体上来说，长期以来我国入境旅游业务的开展主要是依赖于“被动参观型”的团体观光旅游产品——旅游者在导游的带领和解说下对有关景点进行参观和游览。而在度假旅游产品的开发上，除海南取得了明显进展外，其他各地所付出的努力还有待提高；在“活动参与型”观光旅游产品（旅游者在参观游览的过程中能够以适当的方式亲身体验有关景点或与之有关的活动内容）的开发上，我国还有很多工作需要做。

另一方面，我国的旅游产品还存在众多亟需解决的问题，这些问题严重损害了旅游产品的整体品质。例如相关旅游配套设施不完善、卫生条件差、散客接待条件不足、从业人员整体素质不高等。

这些问题的存在很大程度上影响了我国作为国际旅游目的地的竞争力。据“世界经济论坛”于 2008 年 3 月发表的其最新一期世界“旅游业竞争力”调查报告，在所公布的 130 个国家和地区中，我国内地的旅游业竞争力居第 62 位，居世界中等水平，在亚洲国家和地区中落后于中国香港（第 14 位）、新加坡（第 16 位）、日本（第 23 位）、韩国（第 31 位）和马来西亚（第 32 位）。

4. 我国的海外市场营销工作有待进一步改进

“酒香也怕巷子深”。再好的产品，如果不开展有效的市场营销，使消费者充分了解，则无异于没有。我国有着优美的自然风光和灿烂的历史文化，如何把资源优势转化为产品优势和经济优势？当然需要大力营销。

改革开放以来，我国在旅游市场营销方面取得了很大的进展，不仅在主要客源地设立了驻外旅游办事处，还举办或参加国际旅游博览会、旅游展销会，邀请客源地旅游业界人士和旅游记者来访，制作介绍中国旅游产品的电影、光盘、宣传册等。

然而，我国海外市场营销工作仍存在很多问题，突出表现在两个方面。一是营销经费不足。例如 2010 年海南省旅游委的旅游营销经费仅为 2 000 万元，三亚市作为国际滨海旅游目的地，每年的旅游营销经费也只有 2 000 万元，仅相当于旅游收入的 1‰。二是技术手段不够先进。例如当今是网络时代，网络营销成为了最为廉价便捷的营销方式，而我国的旅游网站，绝大多数只有中文内容，更不用说是打造多语种的旅游网站了。

二、我国的国内旅游市场

如前所述，我国采取的是推进型旅游发展模式，国内旅游市场形成较晚，直到 1978 年才初具雏形。随着改革开放以来我国经济的持续快速发展，我国人民的收入水平和生活质量不断提高，国内旅游市场的规模也因此迅速扩大。

（一）我国国内旅游的发展阶段

根据国内旅游人次数和国内旅游收入，可以将我国改革开放以来的国内旅游市场的发展分为三个阶段。

1. 发育阶段（1978～1992 年）

在这一阶段，国内旅游人次数在 4 亿人次以下，国内旅游收入在 250 亿元以下。即具有旅游客流量较小和旅游收入较低的特点（见表 5-9）。此阶段，尽管国内旅游人次数和国内旅游收入的年均增长速度分别达到了 7.42%和 17.68%，增速并不算低，但这种较快的增长速度是建立在基数很低的基础上的。

2. 缓慢发展阶段（1993～2003 年）

在这一阶段，国内旅游人数在 4～9 亿人次之间，国内旅游收入在 800～4 000 亿元之间（见表 5-9）。1992 年，国家调整了旅游政策，使得 1993 年和 1994 年的国内旅游市场有了跨越式的发展，但 1994～2003 年的十年间，国内旅游市场出现了发展比较缓慢的现象，在这十年间，尽管国内旅游收入年均增长了 12.15%，但国内旅游人次数的年均增长速度仅为 4.14%。

表 5-9　1985 ~ 2009 年我国国内旅游人次数与旅游收入

年份	人次数/亿人次	收入/亿元	年份	人次数/亿人次	收入/亿元
1985	2.00	80.00	1998	6.94	2 391.18
1986	2.90	106.00	1999	7.19	2 831.94
1987	2.90	140.00	2000	7.44	3 175.54
1988	3.00	189.00	2001	7.84	3 522.36
1989	2.40	150.00	2002	8.78	3 878.36
1990	2.80	170.00	2003	8.70	3 442.27
1991	3.00	200.00	2004	11.20	4 710.71
1992	3.30	250.00	2005	12.12	5 286.00
1993	4.10	864.00	2006	13.9	6 230.00
1994	5.24	1 023.51	2007	16.1	7 770.62
1995	6.29	1 375.70	2008	17.12	8 739.30
1996	6.39	1 638.38	2009	19.02	10 183.69
1997	6.44	2 112.70			

资料来源：国家旅游局年度统计公报。

3. 快速发展阶段（2004 年至今）

进入 21 世纪，我国国民经济持续快速增长，并实行了一系列惠民政策，使得国民收入水平迅速提高，与此同时，节假日延长，并实行带薪假期制度。所有这些有利因素推动了国内旅游市场的快速拓展。2004～2009 年，国内旅游人数年均增长 11.17%，国内旅游收入年均增长 16.67%，均高于 GDP 的年均增长速度。

在“大力发展入境旅游，积极发展国内旅游，适度发展出境旅游”的旅游业发展政策的指引下，国内旅游市场正在蓬勃发展。根据《国务院关于加快发展旅游业的意见》（国发 2009[41]号），到 2015 年，我国国内旅游人数将达 33 亿人次，年均增长 10%。

（二）我国国内旅游市场的特点

1. 市场规模大，发展潜力足

尽管我国采取的是推进型的旅游业发展模式，但近年来，我国国内旅游市场得到了长足的发展，无论是旅游人次数还是旅游收入，都已远远超出入境旅游。例如 2009 年国内旅游活动规模达到 19.02 亿人次，是当年入境旅游接待量

1.26 亿人次的 15 倍；所实现的国内旅游收入为 10 183.69 亿元人民币，相当于当年旅游外汇收入 396.75 亿美元的约 3.9 倍（按当年平均汇率折算）。

根据世界上一些发达国家的经验，国内旅游收入一般可达到其国际旅游收入的 7～8 倍。这在一定程度上说明，与很多发达国家相比，我国国内旅游市场仍有着相当大的发展潜力。

2. 以散客游为主

在国内旅游活动中，绝大多数游客都不使用旅行社提供的商业性服务。2001 年国内旅游抽样调查显示，国内游客的 87.9%是散客，参加旅游团的仅占总量的 12.1%。根据国家旅游局 2005 年的有关抽样调查，在国内城镇居民的外出旅游活动中，参加旅行社组织的团体旅游的游客只占 29.7%，而以散客形式开展自助旅游的人占 70.3%。另据中国旅游业统计公报，2005～2009 年的五年时间内，全国旅行社共组织国内过夜游客 40 888.83 万人次，经旅行社接待的国内过夜游客为 52 489.37 万人次，分别占同期国内游客总人次数的 5.22%和 6.71%。

3. 短程旅游所占比重大

目前我国大多数居民的旅游支付能力依然有限，加之带薪年假制度在我国尚未普及，多数人所拥有的闲暇时间仍很分散，所以国内旅游活动的开展多表现为短程旅游。据 2005 年国内旅游抽样调查结果，在参与国内旅游活动的城镇居民中，每次出游只游历 1 个省（市、区）的短程游客所占比重高达 95.5%，游历 2 个省（市、区）的游客约占 3%，而游历 3 个及以上省（市、区）的游客仅占 1.5%。而且人们在参与国内旅游活动中，每次外出旅游天数也比较短，以 3 天以下为主。

4. 旅游消费增长速度快，但消费水平仍显较低

从国内旅游消费开支来看，1978 年仅为 18.4 亿元人民币，到 2000 年已增至 3 175.54 亿元人民币，年均增长 26.38%。据 2009 年中国旅游业统计公报，2009 年我国国内旅游总消费额为 10 183.69 亿元人民币，比 2000 年增长了 2.2 倍，年均增长 13.82%，明显高于 8%左右的 GDP 增长速度。

但就国内游客的人均花费而言，1995 年为 218.8 元，2000 年为 426.6 元，2009 年为 535.4 元，说明国内旅游的人均旅游消费支出很低，尤其是农村居民的旅游消费支出很低，例如 2009 年，国内游客中，城镇游客的人均旅游消费支出为 801.1 元，而农村游客的仅为 295.3 元。从人均旅游消费支出的年均增长速度来说，1995～2000 年为 14.29%，2000～2009 年仅为 2.56%，不仅反映出增长速度慢，而且反映出增长速度放慢。

【阅读】

2009 年我国旅游业主要统计指标

2009 年，是我国旅游业特别是入境旅游经受严峻考验和挑战的一年，全国旅游行业化挑战为机遇，保持了旅游业总体平稳较快增长。

入境旅游：入境旅游人数 12 647.59 万人次，比上年下降 2.7%。其中外国人 2 193.75 万人次，下降 9.8%；香港同胞 7 733.60 万人次，下降 1.3%；澳门同胞 2 271.84 万人次，下降 1.1%；台湾同胞 448.40 万人次，增长 2.2%。入境过夜旅游者人数 5 087.52 万人次，比上年下降 4.1%。国际旅游(外汇)收入达 396.75 亿美元，比上年下降 2.9%。

国内旅游：全国国内旅游人数 19.02 亿人次，比上年增长 11.1%。其中城镇居民 9.03 亿人次，农村居民 9.99 亿人次。国内旅游收入 10 183.69 亿元人民币，比上年增长 16.4%。其中城镇居民旅游消费 7 233.79 亿元，农村居民旅游消费 2 949.90 亿元。全国国内旅游出游人均花费 535.4 元，比上年增长 4.8%。其中城镇居民国内旅游出游人均花费 801.1 元，农村居民国内旅游出游人均花费 295.3 元。

出境旅游：我国公民出境人数达到 4 765.63 万人次，比上年增长 4.0%。其中因公出境人数 544.66 万人次，比上年下降 4.7%；因私出境人数 4 220.97 万人次，比上年增长 5.2%，占出境旅游总数的 88.57%。

【思考题】

1. 名词解释：旅游市场、旅游市场细分、国内旅游市场、入境旅游市场。
2. 试分析旅游市场细分的意义。
3. 试分析国际旅游客流的分布格局。
4. 试分析国际旅游客流均衡化趋势的原因。
5. 试分析我国入境旅游市场的特点。
6. 试分析我国国内旅游市场的特点。

第六章　旅游组织

【学习目标】

- 了解政府干预旅游业发展的原因
- 熟悉旅游组织的类型和功能
- 了解主要的国际旅游组织
- 了解我国主要的旅游组织

【知识要点】

- 政府干预旅游业发展的原因和手段
- 旅游组织的类型和功能

旅游组织的产生与发展与旅游业的发展相辅相成。旅游业发展促进了旅游组织的产生与发展，旅游组织的存在又促进了旅游业进一步发展。由于旅游组织横向联系广、活动涉及面宽，在旅游业发展进程中起着不容忽视的作用。

第一节　政府对旅游发展的干预

一、政府支持旅游业发展的动机

世界各国政府支持发展旅游和旅游业的动机并非完全相同，而且随着时间的推移和国情的变化，一个国家支持旅游业发展的动机也可能会发生变化。概括地讲，国家政府支持旅游业发展的动机主要有以下几方面。

（一）政治动机

1. 国际旅游：了解别人，宣传自己

随着现代旅游活动的国际化，不同国家居民之间因旅游活动的开展而发生的民间交往，客观上对增进国际间的相互了解和促进民族间的友谊发展发挥着不可忽视的作用。实际上，国际旅游的开展不仅有助于“了解别人”，而且可以更为有效地“宣传自己”（周恩来总理 1971 年关于旅游工作的讲话），因而客观上起着一种民间外交的作用。例如新中国成立不久，就组建了华侨旅行社和中国国际旅行社，其目的就是要发展同友好国家和国际友好人士的交往。

2. 国内旅游：增加就业机会，维护社会安定团结

随着旅游活动规模的扩大，旅游业在推动经济发展中所扮演的角色日渐重要，旅游业发展创造了众多就业机会，有助于政府解决国民就业问题，进而有助于政府维护和巩固国内稳定的政治局面。

（二）经济动机

旅游者在旅游目的地的消费可以刺激当地经济的发展，因而通过支持发展旅游业来促进当地的经济发展，成为众多国家政府支持和推动旅游业发展的重要动机。这类经济动机主要体现在以下三个方面。

1. 增加外汇收入，改善本国的国际收支状况

这种创汇型的经济动机不仅普遍见于发展中国家，而且在发达国家中也司空见惯，美国就是其中的典型代表。早在 20 世纪 60 年代初，在美国提出的关于发展旅游业的各项宗旨中，列在第一位的便是“尽最大可能为美国的国际收支平衡做贡献”。与此同时，美国为了加强对旅游发展工作的领导，负责主管联邦旅游事务的官员人选也不断升格。所有这些情况都反映着美国政府对发展旅游业的重视程度。

2. 创造更多就业机会，改善国民就业环境

例如 20 世纪 80 年代中期以前，英国发展旅游业的主要目的一直是增加外汇收入，随着 80 年代中期英国失业问题的严重化，英国政府支持旅游业发展的主要动机开始转向解决就业问题，其国家旅游事务的统辖权从工业和贸易部转移到就业部，可谓是这种动机转移的明证。

3. 通过发展旅游业缩小国内地区之间的经济差距

地区差异在很多国家中都普遍存在，有的地区由于资源条件的限制无法发展传统的工农业生产，因而其经济发展水平长期滞后于其他地区。然而其中一些地区的历史人文底蕴或特殊的气候或地质地貌使其发展旅游业的条件得天独厚，从而使发展旅游业成为扭转其经济落后面貌的可行途径。例如我国在江西等经济欠发达的革命老区提倡发展红色旅游。

（三）社会发展动机

社会经济发展的出发点和目的是提高人们生活的幸福指数，但在现代社会中，人们的工作和生活节奏都明显加快，特别是随着工业化和城市化的发展以

及环境污染的加重，人们在工作和生活方面所感受到的紧张程度也在加大。这种压力的长期存在无疑会严重影响到人们的生活和工作，最终也会影响社会的稳定和进步。

旅游发展的实践表明，参加旅游活动不仅可以使人们恢复体力和放松身心，而且可以增加阅历，开阔视野，陶冶情操，提高文化素养。即旅游活动的开展在有益于旅游者个人的同时，也有助于提高一个国家或民族的人口素质。因此世界上不少国家把推动旅游活动的开展和发展旅游业纳入本国社会发展的工作内容之中。

二、政府干预旅游发展的必要性

旅游业是一个关联性极强的综合型产业，其自身的发展会影响到国民经济其他相关产业的发展。而由于市场不完全性、信息不对称性、自然垄断现象、外部性以及公共物品的原因，市场会出现失灵现象。再加之旅游业具有综合性特点。因此世界各国政府都对本国旅游的发展，特别是在引导和规范旅游业发展方面，都以不同形式进行干预。由于各国国情的不同，政府对旅游业干预的原因也不尽相同，但一般可归结为以下三个方面。

（一）市场失灵要求政府干预旅游发展

在完全理性和完全信息的前提下，市场这只“看不见的手”几乎是万能的。而这样的前提过于苛刻，现实往往与之存在很大的差距，因此需要政府这只“看得见的脚”进行干预，才能实现经济运行的高效率。

1. 信息不对称引致市场“逆向选择”

一方面，面对无边无际的信息，无论是旅游者还是旅游经营者都不可能在信息收集、传递、处理和分析等方面做到面面俱到，例如对于旅游经营者来说，面对国际和国内旅游市场的变化，面对由不同旅游者个体所组成的旅游市场总需求，是不可能全面掌握对产品开发具有决定意义的信息的；另一方面，即使有能力全面掌握相关信息，在现实生活中也是几乎不可能做到的，因为获取信息是需要成本的，有时还会很高。

市场固有的信息不对称使得市场会出现“逆向选择”。例如按照市场机制的均衡价格理论，在其他条件不变时，某条旅游线路的价格越低，其需求量就越大。但实际上，当这条线路的价格降低到一个很低的水平之后，反而会无人问津了。这是因为消费者掌握的对该线路的信息和推出该线路的旅行社掌握的信息是不对称的：当价格过低时，消费者往往会处于信息弱势，会由于无法了解到所需的全部和确切的信息而怀疑该线路（如是不是要额外购物？是不是住宿规格有猫腻？）而放弃选择。

2. 外部性的存在会降低市场效率

在旅游活动中，外部性无处不在。例如假定有两家旅游企业，一家是经营通往旅游景区的运输业务的交通企业 X，另一家是位于旅游目的地的景点企业 Y，显然 Y 的接待量不仅取决于其自身的劳动投入量，也取决于 X 的运输量，如果 X 扩大运输能力和规模，可能使 Y 的接待量大幅度提升。此时 X 对 Y 就存在外部经济。如果这两家旅游企业，一家是大型景区内的餐馆 A，一家是经营索道的企业 B，显然 B 的接待量越大，A 的经营业绩就会越差。此时 B 对 A 就存在外部不经济。

旅游企业的投资和经营行为及旅游者的消费行为，提高了旅游目的地的知名度，改善了旅游目的地的环境，促进了旅游目的地社会经济的发展，也就是说，旅游企业的行为对旅游目的地具有外部经济。但相反，旅游企业的投资和经营行为和旅游者的消费行为也会破坏旅游目的地的生态环境和社会环境，即对旅游目的地产生了外部不经济。

正是因为外部性的存在，使得存在竞争关系的旅游企业和旅游者无法实现社会资源的最优配置，这为政府干预旅游业提供了理论依据。

3. 旅游企业自然垄断也会使市场失灵

旅游业是服务性行业，具有规模报酬递增的特点。例如旅游目的地的景点或酒店，具有固定成本很高而变动成本很小的特点，在提供旅游服务的过程中，平均成本是递减的，从而可以按照价格等于边际成本的定价原则实现帕累托最优。但由于这些企业对市场形成了一定的垄断势力，追求利润最大化的动机使得这些旅游企业根据边际成本和边际收益相等的原则确定产量，再根据需求水平确定价格，从而使资源得不到有效配置。因此需要政府进行干预，如实现国有化。

4. 旅游资源和旅游产品具有公共物品性质

旅游资源和旅游产品具有公共物品性质，即具有非排他性和非竞争性。正因为如此，市场不能对旅游资源和旅游产品进行有效配置。例如对具有公共物品性质的博物馆、风景区收费，必然会使旅游者减少对这些资源的使用，从而导致旅游资源的浪费。相反，对于旅游基础设施这类具有公共物品性质的旅游发展条件来说，旅游企业就具有“搭便车”的倾向和现象，从而使得这类公共物品的供给不足。因此为使资源得到有效配置，需要政府的干预。

（二）旅游经济的特点要求政府干预旅游发展

旅游经济是一个综合的经济现象，这不仅表现在旅游经济体系组成是多行业的，还表现在运行空间是多地区的；同时旅游经济所需要的各种经济要素相当一部分是公共物品。因此对旅游经济这种综合经济现象，仅仅靠市场机制下的私人生产和供给是难以实现社会资源的有效配置的。例如旅游目的地形象是旅游经济的一个重要因素，是引起旅游行为和旅游经济行为的主要力量。旅游企业经营的效益不仅取决于通过市场运作的自身努力，在一定程度上还取决于这个旅游企业所处的目的地的形象。而对于目的地形象这个公共物品的供给就不能靠市场的私人行为，应该通过政府提供。再如某个地区要将潜在的旅游资源转化为经济资源，不仅取决于该地区对旅游资源进行的有效开发，还取决于客源地与该地区具有良好的交通通道，如果没有一定的交通条件作保证，这个地区是不可能成为一个旅游目的地的，旅游企业也就不可能取得一定的经济收益。而提供客源地与目的地之间的交通通道不是旅游目的地所能实现的，靠企业和交通行业就交通问题进行谈判是很难达成协议的，而如果通过政府的行政性资源来进行配置，就可以降低企业之间就交通讨价还价所形成的成本，从而大大提高资源的利用效率。

（三）社会体制要求政府干预旅游发展

以我国为例，我国仍处于社会主义初级阶段，旅游经济发育尚不健全。在这一特点下，一方面，国有企业和公有财产是社会主义公有制的经济基础，如果没有这个基础，公有制将会动摇，因此从国家利益和公有制利益来说，公有财产的维护及发展便成为政府干预旅游发展的主要原因。另一方面，我国旅游业发展是政府推动的结果，政府是旅游经济运行中的重要市场主体，如果没有政府的参与，就会出现市场主体缺位，或者是市场主体虽然存在但不能发挥主体作用，从而出现市场主体的弱化。无论是市场主体的缺位还是弱化，直接的结果都将是市场均衡无法实现，从而使得市场机制的功能得不到充分发挥，无法实现资源的有效配置。

三、政府干预旅游业发展的常用手段

政府在旅游发展中起着重要作用，这种作用是通过制定旅游产业政策和具体的法规来发挥，并通过采取行政的、经济的、法制的手段来实施的。

（一）行政管理

虽然各国的旅游管理体制不尽相同，但行政手段是多数国家惯用的旅游管理手段。几乎发展旅游业的各个国家都设有旅游行政组织，并以行政管理手段行使对旅游的管理职权。各级行政机关和旅游行政组织按照行政区划、行政系统、行政层次，以行政命令、指示、规定和出台产业政策、下达指导性计划、制定规划等形式来管理旅游事业。如在各阶段的国家发展五年规划中，我国政府都对该阶段国家旅游业的发展采用行政命令、决定、通知和通告，制定工作目标，倡导开展旅游竞赛活动，会同旅游行业组织及旅游企业对旅游市场进行综合治理，采取政策导向、倡议和信息引导等方式进行管理，并取得了有效成果。

（二）经济管理

旅游业的发展在市场经济的大环境中进行，在市场经济条件下，仅仅用行政手段是不够的，还需要采用经济管理手段进行调控。旅游经济管理手段是指旅游行政组织按照经济规律，通过价格、税收、信贷、奖惩等经济杠杆来实施对旅游的管理。政府常采用的经济管理手段有以下几种。

1. 通过控制价格去影响需求

这种影响包括直接影响和间接影响两大方面。直接影响指政府通过控制国有旅游景点的收费标准，以及通过控制国有运输公司、饭店等企业的产品价格去影响旅游需求。

2. 实行特别征税

有些国家或地区对来访旅游者征收旅游税。常见的做法是将这一税额摊入饭店住宿价格，由饭店上缴政府税务部门。此外机场税、对设立赌场的企业实行高税率也属于特别征税。

3. 鼓励投资政策

为了鼓励发展旅游业以及协调旅游业发展的地区布局和消除旅游供给中的“瓶颈”问题，很多国家和地区政府都对投资者实行这样或那样的鼓励政策。这些鼓励政策又包括同减少投资额有关的优惠政策、同降低经营成本有关的优惠政策、同保证投资安全有关的政策等。

4. 采用补贴形式

例如政府鼓励旅游经营单位和旅游区附近居民植树造林、养花种草，从而达到保护环境的目的。

5. 奖惩制度

对旅游经营单位实行保证金和押金制度，可以达到促进其合法经营、提高服务质量的目的。

（三）法律管理

作为行政手段和经济手段的补充，旅游法律管理手段是旅游管理中强有力的手段之一，是将旅游活动中的客观规律用法律的形式固定下来，成为人们必须遵守的强制性行为规范，并以此实施管理。政府通过制定旅游法律、法规，明确旅游活动中各主体的权利和义务，规范和引导旅游活动行为，对旅游业进行有效的宏观调控，维护旅游业的正常秩序。因此，这是旅游管理重要的、必须加强的管理手段。

此外，政府还可以用咨询、宣传、教育、技术革新等手段进行旅游事业的管理。采取什么形式最有效，需要分析管理对象，因时制宜，因地制宜。

四、政府失灵现象

政府干预旅游业是为了解决市场失灵现象，促进资源优化配置。然而，政府的不当干预也会造成政府失灵，不能有效地实现资源优化配置。一般政府失灵主要表现在以下几方面。

（一）政府决策会出现失误现象

政府的有效决策是建立在充分信息的基础上的。毋庸置疑，政府对旅游业的认识是一个“干中学”的过程，在这一过程中，由于信息不完全和知识不完备，政府要对旅游业运行做出正确的判断与分析是比较困难的，因此政府决策可能会出现失误。

（二）政府干预会形成部门利益现象

旅游业是一个综合性很强的产业。从我国的情况看，尽管旅游局代表政府对旅游业行使管理，但这种管理只是针对旅游业的的某些方面，民航总局、铁道部、文化部、文物局、宗教事务管理局、建设部等相关部门也对旅游业行使一定的管理职能。由于部门利益的存在，在对旅游业进行干预的过程中，必然会就旅游业的某些政策的制定和执行发生相互冲突，从而影响资源在全社会的有效配置，从而出现政府失灵现象。

（三）政府干预也会产生大量成本

政府在对旅游业进行干预的同时也会产生大量的干预成本。政府要承担规制制定和执行成本，旅游业主体要承担服从规制的机会成本。所有这些成本都在一定程度上增加了社会管理成本，产生了资源的消耗，从而使政府在干预旅游业方面出现失灵现象。

（四）政府对旅游业干预的结果具有不确定性

政府干预旅游业的发展主要是通过政策、制度和规制进行的，而政策、制度和规制从制定、实施到生效需要一定的时间过程，具有效应的时滞性。而且，政策、制度和规制是针对所有旅游经济行为主体的，具有一般性，当这些政策、制度和规制对一个旅游企业产生不利效应时，该旅游企业就会从自身利益出发，寻找政策、制度和规制上的漏洞，对付政府的干预行为。

（五）政府对旅游业的干预也会产生“寻租”现象

由于政府干预旅游经济的权力的存在，政府官员可以掌握资源的分配权，在追求这种分配权的角逐中，官员们从自身效用最大化出发，往往会倾向于“政治设租”，人为地制造稀缺，使旅游经济运行不能实现有效的资源配置。而对于旅游企业来说，从利益最大化考虑，也更倾向于寻租活动，而不是寻利。即旅游企业通过各种方式游说政府制定一些有利于自身发展的政策、制度和规制来获得租金。

第二节　旅游组织的类型与功能

旅游组织是为了发展旅游的目的而由一定成员组成的独立的人群集合体（常莉，2008）。目前世界上的旅游组织很多，它们在管理和协调旅游事务方面起到了积极作用，促进了旅游活动和旅游业的正常有序开展。旅游组织有广义和狭义之分，广义的旅游组织包括专门管理协调旅游事务的旅游同业组织，以及其工作部分涉及旅游事务的综合组织；狭义的旅游组织仅指专门管理协调旅游事务的旅游同业组织。可以从不同角度将旅游组织划分为多种类型，本节以旅游组织基本性质为标准，将旅游组织分为旅游行政管理组织、旅游行业组织和旅游社会团体三种进行论述，这也是狭义旅游组织的范围。

一、旅游行政管理组织

旅游行政组织机构是一个国家对旅游业进行管理的载体。旅游行政组织机构通常有两个层次，即国家旅游行政管理机构和地方旅游行政管理机构。国家旅游行政管理机构代表国家对全国旅游业实行管理；地方旅游行政管理机构代表地方政府（包括各省、市、县等）对当地旅游业进行管理。

旅游行政组织机构在不同国家之间存在一定的差异。比如根据旅游业在国民经济中的地位和作用的不同，国家旅游行政管理机构的级别和层次有所不同，有的国家设立旅游部；有的国家设立国家旅游局；有的国家将旅游与其他部门如交通、文化等共同设立一个管理机构；还有的国家考虑到旅游业的综合性的特点，设立旅游协调委员会。

（一）旅游行政组织机构的模式

不同国家的旅游行政组织机构存在一定的差异，但其综合组织协调的根本职能是相同的。从世界范围来看，当前旅游行政组织机构的设立模式通常有以下几种。

1. 旅游局模式

其特点是单一行使旅游管理职能，直属内阁或国务院，规格通常低于部级[①]，如我国国家旅游局和泰国旅游局均采用这种模式。

2. 旅游部模式

这种模式有两个基本特点：一是管理职能单一，只负责旅游；二是机构为部级规格。目前全世界有二十多个国家设立了旅游部。采用这种模式的国家多为发展中国家，主要原因是发展中国家对旅游创汇的期望很大，而旅游业具有较强的创汇能力和综合性特点，要实现这一目的，发展旅游业必须借助强有力的政府行政管理机构，实现其管理职能和超前的发展战略。

3. 混合职能模式

在这一模式下，旅游管理部门并非单独设立，而是与一个或几个相关部门联合在一起。

（1）旅游与交通共同组成一个部或在交通部下设立旅游局。如埃及旅游与民航部、斯里兰卡航空旅游部、法国住宅交通旅游部等。

（2）工业、商业、贸易部门下设旅游部门。如美国在商务部下设旅游局、芬兰在工商部下设旅游局。

（3）文化娱乐部门与旅游部门构成一个部。如澳大利亚体育、娱乐与旅游部，巴基斯坦文化与旅游部。

（4）综合经济部门下设旅游部。如荷兰在经济事务部下设旅游局。

（5）野生动植物部门与旅游部门组成一个部。如肯尼亚旅游与野生动物部。

（6）其他部门与旅游部门组成一个部。如将通信、信息或宣传等部门与旅游组成一个部。如新西兰旅游与宣传部、印度尼西亚电信旅游部等。

混合职能模式被世界多数国家所采用，特别是西方发达国家大都采用这一模式，主要原因是这一模式能够较好地适应旅游业综合性强的特点，有利于旅游部门与主要相关部门之间实现有效的配合和协调。

4. 旅游委员会模式

旅游委员会模式比较适应旅游业综合性强的特点，对旅游业的发展能够起到很好的协调作用，因此在很多国家其属于协调部门，而非权力机构。以旅游

---

① 我国国家旅游局直属国务院管理，是副部级单位。省市旅游行政管理部门有的称为旅游局，也有的称为旅游委员会，如海南省旅游发展委员会，上海旅游事业管理委员会、杭州市旅游委员会等。

委员会作为国家最高旅游行政机构的模式只被前苏联和少数东欧国家所采用。

各国此类机构的形式各异，但有如下共同点。

（1）成员的广泛性　凡与旅游业直接关联的政府部门，在该协调机构中无一不包。

（2）机构的权威性　该机构主要从事协调工作，但多由政府总理或副总理亲自挂帅，成员或为有关部长、副部长，或为有关各部主管局长等。该机构一旦形成决议，政府各部门必须贯彻执行。

（3）旅游部门的主导性　由于该机构服务的对象是旅游业，所以旅游行政部门的代表在该机构中大多居主导地位。

（二）旅游行政组织机构的职能

旅游行政组织机构的地位和职能如何确定，并没有一个固定的模式，各国的情况不同，因而组织形式也不一样。它的作用大小，也要根据该国旅游业的发展和政府对旅游业的干预情况而定。如处于旅游业发展初期，或准备高速发展旅游业的国家，政府对旅游业的发展起决定作用，全国旅游行政组织则作为一个政府部门而存在；在旅游业比较发达，私人企业非常活跃的国家或地区，具有独立法人地位的半自决权性质的旅游行业组织机构更适合于行使全国性旅游组织的职能。但不管旅游行政组织机构的性质和形式存在多大区别，它们作为旅游业发展的管理机构，都具有如下的共同职能。

1．制定旅游业的发展规划

如制定旅游业在国民经济发展中的地位；制定旅游发展的长期规划，编制中短期发展计划；监督和协调旅游资源的开发等。

2．制定旅游政策和法规

如拟定发展旅游业的方针、政策、规章和制度，起草有关的旅游法规，协调各部门的利益和关系。

3．对旅游业实行全面管理

如运用行政职权，控制旅游业的发展规模；调节价格，控制客源流量；制定标准，保持旅游的服务质量。

4．宣传推销旅游产品

对外设立旅游办事处，为国家或地区促进旅游业进行广告宣传，举办展览会，参加国际旅游博览会，推销旅游产品。比如中国国家旅游局不仅在美国、欧洲、澳大利亚等地设立了许多驻外办事处，而且还牵头组织了大量宣传促销活动，见表 6-1。

表 6–1　2009 年中国国家旅游局牵头参加的国际旅游展

序号	展览名称	时间	性质	展台价格
1	德国柏林国际旅游交易会	3.11～15	专业、公众	3 000 欧元
2	美国迈阿密世界邮轮博览会及专项产品促销	3.17～19	专业	3 500 美元
3	日本大阪国际旅游展暨专项促销	3.20～23	公众	45 万日元
4	俄罗斯莫斯科国际旅游交易会	3.21～24	专业	3 000 美元
5	韩国首尔国际旅游展	6.4～7	专业、公众	3 000 美元
6	香港国际旅游展	6.11～14	专业、公众	19 900 港币
7	日本 JATA 国际旅游展暨专项促销	9.18～20	专业、公众	45 万日元
8	英国伦敦展	11.9～12	专业	3 500 英镑

5．调查研究和统计分析旅游业的供需情况

统计游客的流量和流向，收集客房出租率数据，分析游客的兴趣、爱好及消费结构，预测旅游市场动向，帮助制定营销策略。

6．人员培训与职业教育

研究人力资源需求，编制人才培训标准和大纲，直接投资或资助开办培训机构或院校。比如在我国国家“十一五”旅游规划中，人力资源规划作为一个板块内容成为重要的组成部分。

二、旅游行业组织

指为加强各行业间及旅游行业内部的沟通与协作，促进旅游行业及行业内部各单位的发展而形成的各类组织。

（一）旅游行业组织的性质与职能

旅游行业组织通常是一种非官方组织，各成员采取自愿加入的原则，行业组织所制定的规章、制度和章程对于非会员单位不具有约束力。如旅游协会、旅行社协会、旅游饭店协会等。它们以自愿和非营利为原则，积极参与了旅游业的发展活动，为国家协调旅游业的发展创造良好的条件。因此这种旅游行业组织曾是保证旅游业在一个国家范围内协调发展的重要力量。后来在一些国家，政府直接参与旅游事业的发展，旅游行业组织一些重要职能为作为政府部门的旅游行政机构代替，其职能作用降低了。但是在一些旅游业比较发达的国家和地区，这种组织依然被授予半官方性质，仍起着十分重要的作用。在没有官方性质的旅游行政管理机构的国家中，旅游行业组织在旅游发展战略、旅游方针政策等方面，向国家旅游主管部门提供建议和咨询；联络各旅游企业，交流情况和经验，提高经营管理水平，开展学术交流活动，推动对外宣传等，对国家旅游业的发展产生着重大影响。

总的来说，旅游行业组织具有服务和管理两种职能。但需要指出的是，旅游行业组织的管理职能不同于政府旅游管理机构的职能，它不带有任何行政指令性和法规性，其有效性取决于行业组织本身的权威性和凝聚力。

具体而言，旅游行业组织具有以下基本职能。

- 作为行业代表，与政府机构或其他行业组织商谈有关事宜。
- 加强成员间的信息沟通，通过出版刊物等手段，定期发布行业发展的有关统计分析资料。
- 开展联合推销和市场开拓活动。
- 组织专业研讨会，为行业成员开展培训班和专业咨询业务。
- 制定成员共同遵循的经营标准、行规会约，并据此进行仲裁与调解。
- 对行业的经营管理和发展问题进行调查研究，并采取相应措施加以解决。
- 阻止行业内部的不合理竞争。

（二）旅游行业组织的分类

1．按地域分类

旅游行业组织按地域分类，可分为全球性旅游行业组织、世界区域性旅游行业组织、各国全国性旅游行业组织、国内区域组织等。如世界旅游委员会、美洲饭店及汽车旅馆协会分别属于全球性旅游行业组织和地区性旅游行业组织。

2．按性质分类

按旅游行业组织的集体会员性质分类，又可分为旅游交通机构或企业的行业组织，如国际民用航空组织、国际汽车协会联合会等；旅馆与餐饮业组织，如世界一流饭店组织等；旅行社协会组织，如世界旅行社协会等。

3．按行业组织分类

针对不同旅游从业人员或旅游者而设立的各种旅游行业组织分类：如妇女旅游组织国际联合会、国际青年旅游与交流局等。

4．按相关的专业性分类

侧重于旅游经营管理、培训或研究的专业性行业组织，如世界专业国际会议管理协会、世界旅游专业培训会等。

第三节 国际旅游组织

一、国际旅游组织的现状

（一）国际旅游组织分类

现代旅游是国际性的经济活动，它不仅促进了国家或地区间的经济发展，而且在政治上为加强各国人民之间的相互了解，发展各民族之间的自由往来和友谊也起了巨大的推动作用。同时，旅游活动也会造成国际间的矛盾和冲突，产生许多复杂的国际问题，这就必须成立各种国际性旅游组织作为协调的机构，订立共同合作的规范，以利于各项业务的顺利发展。

如同旅游组织一样，国际旅游组织也有广义和狭义之分。狭义的国际旅游组织是指其成员来自多个国家并为参加国服务的全面涉及旅游事务的组织。广义的国际旅游组织则还包括那些部门涉及旅游事务的国际组织。

目前世界上对国际性旅游组织的划分主要有以下四种标准。

1．按组织的地位划分

有政府间组织和非政府间组织。在国际旅游组织中，较多的是非政府间组织，所谓非政府间组织主要指它不是由代表国家政府签订规章而组成的组织，而是由来自不同国家的企业、团体机构或个人，出于共同的兴趣或利益而成立的国际组织。但这种组织也不排斥代表政府的机构加入。非政府间国际组织尽管不像政府间组织那样通常拥有强制性权力，但它对世界旅游业的促进作用并不小。如国际旅游联盟（AIT）、国际社会旅游协会（BITS）、国际青年旅游与交流协会（BITEJ）、国际旅游新闻工作者和旅游作家联合会（FIJET）、国际宿营和旅队联合会（FICC）等。

2．按组织的范围划分

有全球性组织和地区性组织。全球性的组织有国际海运联合会（ICS）、国际青年旅舍联合会（IYHF）、旅游代理商协会国际联合会（UFTAA）等；地区性组织有欧洲旅游委员会（ETC）、拉美旅游组织联盟（COTAL）、加勒比旅游协会（CTA）等。

3．按组织的工作性质划分

有全面涉及旅游事务的专门性组织，有涉及某一方面旅游事务的专业性组织和部分涉及旅游事务的一般性国际组织。专门性旅游组织如世界旅游组织（WTO）；一般性国际组织有国际劳工组织（ILO）、联合国教科文组织（UNESCO）、世界卫生组织（WHO）等。

4．按组织成员的身份划分

有以国家政府代表为成员的组织，也有以机构团体、企业或个人为成员的组织。以国家政府为代表的组织，例如世界银行中的国际复兴开发银行（IBRD）、欧洲经济共同体（EEC）、美洲国家组织（OAS）等；以机构团体为成员的国际旅游组织也有很多：世界旅行社协会联合会（UFTAA）、欧洲旅游委员会（ETC）、非洲旅游协会（ATTA）等；以公司企业为成员的组织有国际旅馆协会（IHA）、国际会议组织协会（ICCA）、欧洲航空公司协会（AEA）等；也有以个人为成员的组织，如国际旅游科学家协会（AIEST）、国际旅游学会（IAT）、世界旅游理事会（WTTC）、旅游研究协会（TTRA）等。

（二）世界主要国际旅游组织

虽然目前国际上的旅游组织类型多样、为数众多，但由于这些组织在权限范围、组织性质、组织规模、成员组成等方面都不尽相同，因此这些组织在世界范围内的活动规模和影响力也是不同的，如今有代表性的国际旅游组织主要有世界旅游组织（WTO）、太平洋亚洲旅游协会（PATA）、世界旅行社协会联合会（UFTAA）、国际旅馆协会（IHA）、国际航空运输协会（IATA）、国际民航组织（ICAO）、国际旅游科学专家协会（AIEST）等。

二、与我国相关的国际旅游组织

（一）世界旅游组织

世界旅游组织（World Tourism Organization, WTO）是目前世界上唯一全面涉及国际旅游事务的全球性政府间组织，也是当今旅游领域最具知名度和影响力的国际性组织。它的前身是1925年在荷兰海牙成立的官方旅游宣传组织国际联盟（IUOTPO），尽管名称上使用了“官方”的字样，但实际上只是一个民间协会。1946年10月1～4日，在伦敦召开了首届国际旅游组织大会，并成立专门委员会研究重建该联盟。1947年10月在巴黎举行的第二届国际旅游组织国际大会上决定正式成立国际官方旅游组织联盟（IUOTO），仍为非政府组织，总部设在伦敦，1951年迁至日内瓦。1975年5月该组织改为现名，总部迁至马德里。1976年成为联合国开发计划署在旅游方面的一个执行机构，成为世界上唯一全面涉及旅游事务的全球性政府间机构。2003年，联大经济和社会事务委员会决定吸纳世界旅游组织为联合国专门机构，其英文名为“World Tourism

Organization”，缩写为“WTO”。为避免与世界贸易组织（英文“World Trade Organization”，缩写为“WTO”(缩写混淆，有时用法文“Organisation Mondiale du Tourisme”的缩写“OMT”表示世界旅游组织。其宗旨是促进和发展旅游、推动经济发展、促进世界和平、增进国际间了解。为此世界旅游组织旨在制定相应的政策和法规,以使旅游业在各国经济发展及国际贸易中发挥应有的作用。

世界旅游组织的成员分正式成员（代表主权国家）、联系成员（代表未独立领地）和附属成员（多为与旅游有关的组织团体，如航空公司、旅行社、饭店、旅游研究所等）。现有正式成员 143 个，联系成员 4 个，它们制定与旅游有关的政策，并根据共同的利益参与制定世界旅游组织的章程，另有附属成员 170 多个。这些附属成员涉及的范围十分广泛，包括直接从事旅游业或与旅游业有关的组织和企业，如航空公司以及其他运输公司，饭店、餐馆，旅游批发商和零售商，金融界，出版界，咨询事务所，教育研究机构，地方、全国或区域性的私人协会或半官方性质的协会。附属成员参加世界旅游组织，对制定旅游政策和规划旅游项目有积极的作用，并推动各国政府对旅游业相关的战略问题作出决策。因此，世界旅游组织的有关活动项目已成为联系政府和企业的非常重要的桥梁。

我国于 1983 年 10 月 5 日加入世界旅游组织，成为该组织第 106 个正式成员国。1987 年 9 月，我国当选为世界旅游组织执行委员会新成员，同时为东亚与太平洋地区委员会副主席。

世界旅游组织按地区分为非洲委员会、美洲委员会、欧洲委员会、中东委员会、东亚与太平洋委员会、南亚委员会六个地区委员会。地区委员会为非常任机构，每年召开一次会议，协调组织本地区的研讨会、工作项目和地区性活动。

世界旅游组织全体大会选举执行委员会，执委会每年召开两次会议。一般情况下，执委会成员按 5:1 的比例由正式成员国选举产生，加上东道主国，再由联系成员国选举产生一个，共 30 个执委。附属成员有其列席代表。执委会下设计划和协调技术委员会、预算和财政委员会、环境保护委员会、简化手续委员会、旅游安全委员会等五个委员会。执委会选出秘书处，其下设秘书长、副秘书长、活动计划处长、计划援助处长、新闻通讯处长等职务。

世界旅游组织的活动主要有以下几种。

1．技术合作

对世界各国在广泛的旅游领域里给予咨询和援助，如适度的旅游发展、必要的投资、技术转让、市场销售和宣传推销。下列范围项目可得到世界旅游组织的援助：潜在的旅游资源调查、全国发展总体计划（包括财政来源和投资），为国内和国际旅游的发展制定政策、规划和拟定项目；合理利用国土，开发新的旅游区和旅游产品；旅游法规、旅游统计、旅游业的预测和数字分析、旅游宣传、旅游市场、市场销售的研究和分析；旅游培训、旅游学院和旅馆学院的可行性研究、经营实体的发展；旅游宾馆、度假村，疗养所、汽车旅馆、宿营地等的规划、选址、利用与完善，饭店星级评定制度。

2．教育与培训

世界旅游组织提供不同形式的教育与培训。一方面，与法国珀杜大学宾馆餐饮管理系（Restaurant，Hotel and Institutional Management Institute de la Universidad de Purdue）、索尔邦内大学世界旅游高等研究中心（Centre Mondial d'etudes Superieures du Tourisme de la Universidad de la sorbonne）合作举办函授班，培训内容包括文化遗产的保护、通信、调研、旅游经营、市场学等，同时向需要经济援助的学生提供奖学金。另一方面，正在建立一个全球性的教育培训中心网络。目前该培训中心网络包括美国乔治·华盛顿大学国际旅游研究系（International Institute of Tourism Studies George Washington University）、美国康奈尔大学饭店管理系（School of Hotel Administration Cornell University）、加拿大加尔加里大学（The University of Galgary）、意大利国际旅游科学学校（Ecole Internationale de Sciences Touristiques）、荷兰海牙饭店学院接待管理系（Institute of Hospitality Management Hotel School The Hague）等。

3．环境与计划

世界旅游组织在环境与计划方面的工作的基本点是发展适度的旅游，强调在旅游产品和旅游服务的长期推销过程中，不仅要有商业意识，而且要具有明显的环保意识。参加世界性或地区性的关于旅游与环境的会议并出版有关刊物。

4．简化手续和自由经营

致力于消除旅游障碍，促进旅游服务业自由经营。如建造方便伤残人士旅游的设施，研究有关预订咨询系统，出版有关研究和派生项目的刊物。

5．市场分析和促销

165 个国家向世界旅游组织提供对市场销售和制定战略规划十分有价值的资料和预测，世界旅游组织据此不断检查和分析世界旅游的发展，并出版一系列完整的期刊和包括大多数旅游输出国和接待国，以及旅游其他方面的统计报告。世界旅游组织依靠大量的文献资料，并着力通过旅游信息交流网络（TIENET）形成世界资料交流中心。

世界旅游组织出版的刊物包括用英文、法文和西班牙文出版的《世界旅游组织消息》（*WTO News*，月刊）、《旅游发展报告（政策与趋势）》（*Tourism Development Report-Policy and Trends*，年刊）、《旅游统计年鉴》（*Yearbook of Tourism Statistics*，年刊）、《旅游统计手册》（*Compendium of Tourism Statistics*，年刊），以及其他刊物、简报、小册子、专著和报告。

世界旅游组织总部的地址是：西班牙马德里（Capitan Haya 42，28020 Madrid，Spain）。网址为：http://www.world-tourism.org/。

（二）太平洋亚洲旅游协会

太平洋亚洲旅游协会（Pacific Asia Travel Association，简称 PATA）是非政府间国际旅游组织，1951 年 1 月成立于夏威夷檀香山，原名“太平洋地区旅行协会”（英文简称 PITA），1986 年改为现名，协会总部设在美国旧金山。另有两个分部，一个设在菲律宾的马尼拉，负责处理东亚地区事务；另一个设在澳大利亚的悉尼，负责主管南太平洋地区事务。

该协会的章程规定，任何全部和部分位于西经 110°至东经 75°地理区域内所有纬度的任何国家、地区或政治区域均有权成为该协会会员。该协会成员广泛，不仅包括亚太地区，而且包括如欧洲各重要客源国在内的政府旅游部门和空运、海运、陆运、旅行社、饭店、餐饮等与旅游有关的企业。目前，协会有 37 名正式官方会员，44 名联系官方会员，60 名航空公司会员以及 2 100 多名财团、企业等会员。亚洲、太平洋、美洲和欧洲分部办事机构。我国 1993 年加入该组织，并成为其官方会员。1994 年 1 月 8 日，太平洋亚洲旅行协会中国分会正式成立，分会秘书处设在国家旅游局国际联络司。

协会的宗旨：联合亚洲及太平洋地区所有热心于旅游的团体和组织，鼓励和支持本地区旅游和旅游业的发展，保护本地区特有的旅游资源。该协会是具有广泛代表性和影响力的民间国际旅游组织，在整个亚太地区乃至世界旅游开发、宣传、培训与合作等多方面发挥着重要作用。协会的管理机构为理事会（由 49～51 名成员组成），其职能是在两届年会之间开展协会的工作。协会下设三个委员会：管理委员会、企业委员会、咨询委员会。协会还出版各种旅游教科书、研究报告、宣传材料、旅游指南以及多种期刊，其中主要期刊是《太平洋旅游新闻》。

会址（秘书处）位于美国旧金山（Montgomery Street，Pacific Telesis Tower，Suite 1750．San Francisco，CA 94 104，USA）

（三）世界旅行社协会联合会

世界旅行社协会联合会（Universal Federation of Travel Agents Association，简称 UFTAA）是最大的民间性国际旅游组织。其前身是 1919 年在巴黎成立的欧洲旅行社和 1964 年在纽约成立的美洲旅行社，1966 年由这两个组织合并组成，并于 1966 年 11 月 22 日在罗马正式成立，总部设在比利时布鲁塞尔。

该协会的宗旨：负责国际政府间或非政府间旅游团体的谈判事宜，代表并为旅游业和旅行社的利益服务。

该组织每年召开一次全体大会，交流经验，互通信息。

该组织的成员分为两类，一类是正式成员，由国家旅行社协会组织组成；另一类为联系会员，为私营旅行社和与旅游业务有关的机构，如航空公司、轮船公司、旅馆等。1995 年 8 月，中国旅游协会被接纳为正式会员。

该会出版发行《世界旅行社协会联合会会议公报》(月刊，*Courrier UFTAA*)。会址位于比利时布鲁塞尔（1/1 Rue Defacpz，B-1050, Bruxelles，Belgique）

（四）国际饭店与餐馆协会

国际饭店与餐馆协会（IH&RA）的前身国际饭店协会（IHA），于 1946 年 3 月在伦敦成立。国际饭店协会于 1996 年在墨西哥召开的第 34 届年会上，把国际餐馆协会纳入国际饭店协会，更名为国际饭店与餐馆协会。总部设在法国巴黎，英语和法语是其官方语言。该协会的正式会员是世界各国的全国性的饭店旅馆协会或类似组织，联系会员是各国旅馆业的其他组织、旅馆院校、国际饭店集团、旅馆、饭店和个人，包括 30 万家饭店会员、155 家国家级饭店协会会员、50 家国际连锁饭店会员、119 家饭店院校会员。我国在 1994 年正式加入国际饭店与餐馆协会，中国旅游饭店业协会成为该协会的国家级饭店协会会员。

协会的宗旨：代表全球饭店业的利益，促进饭店与餐馆业的发展；为会员提供行动纲领和所需产品（包括组织各种国际会议等）；协调旅馆业和有关行业的关系；维护本行业的利益。

协会由董事会行使管理职责。董事会由 5 名官员、6 名地区副主席以及 11 名代表组成。

国际饭店与餐馆协会每年召开一次全体大会，讨论协会重大事件与决定。在每次会议期间，颁布青年主管世界奖，奖励 30 岁以下饭店男女经理/主管各一名，还颁发两名饭店环境奖，也称“年度绿色饭店经理奖”。协会每年提供 10～15 名奖学金名额，奖励有两年以上饭店中层管理经验的优秀青年，到欧洲或美国饭店院校进行夏季短期（两周）学习和培训。

（五）国际航空运输协会

国际航空运输协会（International Air Transport Association，简称 IATA）是一个包括全世界各大航空公司的国际性组织，于 1945 年 4 月在古巴哈瓦那成立，现为世界旅游组织的附属成员。协会有会员 188 家，目前正式加入该协会的我国航空公司有中国国际航空公司、中国东方航空公司和中国南方航空公司。

该协会的宗旨：促进安全、正规和经济的航空运输；促进航空商业，并研究有关问题；促进与联合国国际民用航空组织的合作。

该协会的主要任务：提出客货运率、服务条款和安全标准等，并逐步使全球的空运业务制度趋于统一；处理和协调航空公司与旅行社之间的关系。另外确定票价也是该协会最主要的任务之一。

该协会最高权力机构为全体大会，大会每年召开一次，经执行委员会召集，也可随时召开特别会议。其他机构有执行委员会、常务委员会和常设秘书处。

该协会出版发行《国际航空运输协会评论》（季刊）和《年会备忘录》（年刊）。会址（秘书处）位于加拿大蒙特利尔（2000 Peel Sterrt，H3A 2R4 Montreal，Canada）。

（六）国际民用航空组织

国际民航组织（International Civil Aviation Organization，简称 ICAO）是联合国的一个专门机构，是一个以促进世界各地民用航空发展为目的的政府间组织。它成立于 1947 年，总部设在加拿大的蒙特利尔。该组织的工作宗旨是推进国际间航空运输的安全与合作。

该组织的最高权力机构是全体大会，每三年举行一次。其常设机构是理事会，常设执行机构是秘书处。其主要刊物有《国际民航组织公报》（月刊）。

我国于 1974 年正式加入该组织，并在同年的大会上被选为理事。

（七）国际旅游科学专家协会

国际旅游科学专家协会（International Association of Scientific Experts in Tourism 或 Association International d' experts Scientifiquesdu Tourisme，简称 AIEST）于 1951 年 5 月 31 日在罗马成立，是世界旅游组织的附属成员。

该协会的宗旨：开展旅游科学研究，加强成员间的友好联系，鼓励成员间的学术活动，特别是促进个人接触，交流经验；支持具有学术性质的旅游研究机构以及其他有关旅游研究与教育的组织的各项活动。

该协会是由国际上致力于旅游研究和旅游教学的专家组成的学术团体，在 45 个国家中有 330 多名会员。其活动主要有收集科学资料和文献，开展旅游科学研究，举办旅游学术会议，出版发行季刊《旅游评论》和会议年度纪要等。它在旅游理论研究方面享有很高的声誉，如著名的“艾斯特”定义即是由它作出的。

该协会最高权力机构为全体大会，每年举行一次，设有委员会秘书处。会址位于瑞士圣加仑（19 Varnbulstrasse, CH-9000 St. Gallen, Switzerland）。

第四节 国家旅游组织

一、国家旅游组织的设立形式

世界旅游组织（WTO）将国家旅游组织解释为一个国家中为国家政府所承认，负责管理全国旅游行政事务的组织。就一般情况而言，一个国家的最高旅游行政管理机构通常代表这个国家的国家旅游组织。随着旅游业在经济、社会、文化等领域的作用日益突出、地位不断提高，各国的旅游行政组织也得到了不断的完善和加强。纵观世界各国的情况，国家旅游组织的设立形式大致可以划分为三类。

（一）国家政府直接设立且作为政府的一个部门

以这种方式设立的国家旅游组织通常又有以下四种类型。

（1）设为完整而独立的旅游部，或者设立相当于部的旅游局，如菲律宾、印度、墨西哥、泰国等国家就采用这种形式。

（2）和其他部门合并成一个混合部。比如西班牙的交通、旅游和通信委员会，意大利的旅游与娱乐部，马来西亚的文化旅游部，葡萄牙的商业与旅游部，澳大利亚的体育、娱乐与旅游部。

值得一提的是，混合职能模式被世界多数国家所采用，特别是西方发达国家大都采用这种模式，原因在于这种混合模式很好地适应了旅游业关联性高、综合性强的特点，因此有利于政府协调旅游部门和其他主要相关部门之间的关系，从而实现更好的配合。

（3）设为某一部的下设机构，也即在部下设立旅游管理局。例如美国在商业部下设旅游管理局，芬兰在工商部下设旅游局，荷兰在经济事务部下设旅游局，日本在运输部下设国际观光局，比利时在文化部下设旅游局等。

（4）国家政府单独设立为直属的旅游局，如我国的国家旅游组织为国家旅游局，泰国的国家旅游组织为旅游委员会领导下的旅游局，朝鲜也是采用这种形式。

（二）代表政府执行全国性旅游行政事务的半官方组织

这种形式的旅游管理组织常见于欧洲的一些国家，这类机构的的负责人由政府的有关部门任命，政府资助其全部或部分经费，但它们具有自己的法人地位，在行政上和财政上是独立的。在这些国家中，有关国家旅游发展的重大决策归国家政府的某个部门负责，但该部门不承担具体的旅游行政管理事务。例如瑞典、丹麦、挪威、英国及爱尔兰等国的旅游管理组织就属这种形式。

（三）代表该国政府行使旅游行政管理职能的民间组织

这种民间组织多为由民间自发组成的、影响力较大的全国性旅游协会。这类组织对外代表官方旅游组织，对内代表旅游业的利益，它们在经政府同意其代行旅游行政管理职权后，通常会得到政府财政的资助，但其领导人并非由政府指定，而是由其协会成员选举产生。如德国的旅游协会、新加坡的旅游促进局、香港旅游协会等都属于这种情况。

二、各国国家旅游组织存在差异的原因

为促进本国旅游业的发展，便于对本国旅游业进行有效干预和管理，世界各国基本都设有国家旅游管理组织，但各国的旅游行政管理机构除了在组织形式上不尽相同之外，在所拥有的权力和地位等方面也存在着很大的差异。造成这些差异的原因有多种，但综合起来主要有以下三个方面。

（一）国家政治经济制度

在政治上实行中央集权或在经济上实行计划经济的国家中，旅游业中的私营部分很小，主要旅游企业多为国家所有。在实行资本主义政治制度和自由市场经济的国家中，旅游业中的私营部门十分强大，旅游业的发展主要靠私营部门的力量。这意味着同资本主义国家发展旅游业的情况相比较，实行中央集权的社会主义国家和发展中国家旅游业的发展，通常需要政府较大程度的直接干预，否则旅游业便难以实现迅速发展。所以在大多数社会主义国家和发展中国家中，其国家旅游行政组织都是由国家政府直接设立，并且将其列为国家政府的一个部门或机构。国家政府通过这一机构直接指挥、管理和参与全国旅游业的发展工作。所以这些国家中的国家旅游组织在很大程度上既是国家政府的代表，又是旅游业的代表。

（二）国家旅游业的发展水平与政策

一个国家的旅游业成熟程度和发达水平，也可影响其国家旅游组织的地位和权力。在多数发展中国家中，旅游业的发展历史较短，有的国家的旅游业则处于起步阶段。为了促使旅游业迅速成长，国家政府不得不进行直接干预。因此，这些国家中的国家旅游组织不仅设为政府部门，而且它所拥有的权力也比较大。这主要反映在，这些国家中的国家旅游组织不仅是国家旅游政策的监督执行者，而且在很大程度上也是国家旅游政策的参与制定者。换言之，它不仅

负责监督国家旅游政策的贯彻实施，而且直接参与这些政策的制定。所以，这些国家中的国家旅游组织一般都有权解释本国发展旅游业的大政方针。反之，在经济发达国家中，旅游业开发历史较久，因此旅游业一般都比较成熟和发达，加之私营部门构成其旅游业的主力，政府对旅游业的干预程度较低，所以在很多旅游业发达的国家中，其国家旅游组织通常都不是政府部门，而是由半官方的法定组织或民间的旅游行业组织担任。这类国家旅游组织都无权制定国家发展旅游的大政方针。多数情况是由国家政府就发展旅游的重大方针作出决定之后，授权这些国家旅游组织制定具体的政策条例，并负责监督这些政策条例的实施。

（三）旅游业在国民经济中的地位

在有些发达国家中，其国家旅游组织的设立所采用的也是国家政府部门形式。这在很大程度上是因为这些国家的旅游业在国民经济中占据了非常重要的地位。所以这些国家在干预旅游业的过程中，赋予国家旅游组织政府部门的地位，并将其纳为国家政府部门编制的组成部分。例如根据相关统计资料显示，早在 1991 年，法国旅游业的总产出为 1 700 亿美元，相当于其国内生产总值的 13%，旅游就业占全国就业人数的 12.8%；意大利旅游业的总产出为 1 610 亿美元，相当于国内生产总值的 12.9%，旅游就业占全国就业人数的 13.8%。因此这些旅游业发达的国家在设立国家旅游组织的时候，也都采用了国家政府部门的形式，以便于国家对旅游业的控制和管理。

总之，世界各国对国家旅游组织的设立形式并无统一的模式。一个国家的国家旅游组织的设立形式、地位高低和权力大小都是由本国的国情来决定的。

三、国家旅游组织的职能

虽然世界各国的国家旅游组织在设立形式、地位、权限等方面不尽相同，但它们都代表国家政府工作，协助执行国家的旅游政策，努力使本国的旅游业朝最优化方向发展。作为旅游业发展的管理机构，不管其性质和存在形式有多大区别，都具有如下共同职能。

（一）制定国家旅游发展总体规划

主要包括组织参与旅游规划的制定、审批和实施，组织开展旅游资源调查、开发与保护，规划旅游发展规模和方向。

（二）推广国家旅游形象，进行旅游促销

树立国家的整体旅游形象，将国家或地区作为旅游目的地向国际推广，进行海外促销。如今国际旅游市场群雄并起，国家之间的市场竞争非常激烈，需要国家政府组织大规模的旅游促销，拓展国内外的旅游市场。主要表现为在本国主要的客源市场地区设立旅游办事处，例如中国国家旅游局在美国、俄罗斯、澳大利亚、韩国、日本等地设立了很多办事处，进行广告宣传，参加国际旅游博览会，推销中国的旅游产品。

（三）制定旅游发展战略、政策和法规

拟定旅游业的方针、政策以及法律、法规，制定旅游开发和服务标准，并组织实施。因为这些工作牵涉面广，任何一个单独的旅游企业都不可能担当起这样的重任，只有由国家旅游组织来行使相关职能。

（四）旅游财政管理

确定需要国家重点支持的旅游开发地区，并负责国家财政资助的旅游开发项目审批、监督与控制，保障财政资金的有效运作。另外政府要通过政策引导社会资金的流入，集中社会的财力和物力开展旅游地的建设活动，完善旅游基础设施。

（五）开展国际国内多边合作与协调

就推进本国旅游业发展的有关配合问题，加强与其他国家政府、有关旅游组织的协作，减少国与国之间的旅游限制，促进旅游业的发展。同时在本国中央与地方之间、地区之间、部门之间、企业之间起到协调作用。

（六）为旅游业进一步发展提供信息服务

定期统计国内国际游客的流量与流向，展开市场调研并收集相关数据，分析游客的兴趣和偏好以及消费习惯，据此对旅游市场动向进行预测，帮助制定营销策略。例如中国国家旅游局每年发布的《中国旅游业统计公报》、《入境旅游者抽样调查综合分析报告》等统计分析资料，为旅游相关部门决策提供参考和依据。

（七）培养和储备旅游人才

根据旅游业发展需要，研究人力需求，制定旅游人才的培养计划，理顺人才培养机制，编制人才培训标准和大纲，直接投资或资助开办培训机构或学校，以支持和组织旅游教育和培训，满足旅游业对不同层次专业人才的需要。

（八）实施控制与监督

通过行政、法律等手段，对旅游业的数量、规模、经营活动等进行监督。规定和控制旅游服务的质量标准和基本价格，检查旅游市场秩序，受理旅游者投诉，维护旅游者合法权益。

四、我国的旅游组织

我国的旅游组织按照其业务职能大体上可以划分为三大类，即旅游行政组织、旅游行业组织和其他旅游组织。旅游行政组织主要由国家旅游局和各省、市、自治区及地方旅游行政机构组成，负责管理全国或者所辖区域的旅游事务；旅游行业组织是各种旅游企业自愿联合组成的，致力于规范行业秩序和促进行业发展的组织；其他旅游组织包括旅游学术与教育组织等，对我国旅游业的进步与发展作出了自己独有的贡献。

（一）中国旅游行政组织

国务院在 1985 年批转国家旅游局《关于当前旅游体制改革几个问题的报告》中提出："国家旅游局作为国务院的职能部门，要面向全行业，统管全国旅游事业。各省、自治区、直辖市可根据国际、国内旅游发展的需要设置旅游局，经管本地的旅游工作。"时至今日，不仅我国各省、自治区、直辖市都已普遍设置了旅游局或旅游管理委员会，其下属的很多地区、市、县也根据当地旅游业发展的需要，设立了相应的旅游行政管理组织。因此当前我国旅游行政管理体制也相应地由三个层次构成。

1．国家旅游局

国家旅游局是国务院主管旅游工作的直属机构，是我国最高旅游行政主管机构，它对外代表我国的国家旅游组织（NTO 或 NTA），对内统辖全国的旅游事业。国家旅游局从成立之初到最终将名字确立为"中华人民共和国国家旅游局"经历了以下三个发展阶段。

第一阶段，新中国成立之初至 1978 年。国家旅游局的最早前身是 1964 年成立的"中国旅行游览事业管理局"，该组织的职权范围是十分有限的，主要负责领导各有关地区的国际旅行社和直属的服务机构的业务以及有关旅游的对外联络工作和旅行宣传工作等。而且中国旅行游览事业管理局和当时的中国国际旅行社总社是同一班人马。反映了当时政企合一的特点，也说明了当时我国对旅游业的理解程度是非常有限的。

第二阶段，1978 年 3 月至 1982 年 8 月。随着我国改革开放政策的实施，我国的旅游工作已由过去的政治性外事接待活动转变为产业部门的经济活动。我国的旅游管理体制和旅游行政机构的职能也随之开始发生变化。1978 年 3 月，党中央和国务院同意将原"中国旅行游览事业管理局"改为直属国务院的"中国旅行游览事业总局"，并且同意各省、自治区和直辖市成立旅游局。

第三阶段，1982 年 8 月至今。1982 年 8 月，全国人民代表大会常务委员会作出《关于批准国务院直属机构改革实施方案的决议》，其中决定将“中国旅行游览事业管理总局”更名为“中华人民共和国国家旅游局”。

目前国家旅游局作为国务院主管旅游业的直属机构，其主要职责如下。

（1）研究拟定旅游业发展的方针、政策和规划，研究解决旅游经济运行中的重大问题，组织拟定旅游业的法规、规章及标准并监督实施。

（2）协调各项旅游相关政策措施的落实，特别是假日旅游、旅游安全、旅游紧急救援及旅游保险等工作，保证旅游活动的正常运行。

（3）研究拟定国际旅游市场开发战略，组织国家旅游整体形象的对外宣传和推广活动，组织指导重要旅游产品的开发工作。

（4）培育和完善国内旅游市场，研究拟定发展国内旅游的战略措施并指导实施，监督、检查旅游市场秩序和服务质量，受理旅游者投诉，维护旅游者合法权益。

（5）组织旅游资源的普查工作，指导重点旅游区域的规划开发建设，组织旅游统计工作。

（6）拟定各类旅游景区景点、度假区及旅游住宿、旅行社、旅游车船和特种旅游项目的设施标准和服务标准并组织实施；审批经营国际旅游业务的旅行社；组织和指导旅游设施定点工作。

（7）研究拟定旅游涉外政策，负责旅游对外交流合作，代表国家签订国际旅游协定，制定出境旅游、边境旅游办法并监督实施。

（8）指导旅游教育与培训工作，制定旅游从业人员的职业资格制度和等级制度并监督实施。

（9）指导地方旅游行政机关开展旅游工作。

（10）负责局机关及在京直属单位的党群工作，对直属单位实施领导、管理。

（11）承办国务院交办的其他事项。

为了更好地履行上述职责，国家旅游局的组织机构经调整，现下设 6 个职能部门，分别如下。

办公室：协助局领导处理日常工作，负责局内外联络、协调、会议组织、文电处理、政务信息、信访、保密、行政事务等工作；承办机关党委的日常工作。

综合协调司：研究和解决旅游经济运行中的重大问题；承担全国假日旅游部协调会议办公室日常工作，负责旅游安全综合协调、紧急救援、监督检查旅游保险实施工作；负责国内旅游宣传工作；研究拟定旅游业发展方针、政策，拟定旅游业管理行规、规章并监督实施；研究旅游体制改革；组织、指导旅游统计工作。

旅游促进和国际联络司：拟定旅游市场开发战略，组织国家旅游整体形象的宣传，指导旅游市场促销工作，组织、指导重要旅游产品的开发、重大促销活动和旅游业信息调研，指导驻外旅游办事处的市场开发工作，审批外国在我国境内和香港、澳门特别行政区及台湾地区在内地设立的旅游机构；负责旅游涉外及涉及香港、澳门特别行政区及台湾事务，代表国家签订国际旅游协定，指导与国外政府、国际旅游组织间的合作与交流，负责日常外事联络工作。

规划发展与财务司：拟定旅游业发展规划，组织旅游资源的普查工作，指导重点旅游区域的规划开发建设；引导旅游业的社会投资和利用外资工作；研究旅游业重要财经问题，指导旅游业财会工作；负责局机关财务工作。

质量规范与管理司：研究拟定各类旅游景区景点、度假区及旅游住宿、旅行社、旅游车船和特种旅游项目的设施标准、服务标准并组织实施；审批经营国际旅游业务的旅行社，组织和指导旅游设施定点工作；培育和完善国内旅游市场，监督检查旅游市场秩序和服务质量，受理旅游者投诉，维护旅游者合法权益；负责出国旅游、赴香港、澳门特别行政区及台湾旅游、边境旅游和特种旅游事务；指导旅游文娱工作；监督检查旅游保险的实施工作；参加重大旅游安全事故的救援与处理；指导优秀旅游城市创建工作。

人事劳动教育司：指导旅游教育、培训工作，管理局属院校的业务工作；制定旅游从业人员的职业资格标准和等级标准并指导实施，指导旅游业的人才交流和劳动工作；负责局机关、直属单位和驻外机构的人事、劳动工作。

此外，国家旅游局还设有6个直属单位和16个驻外机构，分别为局机关服务中心、局信息中心、中国旅游协会、中国旅游报社、中国旅游出版社、中国旅游管理干部学院和驻东京、大阪、新加坡、加德满都、首尔、纽约、洛杉矶、多伦多、伦敦、巴黎、法兰克福、马德里、苏黎世、悉尼、莫斯科旅游办事处以及亚洲旅游交流中心（中国香港）。

2．省（区、市）旅游行政组织

我国各省、自治区、直辖市均设有旅游局或旅游管理（发展）委员会。它们分别主管其所在省、自治区和直辖市的旅游行政工作。这些旅游行政机构在组织上属地方政府部门编制，在业务工作上接受地方政府的领导和国家旅游局的指导。其主要职能包括负责本省、市、自治区旅游业发展的规划工作、开发工作、旅游业管理工作以及旅游宣传和促销工作。尽管这一层次的旅游行政管理机构同国家旅游局之间在组织上并不存在直接的隶属关系，但为了便于接受国家旅游局的业务指导，在组织结构方面基本上都采取了同国家旅游局各主要业务司对口的做法。

3．省（区、市）以下的地方旅游行政组织

在省级以下的地方层次上，很多地、市、县也设立了旅游行政管理机构，负责其行政区域范围内的旅游业管理工作。在未设立专职旅游行政机构的县、市，有关旅游业开发与管理方面的事务则在其上级政府旅游行政部门的指导下，由当地政府配合承担。

（二）旅游行业组织

我国的旅游行业组织是在国家旅游局的具体指导下，由有关社团组织和企事业单位在平等自愿的基础上组织成立的各种行业协会。就其组织性质而言，它们都属于非营利性质的社会组织，具有独立的社团法人资格。

我国旅游行业组织的宗旨是，遵守国家法律和有关政策，遵守社会道德风尚，代表和维护行业的共同利益和会员的合法权益，在政府有关业务主管部门的指导下，为行业和会员服务，在政府和会员之间发挥桥梁纽带作用，为促进我国旅游业的健康持续快速发展做出积极贡献。

我国旅游行业组织的任务主要包括以下七点。

（1）向政府有关部门反映会员单位中带有普遍性的问题与合理要求，向会员单位宣传政府的有关政策、法律并协助贯彻执行，发挥社会中介组织作用。

（2）协调会员间的关系，发挥行业自律作用，制定行业自律公约，督促会员共同遵守。

（3）开展调查研究，为行业发展和政府决策提供建议，向会员提供国内外本行业的有关信息、资料和咨询服务。

（4）组织有关本行业发展问题的研讨和经验交流，推动和督促会员单位提高服务质量与管理水平。

（5）根据行业发展需要，开展业务培训活动。

（6）加强同旅游行业内外有关组织、社团的联系与合作，对外以民间组织身份开展国际交流与合作。

（7）承办政府主管部门交办的其他工作。

目前，我国全国性的旅游行业组织有以下几种。

1．中国旅游协会（CTA）

中国旅游协会（China Tourism Association）是由中国旅游行业的有关社团组织和企事业单位在平等自愿的基础上组成的全国综合性旅游行业协会，具有独立的社团法人资格。它是1986年1月30日经国务院批准正式宣布成立的第一个旅游全行业组织，1999年3月24日经民政部核准重新登记。协会接受国家旅游局的领导、民政部的业务指导和监督管理。

协会的主要任务：对旅游发展战略、旅游管理体制、国内外旅游市场的发展态势等进行调研，向国家旅游行政主管部门提出意见和建议；协助业务主管部门建立旅游信息网络，搞好质量管理工作，并接受委托，开展规划咨询、职工培训；组织技术交流，举办展览、抽样调查、安全检查，以及对旅游专业协会进行业务指导；开展对外交流与合作；编辑出版有关资料、刊物，传播旅游信息和研究成果等。

2．中国旅行社协会（CATS）

中国旅行社协会（China Association of Travel Services）于 1997 年 10 月 24 日在北京成立，是由中国境内的旅行社、各地区性旅行社协会或其他同类协会等单位，按照平等自愿的原则结成的全国旅行社行业的专业性协会。协会接受国家旅游局的领导、民政部的监督管理和中国旅游协会的业务指导。

协会的主要任务：总结交流旅行社的工作经验，开展与旅行社行业相关的调研，为旅行社行业的发展提出积极并切实可行的建议；加强会员之间的交流与合作，组织开展各项培训、学习、研讨、交流和考察等活动；加强与行业内外的有关组织、社团的联系、协调与合作；开展与海外旅行社协会及相关行业组织之间的交流与合作；编印会刊和信息资料，为会员提供信息服务等。

3．中国旅游饭店业协会（CTHA）

原名为中国旅游饭店协会，成立于 1986 年 2 月 25 日。1997 年 11 月更名为中国旅游饭店业协会（China Tourist Hotel Association），是中国境内的饭店和地方饭店协会、饭店管理公司、饭店用品供应厂商等相关单位，按照平等自愿的原则结成的全国性的行业协会。

协会主要任务：协调会员饭店间关系；研究、总结和交流饭店经营管理经验；组织业务培训；提供咨询服务；与国外饭店进行经验交流与合作；组织出版协会刊物。

4．中国旅游车船协会（CTACA）

原名为中国旅游汽车联合会，1988 年 10 月在桂林成立。1989 年 12 月更名为中国旅游车船协会（China Tourism Automobile and Cruise Association），是由全国境内的旅游汽车、游船企业和旅游客车及配件生产企业、汽车租赁、汽车救援等单位，在平等自愿的基础上组成的全国旅游车船行业的专业性协会，是非营利性的社会组织，接受国家旅游局、民政部的监督管理和中国旅游协会的业务指导。

协会主要任务：总结交流旅游车船企业的工作经验，收集国内外本行业信息，深入进行调查研究，向主管单位提供决策依据和积极建议；组织开展培训、研讨、考察和推广新经验、新技术及科研成果等活动，沟通会员间的横向联合，促进行业间的业务联网；指导下设专业委员会开展业务活动；开展与国际旅游联盟（AIT）等海外相关行业组织之间的交流与合作等。

5．中国旅游报刊协会（CATJ）

中国旅游报刊协会（China association of Touism Journals）成立于1993年8月25日，是以全国与旅游信息传播相关的报纸、期刊及相关的大众传媒单位为主，同时吸收旅游企业报刊参加，按平等自愿原则组成的全国性的专业组织。

协会主要任务：维护旅游信息传播工作者的合法权益；加强旅游报刊和传媒之间的联系和团结，总结交流有关经验，开展信息交流、专题调研、学术研讨、作品评奖、业务培训等活动，提高旅游信息服务的质量；组织旅游信息传播工作者学习我国旅游业的方针政策，进行实地考察和现场采访，报道我国旅游业的发展和成就，宣扬我国旅游行业的先进典型，促进社会主义精神文明建设，积极参与纠正旅游行业不正之风；提高大众传媒传播旅游信息的积极性，协助它们开展活动，不断扩大旅游信息服务的影响等。

在地方层次上，我国各省、自治区、直辖市大都成立了各种名称不一的旅游协会，如湖北省旅游协会、河南省旅游协会、四川省旅游协会等。这些地方性旅游协会的成员中，既有团体会员也有个人会员，这些成员多来自本行业的有关企业、与本行业密切相关的其他部门单位、旅游科研单位以及旅游教育机构等。这些协会在性质上也都属于非营利性的社会组织或民间团体，在开展工作上接受当地旅游行政组织的指导。

（三）其他旅游组织

除了上述旅游行政组织和旅游行业组织外，我国还设有一些全国性或地方性的其他旅游组织，现择其一二做简单介绍。

1．中国乡村旅游协会

原名为中国农民旅游业协会，于1987年12月在北京成立，1990年10月29日，更名为中国乡村旅游协会。该协会是由广大从事乡村旅游的专家、学者、知名人士和有关单位、团体等组成的全国性组织，具有社团法人资格。协会的宗旨是大力发展具有中国特色的社会主义乡村旅游业，探索国际、国内旅游业发展的新趋势，促进我国乡村精神文明和物质文明建设，为我国旅游业的全面发展做出贡献。

2．中国旅游文学研究会

原名为中国山水旅游文学研究会，成立于1987年，是一个从事旅游文学研究的全国性学术团体。该研究会的宗旨是团结全国旅游文学研究者，从事中国旅游文学和旅游文化的系统研究，为弘扬民族文化，建设具有中国特色的旅游文化事业服务。

此外，我国还有中国旅游未来研究会、中国旅游文化学会和高等旅游院校协作会等旅游学术与教育组织。这些组织为全国的旅游教育机构提供了一个信息交流、学术研究、共谋发展的服务平台，促进了旅游教育质量的不断提高，使人力资源的开发适应了我国旅游业发展的实际需要，为实现旅游强国目标和参与国际竞争提供了智力支持。

【阅读】

海南国际旅游岛建设

2007 年 3 月，海南省第五次党代会将国际旅游岛建设列入了“十一五”海南推进的四大改革，经过各方的共同努力，2009 年 12 月 31 日国务院颁发了《国务院关于推进海南国际旅游岛建设发展的若干意见》[国发（2009）44 号]（以下简称《意见》)，标志着国际旅游岛建设升格为国家战略，为海南经济社会发展带来了巨大的契机。

《意见》确立了海南国际旅游岛建设的战略定位。

（1）我国旅游业改革创新的试验区。

（2）世界一流的海岛休闲度假旅游目的地。

（3）全国生态文明建设示范区。

（4）国际经济合作和文化交流的重要平台。

（5）南海资源开发和服务基地。

（6）国家热带现代农业基地。

《意见》明确了海南国际旅游岛建设的发展目标。

（1）到 2015 年，旅游管理、营销、服务和产品开发的市场化、国际化水平显著提升。旅游业增加值占地区生产总值比重达到 8%以上，第三产业增加值占地区生产总值比重达到 47%以上，第三产业从业人数比重达到 45%以上，力争全省人均生产总值、城乡居民收入达到全国中上水平，教育、卫生、文化、社会保障等社会事业发展水平明显提高，综合生态环境质量保持全国领先水平。

（2）到 2020 年，旅游服务设施、经营管理和服务水平与国际通行的旅游服务标准全面接轨，初步建成世界一流的海岛休闲度假旅游胜地。旅游业增加值占地区生产总值比重达到 12%以上，第三产业增加值占地区生产总值比重达到

60%，第三产业从业人数比重达到 60%，力争全省人均生产总值、城乡居民收入和生活质量达到国内先进水平，综合生态环境质量继续保持全国领先水平，可持续发展能力进一步增强。

《意见》提出海南国际旅游岛建设的具体措施。

（1）加强生态文明建设，增强可持续发展能力。

（2）发挥海南特色优势，全面提升旅游业管理服务水平。

（3）大力发展与旅游相关的现代服务业，促进服务业转型升级。

（4）积极发展热带现代农业，加快城乡一体化进程。

（5）加强基础设施建设，增强服务保障能力。

（6）推进以改善民生为重点的社会建设，加快形成人文智力支撑。

（7）充分利用本地优势资源，集约发展新型工业。

（8）加强组织协调，落实各项保障措施。

【思考题】

1. 名词解释：旅游组织、旅游行政组织、旅游行业组织、世界旅游组织（WTO）。
2. 政府干预旅游业发展的原因是什么？
3. 政府干预旅游业发展的主要手段有哪些？
4. 旅游组织有哪些类型和职能？
5. 简述我国旅游行政组织的设置现状。
6. 简述我国旅游行业组织的现状。
7. 世界旅游组织的宗旨和任务是什么？

第七章 旅游的影响

【学习目标】

- 了解旅游业对目的地的经济、社会文化、环境所产生的影响
- 正确评价、认识旅游业对目的地各方面所产生的积极与消极影响
- 了解衡量旅游的发展对目的地经济影响的方法

【知识要点】

- 旅游业对目的地经济的影响及其评价
- 旅游业对目的地社会文化的影响及其评价
- 旅游业对目的地环境的影响及其评价
- 旅游乘数效应、旅游卫星帐户（TSA）

旅游业是社会经济发展到一定阶段的产物。随着人们生活水平的提高，旅游逐渐成为人们生活的必要组成部分，其所带来的问题也越来越受到社会的广泛关注。旅游业的影响是多方面的，对旅游目的地和客源地均产生不可忽视的影响。本章主要介绍旅游业对目的地的影响。不可否认，旅游业塑造和提升了旅游目的地的形象，给目的地带来各方面的效益。但旅游业的发展也是双刃剑。

第一节 旅游的经济影响

旅游业是推动世界经济发展的主要动力之一，也是目前世界发展势头最为强劲的产业之一。在我国旅游业已成为国民经济新的增长点，第三产业的龙头。我国把发展旅游业作为区域形象传播、招商引资、产业结构调整、解决社会就业等问题的突破口，许多地区已将旅游作为先导产业、支柱产业乃至主导产业来抓。虽然旅游业可成为一个国家或地区的支柱产业，但是不能作为当地唯一的支柱产业，因为社会动荡、经济危机等一系列不确定因素都会对旅游业的发

展产生重大的冲击。

旅游经济影响是旅游发展对一个国家或地区的经济体所产生的直接影响的总和，它是旅游所依赖的经济手段——支付能力的外部性表现。[①]据统计，2010年我国旅游业实现了平稳较快增长，国内旅游人数达 21 亿人次，同比增长10.6%；旅游业总收入 1.57 万亿元，同比增长 21.7%；旅游直接就业达 1 350万人；入境过夜旅游人数 5 566 万人次，同比增长 9.4%；旅游外汇收入 458 亿美元，同比增长 15.5%；出境旅游人数 5 739 万人次，同比增长 20.4%。2010年，中国已跃居全球第三大入境旅游接待国和第四大出境旅游消费国，旅游业对中国经济社会发展的积极作用更加凸显。

一、对目的地经济的积极影响

（一）扩大外汇收入，平衡国际收支

外汇是国际间用于经济结算的支付手段，包括外币和以外币表示的支票、汇票、有价证券等票据。一个国家拥有外汇数量的多少，标志着这个国家经济实力的强弱和国际支付能力的大小。在当前世界经济日益全球化，国际竞争不断加强的情况下，要想在激烈的国际经济竞争中立足，必须不断地开辟创汇途径，努力增加外汇储备。

通常情况下，一个国家获取外汇主要有三条途径。

- 贸易收入　即通过出口有形的物质商品换取外汇。
- 非贸易收入　即通过对外提供劳务和技术服务、承包工程、运输、国际保险、旅游、侨民汇款、外交人员费用、政府和私人的赠款等方面的外汇收入。
- 资本往来收入　即对外投资和贷款的收益。

旅游外汇收入是非贸易外汇收入的重要组成部分，有着特殊的优越性。不论是发达国家还是发展中国家，发展旅游业的一个主要目的是赚取外汇，改善国际收支状况。

旅游创汇与传统的商品出口相比所显现出的优越性主要有以下几点。

1. 换汇成本低

旅游出口是一种无形贸易，旅游者必须来旅游产品的生产地才能进行消费，这样就避免了商品外贸过程中所必不可少的运输、仓储、保险费用等项开支和各种损耗问题。同传统的商品出口换汇的情况相比，旅游产品的换汇成本低，

---

① 谢彦君.基础旅游学[M].北京：中国旅游出版社，2004:323.

一般情况下，其成本是外贸商品出口换汇成本的 2/3 左右。

表 7–1　2010 年中国内地各省（市、区）国际旅游（外汇）收入情况

省（市、区）	外汇收入/万美元	同比增长/%	名次
北京	504 461	15.79	3
天津	141 951	20.03	9
河北	35 071	13.94	22
山西	46 460	22.93	20
内蒙古	60 190	7.81	18
辽宁	225 933	21.72	7
吉林	30 492	25.51	25
黑龙江	76 250	19.39	14
上海	634 092	33.66	2
江苏	478 343	19.11	4
浙江	393 020	21.92	5
安徽	70 898	25.30	16
福建	297 824	14.58	6
江西	34 603	19.42	23
山东	215 504	22.08	8
河南	49 877	15.18	19
湖北	75 116	47.23	15
湖南	90 622	34.72	12
广东	1238 261	23.48	1
广西	80 615	25.31	13
海南	32 236	16.52	24
重庆	70 320	30.90	17
四川	35 409	22.71	21
贵州	12 958	17.33	27
云南	132 365	12.92	10
西藏	10 359	31.58	28
陕西	101 596	31.76	11
甘肃	1 481	18.15	30
青海	2 045	32.58	29
宁夏	599	35.32	31
新疆	18 542	35.71	26

资料来源：中华人民共和国国家旅游局官方网站资料。

2. 换汇速度快

在传统的商品出口中，出口商品与支付款项的流向是相反的，从发货到结算支付往往要间隔一段较长的时间。而在旅游出口中，旅游产品不发生空间位移，旅游者的流向和支付款项的流向是一致的，即都是从客源国（或地区）流向目的地国（或地区），旅游者需要采用预付或现付的方式结算，因此目的地国（或地区）能立即得到外汇，资金可及时投入到周转使用中去。如图 7-1 所示。

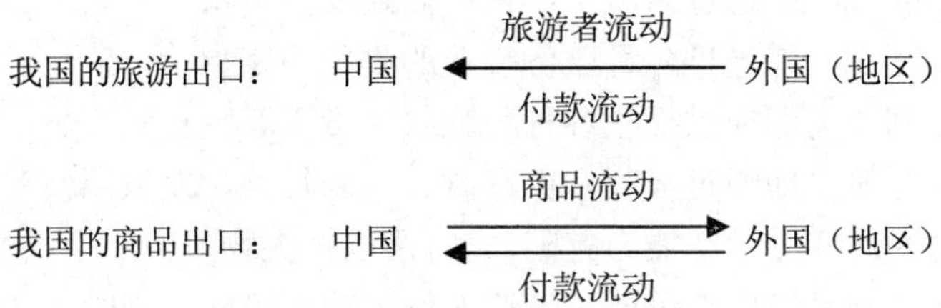

图 7–1　我国旅游出口与商品出口流程图

3. 不受进口国关税壁垒的影响

在传统商品出口中，进口国通常会对进口商品实行配额限制，超过这一数额，便会提高进口商品的关税。此外在对进口商品没有配额限制的情况下，为了控制商品进口量，进口国也会以调高进口关税为常用手段，这就是所谓的关税壁垒。而旅游出口就不受贸易保护主义的干扰、出口配额的限制和关税壁垒的影响。

4. 资源消耗相对较少

旅游业提供的是不需要运输到国外的观光和服务产品，这决定了其资源消耗结构方面的巨大优势。如果利用得当，资源就能够被持续利用。这是商品出口所不能的。

国际收支是指一个国家或地区在一定时期（通常为 1 年）同其他国家或地区经济往来的全部收入和支出。在国际经济往来中，收入大于支出时，国际收支差额表现为顺差或剩余；反之，国际收支差额则出现逆差或赤字。

造成国际收支不平衡的原因是多种多样的，对于大多数发展中国家来说，一方面由于经济技术比较落后，物质商品出口量有限；另一方面为了发展本国经济，又必须进口一些外国的先进技术和设备，因而往往造成国际收支出现赤字。因此发展旅游进行积极创汇，对于弥补贸易逆差、平衡国际收支具有积极意义，特别是对于发展中国家和地区更为重要。

（二）扩大内需，加速货币回笼

在商品经济社会中，任何一个实行纸币制的国家或地区，政府都要有计划地投放货币和回笼货币，控制货币流通量以防止可能出现的通货膨胀及由此引起的货币贬值。因此，国家必须监督和控制货币的投放与回笼，以保持社会上流通的货币量与流通的商品量协调一致，进而维护社会经济的正常运行。

国家回笼货币一般有四个渠道。

- 商品回笼　即通过组织生产各种商品换回货币。
- 服务回笼　即通过各种服务行业的收费回笼货币。
- 财政回笼　即通过征收各种税款收回货币。
- 信用回笼　即通过吸收居民存款、收回贷款、发放国债等回笼货币。

在国家的物质商品生产能力有限，一时难以扩大物质商品投入量的情况下，发展旅游业（特别是国内旅游业）转移人们的购买趋向，鼓励旅游消费，是商品回笼货币的一个有益补充，这不仅可以节省大部分物化劳动，而且还能满足人们的需要。

国内旅游拓宽货币回笼的渠道主要体现在两个方面，即加速货币回笼速度和扩大回笼货币量。因为旅游业是满足人们享受和发展需求的行业，消费水平高，消费面广，可以通过提供少量的商品供应和大量的服务达到回笼货币的目的。因此当今世界各国都十分重视国内旅游业的发展，借以拉动内需，加速货币回笼，促进国内市场的繁荣和稳定。

（三）增加国家财政收入，增加政府税收

1992 年，旅游业以年流量 5 亿人次、年消费 3 000 亿美元，就业人数 1.2 亿的规模正式宣告超过石油、汽车等传统产业，成为世界第一大产业，在国民经济中的地位凸显出来。旅游收入是国民收入的重要来源，其中一部分来自国际旅游收入，一部分来自国内旅游收入。

税收是国家财政收入的主要来源，是政府增加对经济发展和公共事业的投资以维护国家机构正常运转的主要经济来源，而发展旅游是增加国家税收的渠道之一。国家的旅游税收目前主要来自两个方面：一是对游客直接征收的税与费，主要包括入境签证费、出入境时交付的商品海关税、机场税等；二是对旅游企业征收的营业税和所得税等。

（四）旅游业可带动其他产业发展

旅游业是一项综合性产业（图 7-2），对相关产业有很强的带动作用，它不仅能带动物质生产部门的发展，而且能带动第三产业的迅速发展。一方面，旅游业的飞速发展对基础设施的需求非常强烈，必须建立在物质资料生产部门的基础之上，只有具备一定的物质生产条件才能为旅游业的发展提供更好的服务，进而促进社会经济的发展；另一方面，旅游业作为国民经济中的一个独立综合性的产业，辐射面广，对相关行业的渗透作用也更为明显。根据世界旅游组织的资料显示，旅游业能够直接或间接影响的行业一共有59个，其中能够直接影响的行业有12个，这些行业包括交通运输业、商业服务业、建筑业、金融业、公共设施服务业、餐饮业、旅馆业、轻纺工业等。

（五）优化产业结构，增加国民就业机会

产业结构是指不同产业及产业内不同企业之间的关系结构。第一产业部门所属的各产业（农林、牧渔业）为经济增长提供基础原料，是整个经济活动的基础，同时也是经济发展的起点；第二产业即加工制造业所属各产业的活动是第一产业活动的继续，构成经济深层次活动的主要内容，在一定条件下，它的发展成为整个经济发展水平的主要标志；第三产业是第一、二产业以外的，以服务业为主的其他产业。当代旅游业的飞速发展对世界产业结构的变化发挥着越来越大的影响，在优化产业结构中具有重要的地位。

在我国经济体制改革和现代化建设过程中，就业问题始终是一个非常严峻的问题。由于第一产业和第二产业吸收待业人口的能力有限，解决就业问题的关键就在于发展就业成本相对较小的劳动密集型的第三产业。

旅游业是第三产业的重要组成部分，属于劳动密集型行业，在提供就业机会和解决就业问题方面具有重大意义。旅游业不仅能提供大量的直接、间接的就业机会，而且其就业层次较多，就业门槛较低，吸纳大中专学生和城乡新增劳动力就业的作用尤其明显。根据世界旅游组织统计，旅游直接收入与其带动的综合收入比例是1:7，旅游饭店每增加1张床位，就能直接带动1个就业岗位，同时还能间接带动3个就业岗位。

（六）缩小地区差距，有利于区域经济的合理布局与发展

世界不同国家和地区，或一个国家的不同地区，由于受自然条件、开发历史等方面因素的影响，其经济发展水平不平衡，制约着社会的全面进步。旅游在缩小这种地区差别方面能够起到一定的积极作用。旅游业的发展，促进经济发达地区的人流、物流和资金流导向欠发达地区，有利于提高区域经济水平，促进区域间的经济合作与社会协调发展。一般而言，经济较发达的地区外出旅游人数较多，经济落后地区外出旅游的人数较少。当发达地区的居民前往经济落后地区旅游时，他们所进行的旅游消费不仅刺激了当地旅游业的发展，而且也在一定程度上带动了落后地区整个社会经济的发展，进而促进区域经济布局和协调发展。

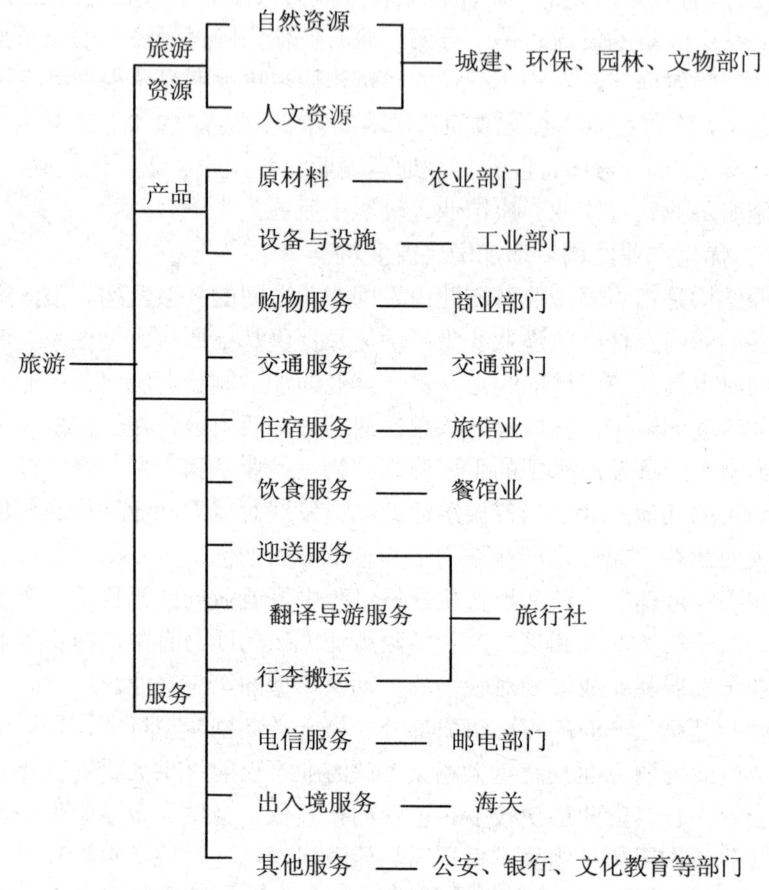

图 7–2 旅游业的综合性

资料来源：保继刚，楚义芳，彭华. 旅游地理学[M].北京：高等教育出版社，1993.

旅游扶贫是一种特殊的扶贫形式。在我国贫困地区大多在山区、半山区、荒漠化地区和少数民族聚集地区。交通不便、产业基础薄弱等是造成这些地区贫困的重要原因，但与此同时，这些客观原因也使这些地区得以保存了比较原始的地形地貌、人文景观和特色鲜明的风土人情。所以在分析研究我国旅游资源的分布情况时就会发现，我国蕴藏丰富旅游资源的地区与贫困地区有很大的重合性，这种资源分布的特点，就在“发展旅游业”与“扶贫”之间建立了联系。据不完全统计，目前我国通过发展旅游业脱贫致富的村庄超过 12 000 个，有600多万人摆脱了贫困。

旅游扶贫是一个新事物，发展前景看好，但必须遵循旅游内在的运行规律，考虑当地支持发展旅游业的承受能力，必须具备许多配套条件，循序渐进地进行，而不切实际地铺摊子式开发，必将造成损失。

（七）改善投资环境，增强国际间的交流合作

旅游业的发展可以从多方面改善投资环境，如吸引外资，扩大出口，加深国际间经济交流与合作。国际旅游业是对外开放的“窗口”。发展国际旅游业能加深各国人民之间的了解，并从中获得各种经济信息，为企业界和投资公司到旅游目的地投资和发展经济合作提供了决策依据。

旅游对投资环境的改善表现在如下方面。

第一，旅游业提供了开展经济合作的必要物质条件，发展旅游业必定会加快通信、交通、电力等市政基础设施和饭店、公寓、写字楼、娱乐场所等旅游设施的建设，这为外商投资、经商、谈判、考察等提供了食、住、行等多方面的良好条件。

第二，国际旅游业促进了各国人才和信息的交流。旅游者中有大量的科学家、学者、企业家。这些人带来了许多最新的科技信息和技术，通过与他们的交流，密切了相互之间的关系，促进了中外经济、文化和科技的发展。

第三，旅游经济本身的特性决定其最容易吸引外商的投资。

二、对目的地经济的消极影响

（一）外汇漏损

漏损（loakage），就是旅游外汇收入流失到国外的部分。旅游外汇漏损一般包括以下几种形式。

- 旅游者所用的进口商品的成本，例如进口水果、香烟、饮料。
- 旅游设施资本投资的外汇成本，例如卫生设备、电脑系统、电梯、汽车等。
- 以下列形式支付而带出国的费用：
  - a．外国旅游公司汇出国的利润和资本；
  - b．外国员工汇出国的工资；
  - c．外国贷款的利息；
  - d．管理费和其他费用；
  - e．支付外国旅行社和代理商的费用。
- 国外广告、推销费。

- 国外培训员工费。
- 本地居民对进口商品的额外消费，这是由于旅游示范效应改变了本地人的消费模式造成的。

此外，如果国家政策和管理措施不当，或者产业结构不合理，在缺乏资金、技术、人才的情况下，靠进口物资、引进资金、技术、人才进行旅游开发，那么旅游外汇收入就会大量漏出，即流失到国外。

（二）引起物价上涨，造成通货膨胀

由于外来旅游者的收入较高，消费水平一般高于旅游目的地的居民，他们在旅游过程中节俭的行为减少，受攀比心理等旅游消费心理的影响，往往愿意以较高的价格购买各种产品和服务。所以在旅游旺季或经常有旅游者来访的情况下，必然会造成旅游目的地的蔬菜、副食品和其他消费品价格上涨，交通、商店、公共娱乐场所拥挤。

随着旅游业的发展，目的地需要建设诸如饭店、餐饮和娱乐设施，占用的土地必然随之增加，其结果也会引起土地价格上涨。很多国家的大量事实证明，在某些最初来访游客不多的地区兴建旅馆时，对土地的投资只占全部投资的1%。但是当这些地区的旅游业发展起来之后，新建旅馆的土地投资很快上升到占全部投资的20%。

（三）过分依赖旅游业影响国民经济稳定

旅游业是敏感、脆弱的产业，任何国家或地区如果过分地依赖旅游业，从长远来看都是一种风险战略，特别是像我国这样的大国更是如此。

旅游需求具有不稳定的特点，在很大程度上取决于客源地居民的收入水平、闲暇时间和旅游的动机与意愿，此外还会受其他一些因素的制约，例如政治、社会、战争、恐怖活动、自然灾害等，而这些都是旅游目的地国家或地区不能控制的。如果客源地经济出现不景气或衰退，政府又采取限制出境旅游的措施，或者某个因素发生不利变化，都会使旅游需求大幅度下降，旅游业乃至整个国民经济都将受到破坏。如2003年由于“非典”疫情影响，我国旅游业损失2768亿元，因我国经济的综合性强，国民经济整体仍然保持增长，如果过分依赖旅游业，对国民经济的打击将是惨重的。因此，一个国家或地区不宜完全或过分依赖旅游业来发展自己的经济。

（四）造成产业结构失衡，对就业产生不利影响

在原来以农业为主的国家和地区发展旅游业，为当地居民提供了很多就业机会，并且居民从事旅游服务的收入往往会高于务农收入，这将导致大量劳动力由农业转向旅游业，引起产业结构的变化。导致的结果是，旅游业的发展加大了对农副产品的需求，但是农副产品的产出能力下降，再加上涨价的压力，很容易会影响社会的安定与经济的发展。

旅游业发展虽然会给目的地增加就业和收入，但是目的地居民在旅游业中所从事的大多是较为低层的工作，如餐饮服务、客房服务、交通服务等，很少能够获得收入较高的管理职位。

另外，旅游业具有很强的季节性，这不仅对旅游业产生不利的影响，而且会对旅游目的地产生负面的经济效应。明显的季节性使旅游从业人员的工作时间仅限于一年内的部分月份，在旅游淡季会出现大批的劳动力和生产资料的闲置，甚至还会出现严重的失业问题，从而给目的地带来严重的经济社会影响。

三、旅游的经济影响评价

国际上关于旅游对接待国或地区经济效应的评价方法很多，下面介绍一些较为常用的方法以及评价指标。

（一）旅游乘数效应

1. 旅游乘数理论

“乘数”（multiplier）的概念最早是英国经济学家卡恩（Kahn）于 1931 年提出的。通俗地讲，由于国民经济各部门的相互联系，其中每一个部门最终需求的变化都会自发地引起整个经济中产出、收入、就业以及政府税收等各方面水平的相应变动，后者的变化量与引起这种变化的最终需求变化量之比即是乘数。而所谓“旅游乘数”，就是用以测定单位旅游消费对旅游接待地区各种经济现象的影响程度的系数，它是指产出、收入、就业和政府税收的变化与旅游支出的初期变化之比。

对于旅游接待国或地区来说，国际来访游客的旅游消费作为无形出口贸易的收入，使外来资金“注入”到接待国或地区的经济中。这种资金注入可增加接待国或地区的收入，并通过在接待国或地区经济中的流转，刺激该国家或地区经济的发展。旅游乘数效应反映的就是游客旅游消费过程中这种“注入”资金在接待国或地区经济系统内渐次渗透，从而刺激经济活动扩张，提高整体经济水平的过程。按照“注入”渗透的先后顺序，可以将旅游乘数效应的作用过程分为直接效应、间接效应和诱导效应三个阶段。

（1）直接效应阶段

国际游客在接待国或地区的住宿、参观、出行、购物、餐饮等进行的直接旅游消费，首先会成为该国或地区旅游企业的营业收入，这些资金通常都会有多种流向。出于未来营业的需要，旅游企业必须将其中一部分资金用于采购物资和补充库存，用于维修自己的设施设备，用于向政府缴纳各种税金和支付员工工资，以及用于向其他部门支付有关费用。此外，旅游企业在聘有外国雇员或在外国公司企业参加经营管理或欠有外债的情况下，也要向对方支付有关款项。因此，这些资金有一部分又漏损到国外，上缴政府的税金和用于储蓄的部分亦被视为漏损。

（2）间接效应阶段

第一轮漏损后的“注入”资金经过进一步分配仍将留存在接待国或地区的经济体系之内。那些与旅游企业发生业务往来的其他经济部门的企业便是“二次受益者”。为了满足新的市场需求，这些企业必须要增添雇员或对现有雇员支付加班工资以扩大再生产，同时也要将相当一部分增加的营业收入用于补充原材料、维修生产设备、缴纳税金、支付其他营业费用等，从而启动下一轮的经济活动。随着旅游收入在接待国或地区经济中的渐次渗透，该国或地区的经济产出总量、就业机会和家庭收入便会增加。

（3）诱导效应阶段

诱导效应是指旅游收入引发的连锁反应。随着本国或地区居民工资收入的增加，其消费也随之增加。由于部分工资收入用于购买本国或地区生产和提供的商品和服务，从而进一步刺激本国或地区经济活动的扩大，这也使得有关企业的营业量得以扩大，并导致收入和就业机会的进一步增加。这些诱导效应的作用非常可观，据有些国家和地区的测算情况表明，诱导效应的增收作用相当于间接效应的 3 倍。

上述间接效应和诱导效应合在一起有时被称为“继发效应”（Secondary Effects）。旅游乘数便是用以测定旅游消费（即接待国或地区的旅游收入）所带来的全部经济效应（直接效应+继发效应）大小的系数。这一过程如图 7-3 所示。

2. 旅游乘数的基本类型

在对旅游经济影响的评价工作中，经常使用到的旅游乘数有以下 5 种。

（1）营业额或营业收入乘数　表示的是单位旅游消费额同由其所带来的接待国或地区全部有关企业营业收入增长量之间的比例关系。

（2）产出乘数　同营业收入乘数非常类似，但测定的是单位旅游消费同由其所带来的接待国或地区全部有关企业经济产出水平增长程度之间的比例关系。这两种乘数的不同点在于，营业收入乘数所测定的只是单位旅游消费对接待国或地区经济的直接效应和继发效应，所导致的全部有关企业营业收入总额的增长量；而产出乘数既考虑这些企业营业总额的增长情况，同时也考虑它们有关库存情况的实际变化。

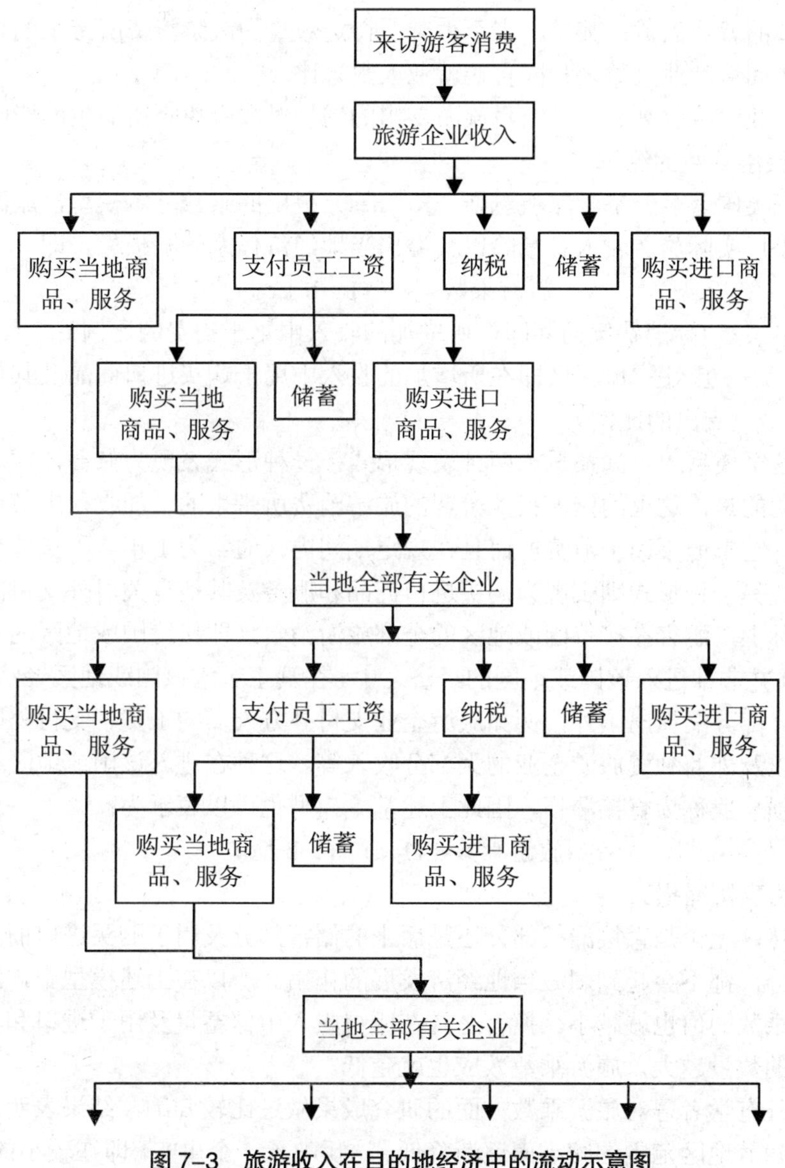

图 7–3　旅游收入在目的地经济中的流动示意图

资料来源：李天元. 旅游学[M]. 北京：高等教育出版社，2002.

（3）收入乘数　表示的是单位旅游消费同其所带来的接待国或地区净收入变化量之间的比例关系。

（4）就业乘数　这一乘数有两种用法：其一，表示某一特定数量的旅游消费所创造的就业人数；其二，表示由某一特定数量的旅游消费所带来的直接就业人数与间接就业人数之和同直接就业人数之比。

（5）政府税收乘数　是衡量旅游支出的增加对政府税收所产生的影响。

3. 旅游乘数的测算

根据英国著名经济学家凯恩斯（Keynes）提出的乘数基本模型，旅游乘数的计算是用实际旅游收入总量除以其溢出当地经济体系的漏损量，即：

$$旅游乘数=1/(1-b+c)$$

其中　b——边际消费倾向（即在所增加的收入中用于消费的比例）；

c——边际进口倾向（即在所增加的收入中用于购买进口商品及其他对外支出的比例）。

在这个模型中，漏损量有两种表现形式：一种形式表现为储蓄，即 1-b。需要说明的是，这里的储蓄指从游客的旅游消费所带来的增加收入中节余下来的部分。它不但不用于消费，而且在规定期间内（通常为 1 年）不贷放给其他用款人。另一种形式则表现为购买进口商品和服务及其他有关对外支付的支出额。实际上，游客在接待国或地区的全部旅游消费（即接待国或地区的直接旅游收入）并非都进入该国或地区的经济之中。在真正进入该国或地区经济之前，便已有一部分漏损出国外，例如旅游企业支付外方人员的工资、支付外国贷款利息，以及外商独资旅游企业的大部分收入等。这种在进入该国或地区经济之前的漏损一般称为直接漏损，因此上述基本模型也可以表示为：

$$旅游乘数=(1-a)/(1-b+c)$$

其中 a 为直接漏损。

显然，无论是直接漏损部分还是后来的储蓄部分及用于购买进口商品和服务的部分，都不会起到刺激当地经济发展的作用。所以在上述模型中，漏损量越大，乘数的值也就越小。换言之，在所得收入中储蓄量及用于进口和其他对外支付的数量越大，旅游乘数效应也就越低。

国外有学者曾对旅游乘数方面的研究成果做过比较归纳，结果表明，旅游乘数值随着地区范围的缩小而逐渐降低。这反映了一个事实，即在较小的地区，由于经济自给能力较差，漏损就表现得相对较为突出。

（二）旅游卫星账户（TSA）

1. 旅游卫星账户概念

旅游卫星账户（Tourism Satelite Account，简称 TSA）是指在国民账户之外，按照国际统一国民账户的概念和分类要求单独设立的一个虚拟账户，它通过将所有与旅游消费相关部门中由于旅游消费而引致的产出部分分离出来，单列入这一虚拟账户，来准确地测度旅游业的经济影响。

一般来说，TSA 可提供如下几个方面的数据。

- 旅游业对 GDP 的贡献率。
- 旅游业的总体规模。
- 旅游活动引致的就业数量。
- 与旅游业相关的公共及私人投资额。
- 国际旅游收入对本国平衡国际收支的贡献。
- 旅游业所带来的财政税收。

2. 旅游卫星账户的特点

（1）统一性　即它与国民账户体系相统一。旅游卫星账户所使用的定义、分类和结构完全与国民账户体系相一致，所以现有的大量统计数据都能直接应用到卫星账户的建设中来。

（2）可比性　由于旅游卫星账户与国民账户相统一，即它与其他经济部门采用了同样的统计标准，因而得出的数据可以和其他经济部门直接比较；在各国普遍采用国际统一的国民账户标准的情况下，它又使得各国旅游业之间也可以进行统一标准的比较。

（3）虚拟性　即它并非重新调整原有的国民账户体系，而是在国民账户之外单独设立的虚拟账户。这个特点使得可以在不打乱原有结构和组织体系的前提下，利用卫星账户统计旅游活动所影响到的广泛行业部门，真实地反映由旅游消费所引致的经济影响，在原有统计体系中被忽略的部分旅游产出将得到全面反映。

3. 旅游卫星账户的作用

（1）旅游卫星账户可以通过测算出合理的旅游活动规模，提供国际通用的、与其他经济部门同样具有说服力的关于旅游业产出的确凿事实与数据，提高旅游业的产业形象，提高人们对旅游业的认识和重视程度，特别是为增强政府决策部门对旅游业的重视提供事实依据，它还将成为旅游主管部门认识和宣传旅游业重要性的有效手段。

（2）由于旅游卫星账户可以为政府和私营部门的政策制定和经营决策提供翔实的信息支持，旅游卫星账户的开发和应用将提高各国旅游行政部门的管理能力和旅游企业的经营决策水平。

（3）它具有较高的研究和推广价值。作为首先引入卫星账户的部门，旅游行业在这一方面所开展的研究和探索，将为卫星账户在其他领域中的应用打下基础；作为国民经济统计体系中的新方法和新工具，“旅游卫星账户”统计方法的建立、发展和完善，也将成为经济统计科学研究方面的宝贵财富。

（三）可计量一般均衡模型

可计算一般均衡模型（Computable General Equilibrium，CGE）产生于 20 世纪 60 年代初，是为了解决市场价格变动与宏观经济活动的时滞性问题而产生的宏观经济模型。目前，可计量一般均衡模型得到世界银行、世界贸易组织、经济合作发展组织等的认可和应用，在对国际贸易、经济发展、公共财政、宏观经济和自然资源管理的研究方面，它是一种很有意义的分析工具。从适用性来看，投入产出分析虽然根植于微观经济的静态均衡观念，但是它可以较好地揭示跨部门的宏观经济联系。更重要的是，可计量一般均衡模型作为一种扩展的投入产出分析模型，可胜任很多尺度的区域经济研究。

CGE 模型有如下几个特征。

（1）模型把宏观经济系统的整体作为分析对象，包括了所有市场主体、价格及其要素的供给、需求关系，这是一般均衡分析不同于局部均衡分析的关键问题。

（2）从模型构成的角度，CGE 是在经济系统优化条件约束下的一组方程组来描述供给、需求以及市场关系，包括几类总体均衡约束，即总体要素需求与供给均衡、储蓄与投资的平衡、政府财政收支平衡、国际收支平衡等。

（3）模型给出的均衡值决定了相对价格水平，因而模型中动态的价格“分子”确定了总体价格水平，从而模拟了现实当中动态的变化趋势。

（4）在数据结构上，为了准确地描述和校对各行为主体的收支均衡关系，CGE 模型数据主要取自投入—产出表或者已经建立的社会核算矩阵（SAM）。

（5）产业内部资源要素流动的解析能力是 CGE 模型的主要优势，因而能在总体经济系统均衡的条件下清晰地追踪分析产业的内部要素流动。

此外，盘存/预算法、投入产出分析、经济基础分析、费用效益分析、社会核算矩阵、产业附加值率测算法、旅游增加值剥离测算法等方法也可以用来评价旅游对接待国或地区经济效应，它们都有各自的优缺点及适用范围。

第二节　旅游的社会文化影响

旅游业的发展不仅对旅游目的地的社会经济产生巨大影响，而且对旅游目的地的社会文化也产生不可忽视的影响。20 世纪 70 年代，当西方国家出现了旅游负面社会效应时，旅游的社会文化影响才开始受到人们的重视。人们开始对旅游的非经济影响进行研究和探讨，开始关注旅游目的地国家居民和游客之间的关系，特别是这种关系所引起的社会文化影响。发展旅游业一方面推动了目的地社会文明的不断进步；另一方面也给当地的社会文化带来了一系列的负面影响。

旅游目的地，是旅游者所要到达和游览的地方，也可以指某个特定的区域。旅游地开展旅游后的社会文化是旅游者所携带的异质文化和当地文化相互碰撞、交融和整合的结果。旅游的社会文化影响主要指旅游活动对旅游目的地的社会结构、价值观念、生活方式、习俗民风和文化特征等方面的影响。旅游活动的进行必然伴随着旅游者与旅游地居民的社会交往，在双方的交往过程中，他们所受到的影响强度是有差异的。旅游者与当地居民的接触是短暂的，其受到的影响是微弱的，并且会逐渐消失；但是目的地居民与旅游者的接触却是连续不断的，他们受到的影响很大且不容易消失。

一、对目的地社会文化的积极影响

（一）促进传统文化的保护与发展

文化是旅游活动的核心与灵魂，对于任何一个国家来说，能激发境外旅游者的旅游热情与兴趣的最主要和最具有魅力的因素，就是这个国家的民族文化景观、民族文化内涵以及民族文化特色。旅游活动与传统文化的发展有密切的联系，现代旅游发展依赖于传统文化的支持。如在2011年3月15日结束的“第四十五届柏林国际旅游博览会”上，中国元素倍受青睐，我国的传统文化元素吸引着外国游客。我国是一个历史悠久的国家，祖先为我们留下了无数民族文化瑰宝。据国家文物部门统计，全国地上和地下的不可移动的文物有近40万处，由于历代的战乱，不少地上文物遭到了不同程度的破坏。

旅游者外出旅游，很重要的动机就是求新、求异，之所以选择到某地旅游，必然是因为该地有能够吸引旅游者的事物存在，尤其是当地特别而又神秘的传统文化。大量游客的涌入所带来的对当地传统文化的需求，使得当地居民逐渐意识到本民族传统文化不可替代的价值，从而更加珍视自己的传统文化，产生了维护传统文化的责任心和使命感，保护传统文化的自觉意识不断增强。于是许多濒临失传的传统精神、物质文化得到挖掘、复苏、保护和传承。如恢复和发展已经被人遗忘多年的传统节会和健康文明的民风民俗；重视和挖掘具有地方特色的音乐、戏剧、舞蹈、体育和手工艺品；修缮和维护濒临湮灭的古代建筑和文物古迹；搜集和编纂美丽动听的轶闻趣事和传说故事等。

（二）对目的地社会和居民产生积极影响

1. 直接参与旅游业的家庭结构发生变化

从社会分工的角度看，旅游业改变了目的地妇女对自我角色的原有认识。由于旅游业的发展使原来只从事家庭劳动的妇女以出售旅游工艺品、旅游接待、民俗表演等方式加入到旅游行业中。妇女参与旅游业之后，为家庭增加经济收入，家庭地位较以前有了提高，获得了更多的发言权，其思想和价值观也发生了改变，人际交往关系、视野、见识也不断扩大。

2. 改变传统观念、社会意识和生活方式

由于旅游活动的开展，大批旅游者的进入，带来了先进的思想和生活方式。目的地居民在长期与游客的接触中不断受到影响，其传统观念、社会意识和生活方式也逐渐发生了变化，一些目的地居民原有的陋习、恶俗得到净化，如一些旅游地居民存在卫生习惯非常不好，说话不讲文明等。

需要指出的是，这里的生活方式包括物质生活和精神生活两个方面：物质生活主要指衣食住行、劳动工作、休息娱乐、社会交往、待人接物等；精神生活包括价值观、道德观、审美观以及与这些观念相适应的行为方式和生活习惯等。

3. 正面的“示范效应”

“示范效应”是指旅游者以其自身的意识形态和生活方式介入旅游地的社会之中，引起旅游地居民的思想变化，并产生各种影响。示范效应是旅游对社会发生影响的主要途径。对于落后地区来讲，旅游者良好的道德修养、行为举止、卫生习惯、经营意识产生的积极的示范效应有助于提高旅游地居民的素质。

4. 增强目的地居民爱国、爱家精神，发扬优良的民族精神

任何国家和民族都有值得本民族人民骄傲的自然风光和历史文化遗产，本国或本地人民通过游览，可以切身感受到祖国、家乡优美的风光和深厚的文化底蕴，从而激发出的对祖国、家乡的强烈热爱之情。如我国的红色旅游，可以使旅游者了解历史，增长革命斗争知识，学习革命斗争精神，培育新的时代精神。

（三）增进各国、各民族的相互了解，促进文化交流

不同国家、不同民族、不同地域之间的文化差异，是旅游活动的推动力。旅游者到异国他乡旅游，目的之一就是学习和了解那里的文化，如风土民情、生活习惯、饮食文化、服饰文化、民居文化、民间艺术、景观文化、文学艺术、历史文化及社会文化等。

国际旅游是国际交往的形式之一，国际交往主要有三种形式。

● 政府之间的往来，属官方外交，其形式受到国际惯例、外交礼节规范、国家外交政策等限制。

● 社会集团之间的交往，属半官方外交。

● 民间个人交往。

旅游是实现和加强国家之间、地区之间交往的一条重要渠道，是一种特殊的民间交往形式，具有广泛性、群众性、灵活性、平等性和直接性等特点。旅游往往是实现其他各种交往的先导，即它常常为其他各种交往（如社会、经济、文化、科技、教育）甚至外交创造机会和条件。

旅游是文化传播的重要形式也是文化传播的主要导体，旅游业的发展使具有不同区域文化背景的旅游者到目的地旅游，有助于广泛的社会文化交流，推动社会文明的发展，加强不同国家、不同民族、不同地域人民之间的相互理解、交流与合作，消除因不了解而产生的偏见和误会，促进民族团结、国际和平。

（四）推动科学技术的交流、融合与发展

旅游活动不仅促进文化交流，而且与科学技术的交流也有着紧密的关系。科技的发展是旅游业发展的前提和条件，同时旅游发展又成为现代科技传播、交流的重要手段。旅游的发展离不开科技发展所提供的先进设备和仪器，而科技交流的广度和深度也离不开旅游这个平台。在当今知识经济时代，旅游，特别是国际旅游，积极地促进了学术、文化信息的传递，一些先进的科技成果也由此得以广泛传播。在游客中，不乏有各行各业的专家、学者和技术人员，通过他们与旅游目的地有关领域的相关单位的人员进行交流、座谈，相互学习，实现了目的地和客源地的科学技术、信息、经验等的有效交流。

（五）促进社会环境改善，提高人们生活质量

为了适应旅游发展的需要，旅游目的地的基础设施不断改善，生活服务设施不断增加，卫生条件和污染的治理得到加强，社会治安和社会秩序得到整治，精神文明建设也不断加强，这不仅满足了游客的需要，也改善了当地居民的生活环境。

社会进步和科学技术的突飞猛进使人们的生活方式、工作方式发生了变化，人们更加注重生活质量的提高。随着人们旅游认知的变化，越来越多的人将旅游与提高生活质量、实现生命价值结合在一起。旅游是人们一种高层次的需求，是现代社会生活的重要内容，能够使人摆脱城市生活压力，已成为社会化大众活动。作为现代生活的形式，旅游调剂了人们繁忙的生活，提高了生活质量，使旅游者开阔眼界、增长见识，进一步改变了人们的世界观，提高人们的思想修养，进而提高整个民族的素质。

二、对目的地社会文化的消极影响

（一）对传统文化产生的消极影响

传统文化是目的地社会在其长期的历史发展过程中逐渐形成和发展起来的，形成于特定的历史时期和特定的社会背景之中，一旦形成则具有相对稳定性和鲜明的地域特征。旅游活动的开展，在促进传统文化复兴的同时，也给当地的传统文化带来了一系列的负面影响，这类影响广泛、深入，将影响到目的地社会的可持续发展。

1. 外来文化的植入导致传统民族文化的弱化乃至同化

旅游是异质文化之间相互碰撞的活动，在异质文化的强力冲击下，特别是强势文化对弱势文化的冲击，由于旅游地大多是不发达地区，而游客多来自比较发达的地区，所以游客所在地的文化对旅游地文化的冲击更为明显。目的地居民往往屈从于游客的态度、价值观并且有意无意地迎合其需求，这样目的地传统民族文化发生变化，从外在的衣着、建筑及生活方式到内在的语言文字、思想、意识等都与强势文化越来越像，以致当地优秀的传统文化被逐渐弱化、同化甚至扭曲、变形。

2. 传统文化的舞台化、商品化

民族传统文化是重要的旅游资源，是旅游业发展的基础，具有特色的民族传统满足了现代人求新、求异、求知心理的需求，满足了旅游者高层次的文化追求。根据国家旅游局的一次抽样调查，国外旅游者认为最具吸引力的中国旅游吸引物是风景名胜、文物古迹的占30%，认为是民俗风情的占70%。由此可见，我们这个东方文明古国数千年悠久历史所形成的中国人独特的思维方式和风俗习惯，是海外来华旅游者最向往的。

但是，为迎合旅游业发展的需求，艺术品、烹调、建筑形式、文物古玩等物质形式文化被任意夸大歪曲，粗制滥造，质量降低，甚至出现赝品，传统技艺也逐步面临失传的危险；本来应该按照传统的方式，在特定的时间、地点、场合及意义下进行的传统的民间习俗、节庆活动、宗教等目的地所特有的活动被随意改头换面，不分时节任意进行，直接导致了传统文化的肤浅化、庸俗化，失去了其本身的意义和价值。如傣族的泼水节被搬到昆明“郊野公园”作旅游文化活动项目开发时，却成了“倒水节”：游客各自拿着水桶、水盆，将水从对方的头上浇下，或是将人推到水池中，一圈人围着“泼”，完全失去了“柳枝洒水”，以示祝福的文化意境。这样不仅欺骗了游客，而且使古朴的民俗文化和民族风情面临过度商业化的侵蚀，给传统文化的可持续发展埋下了致命的隐患。

殊不知游客前往某地旅游，期望看到的正是当地最原始、新鲜、奇特、罕见的文化资源，而不是动辄投资过亿、场面宏大、气氛热烈而无实质意义的“人造文化”。还有诸如我国出现的各类名人故里之争，甚至像西门庆这样的小说人物也出现了好多“故里”。

（二）干扰目的地居民的生活，诱发主客矛盾

联合国教科文组织1976年的一份报告列举了旅游中主客关系的思想特征。

- 关系是短暂的、表层的。
- 交往关系受到时间和空间的限制，旅游者以尽可能短的时间到多处景点观光。
- 关系缺乏自发性，一般是预先安排好以符合旅游日程表，且主要是商业交易。
- 关系不平等、不平衡，原因是双方的财富和地位差距悬殊。

大多数旅游者与当地人缺乏真正实质性的交往，交往一般局限于当地的旅游从业人员，所见所闻往往是事先安排好的，这有可能导致相互误解。

旅游目的地的容量是有限的，大量游客涌入干扰了居民的正常生活，使当地居民的生活空间相对缩小，环境遭到破坏，交通、商店等公共场所变得拥堵；目的地的物资供应能力是有限的，游客的到来影响了居民的生活质量，使目的地的物资供应变得紧张，质量不断降低；旅游者的大量涌入打破了目的地原有的和谐的环境生态平衡，使目的地的生活环境恶化；一些游客的“上帝心态”侵犯了目的地居民的传统、尊严。这些都会造成居民对旅游者的态度从起初的友好热情转为不满甚至怨恨。如果处理不好就有可能导致旅游者与目的地居民之间产生矛盾。

面对这些问题，旅游经营管理者或者导游的作用就变得至关重要。他们有义务向游人详细地介绍当地文化，提醒客人应“入国问禁，入乡随俗”，也应向居民进行尊重客人和有关客人所处社会状况的宣传，从而帮助避免产生误解，把旅游的负面影响降到最小，保障当地旅游的可持续发展。

（三）导致传统文化价值观、社会道德感的退化

目的地所接待的旅游者来自世界各地，他们各自具有不同的价值观、政治信仰、道德观念和生活方式，引起了以往相对封闭的接待地居民价值观念上的急剧变化。其中的消极因素会对旅游景区的人民造成不良影响，即不良的“示范效应”，引起当地居民传统文化价值观、社会道德感的退化甚至丧失。如可能导致传统失落、道德失范，风俗变异、固守陋习、宣扬迷信，犯罪率上升，社会风气恶化，诱发“唯利是图”的拜金主义风气，瓦解传统的家庭关系等。英国学者阿切尔曾经指出，接待地伦理道德标准的沦落，是旅游发展最重要的副产物。

在游客大量购买旅游产品的刺激以及外地商人不良经营方式的诱导下，目的地居民开始背离本民族的道德规范，抛弃童叟无欺的买卖原则，牟取暴利、坑蒙拐骗、强买强卖等事件在旅游区频频发生，甚至在目的地也出现了一些诸如赌博、色情、贩毒、投机、黑社会等违背传统文化观念、为社会道德所不容的非法招揽活动，其中色情、犯罪和赌博被认为是旅游业带来的三大灾难。

（四）对教育的重视程度相对降低

由于旅游业为目的地居民提供了很多就业机会，而且这些职业对受教育程度的要求不高，当地居民逐渐发现即使不上学也有工作，也可以赚钱，有时甚至收入还十分喜人，于是越来越多的中小学生或辍学或退学。对教育的重视程度相对降低，将不利于民族素质的提高，不利于民族文化的可持续发展。

（五）对宗教、信仰等产生不良影响

世界上许多地区都是因宗教而成为旅游目的地的，受旅游活动的影响，一些目的地的宗教正在失去其本来的神秘感、排他性与象征意义，其宗教礼仪也随之失去了本该有的严肃性和神秘性。正宗的、原汁原味的宗教正在慢慢地消失，取而代之的是不伦不类的、“所谓的讲究”颇多的“杂牌宗教”。再者，游客对旅游地的宗教禁忌知之甚少，常常因行为不当或出言不逊而与当地居民发生冲突。

旅游者来自不同社会制度的国家和地区，他们会不自觉地将自己的信仰和政治主张灌输给旅游地居民，那些涉世不深、思想单纯的年轻人很容易受外来文化的诱惑，对自己的信仰产生怀疑、动摇，认为自己的信仰等一切东西都不如外国的好。

三、旅游的社会文化影响评价

和其他任何事物一样，旅游也具有两面性，即旅游的发展既能对游客、客源地和目的地带来积极的作用，也能带来负面的影响。但是我们不能因为它可能产生负面影响就因噎废食，限制或禁止旅游业的发展。旅游活动是一种积极的符合人类需求发展的健康活动。认识旅游对社会文化的影响，主要目的是要在澄清认识的基础上采取措施，发挥旅游对社会文化的积极作用，采取措施来最大限度地缩小其消极影响。

旅游业的负面影响并非一成不变的，其影响面的大小、影响程度的高低会因季节、地区的不同而有所变化。在旅游旺季时，由于游客众多，其影响面就

大一些，影响程度高一些；而在淡季时其影响面就小些，影响程度低一些。旅游业的确为一些地区带来了比较严重的社会、环境问题，但是在另一些地区，旅游业却能保持环境和社会经济的健康发展。出现这种情况可能是由以下三个原因造成的。

- 目的地出现的一些社会、环境问题并非完全是由发展旅游业所带来的。
- 不同的地区对发展旅游业所产生的负面影响免疫能力不同。
- 旅游业给不同地区带来的负面影响存在一定的差异性。这可能受不同国家或地区经济结构、发展水平、旅游承载力、旅游管理水平及人们的思想素质不同的影响。

旅游业对目的地社会文化的影响有正有负，目的地应尽量放大旅游的正面影响，缩小负面影响，需要有效引导旅游活动对目的地社会文化的影响。可以从可持续旅游发展的核心思想总结出以下几个指导原则。

- 宣传教育原则　在注重经济效益的同时，旅游的发展必须符合当地的社会道德规范，必须考虑旅游对当地文化遗产、传统习惯和社会活动的影响。目的地应加强民族传统文化教育，增强当地人民的自我保护意识，提高当地居民文化、道德素养，充分调动当地居民参与旅游业，创造优质的旅游社会文化环境。
- 保护性原则　应采取积极的措施保护旅游目的地的文化资源，地方政府应努力保持旅游目的地的高水准和高质量；加强法制建设；充分发挥政府职能部门的监督管理作用，加强保护。应尽量在满足各类人员需求的同时，管理好游客与游客、旅游服务人员、当地居民之间的社会关系，减少相互间的恶性摩擦，创造优良的社会治安环境，以减少社会事故的发生。
- 收益性原则　可供选择的旅游发展必须有助于提高当地人民的生活水平、加强与当地社会文化之间的相互联系并产生积极的影响。
- 长期性原则　应选择那些与可持续发展原则相协调的旅游形式，保证旅游的长期发展。

第三节　旅游的环境影响

旅游业的飞速发展离不开自然环境，我国自然资源丰富，大多数的旅游目的地都是由于自然环境优秀而吸引了千千万万的旅游者的到来。旅游业发展至今引来了更多的关注，特别是旅游业对环境的影响。随着旅游活动的产生，在促进旅游发展或旅游发展的过程中，环境都不可避免地要受到影响。现代旅游业的发展遇到了资源结构改变、环境质量下降、生态系统失调、文化冲突加剧、传统文化湮灭等一系列问题。

旅游区的自然生态环境是旅游区地貌、空气、水和动植物等生态因子的总称。从人类审美的心理需求来看，自然景观美是基础，在一个空气污浊、水体污染、四周嘈杂的环境中，游客是无法去领略、欣赏、体会具体游览对象的各种美学特征的。

一、对目的地环境的积极影响

（一）促进目的地旅游资源的保护

旅游资源是一个旅游目的地赖以生存和发展的基础，只有优秀的、吸引力强的资源才能够吸引愈来愈成熟的旅游者。一个地区要想发展旅游业必然要更好地整合已有的资源，这样发展旅游业自然带动了地区对于旅游资源的保护。归纳起来，主要有以下两种。

1. 对自然旅游资源的保护

世界自然遗产和文化遗产保护项目的确立，引起全球对旅游环境问题的广泛关注。为了加强对自然旅游资源的保护，目的地政府积极地申报世界自然遗产项目、建立国家公园，合理利用和保护自然旅游资源，努力维持当地自然生态系统的平衡。

2. 对人文旅游资源的保护

旅游业发展促使目的地政府积极地申报世界文化遗产项目，更新、利用废弃建筑，修护历史遗迹，并对有价值的人文历史进行挖掘、开发，为旅游业所用，从而改善了当地的人文环境，增强了当地人文旅游资源的竞争力。

（二）改善目的地的整体生态环境

发展旅游业能够促进目的地改善基础设施的建设，如对机场、道路、通信、用水系统和污水处理系统的建设，能美化城市环境，使当地生态环境得到改善，进入良性循环。发展旅游业还可以通过控制空气、噪声、垃圾等污染和其他环境问题，促进目的地环境的全面净化。

（三）推进目的地的环境保护，提升居住环境质量

随着旅游业发展的不断深入，目的地的环境保护不断得到推进，主要表现在以下几个方面。

- 目的地居民更加注意保护和改善环境质量，积极地参与到绿化、净化

和美化旅游地的实际行动当中。

● 旅游者学到了各种环境科学知识，更新了环境保护观念，提高了自觉维护生态环境的意识。

● 旅游开发商也越来越强调科学规划，注重环境保护，减少对环境的破坏和污染。

● 发展旅游业还能够带来大量资金，为环境建设提供必要的资金，使环境保护措施得以实施，如使风景区环境优化，野生动物区受到保护，历史遗迹得到维护、恢复、修整。

● 旅游业很多活动本身就是保护环境，如在旅游区植树造林、封山育林、养花种草，防止人为因素对环境的干扰，预防和治理自然力对生态平衡的破坏。

旅游开发的重要内容是对旅游地基础设施和服务设施的建设以及接待环境的美化，这自然而然地改善了目的地的基础设施建设，促进了当地休闲娱乐、住宿餐饮等服务设施的建设，美化了目的地居民的生活环境，使居民的居住环境质量得到提高。

（四）促进可持续发展

1987 年，挪威首相布伦特兰夫人（Brundtland）在由她担任主席的联合国世界环境与发展委员会的一份题为“我们共同的未来”的研究报告中指出，可持续发展是指既满足当代人的需求，又不对后代人满足自身需求的能力产生威胁的发展。

1990 年，在加拿大温哥华举行的“90 全球可持续发展大会旅游组行动策划委员会会议”，提出了可持续旅游发展的行动战略草案，明确指出其目标如下。

（1）增进人们对旅游带来的经济效应和环境效应的理解。

（2）促进旅游的公平发展。

（3）改善旅游接待地居民的生活质量。

（4）为旅游者提供高质量的旅游经历；

（5）保护未来旅游开发赖以存在的环境质量。

此草案提出的行动战略成为政府、旅游部门、非政府机构和旅游者必须遵循的指南和旅游活动贯彻可持续发展思想的行动纲领。1995 年在西班牙加那利群岛的兰沙特岛召开的“可持续发展世界会议”，又通过了《可持续发展宪章》和《可持续发展行动计划》。

旅游目的地在兼顾人类长期利益和现实利益的前提下，对本地旅游资源科学开发、合理配置，积极开发生态环境旅游，充分保护生态成果，使良好的旅游环境和生态环境产生出较好的经济效益和社会效益，旅游业为更好地保护旅游目的地的自然环境、生态资源，实现可持续发展做出了应有的贡献。

二、对目的地环境的消极影响

旅游业属“无烟产业”的说法已经渐渐被人们所摒弃。旅游业不仅污染环境，而且造成的危害有时远远大于传统产业。与旅游业对目的地环境所带来了积极影响相比，其消极影响更能引起人们的关注与深思。主要表现在以下 3 方面。

（一）对旅游目的地旅游资源的影响

1. 旅游者所造成的影响

（1）旅游活动中游人过多产生的影响

游人过多导致目的地各种交通工具增多，交通工具对环境的影响直观而明显：对环境造成废气污染、噪音污染、乃至视觉污染，当交通拥挤时污染更加严重。景区内大量交通工具的进入，不仅占用大量的土地，还会干扰景区原本平衡的生态系统，毁坏植被，扰乱动物正常的栖息习惯等。特别是近些年来自驾车旅游的发展使此类影响更加严重。

旅游活动的开展加速了名胜古迹的损坏和衰败，大量游客涌入旅游目的地造成拥挤和基础设施紧张，游客的暂时停留带来旅游目的地物资、能源的超常消耗以及旅游设施的超负荷运转，并带来大气污染、水体污染、垃圾污染、噪音污染等。不断增加的游客使旅游景区地面因踩踏磨损而失去原有的特色，加剧了土壤的板结化，加快了古树木的死亡速度等。

（2）游客的不文明旅游行为所造成的影响

旅游者并非都是高素质的人，有些旅游者本身素质就很低，在原住地时就有不好的习惯，有些旅游者虽然素质较高，在原住地的行为习惯也很好，但是一旦到了旅游地，由于没有了限制，身心得到了解放，就不再约束自己的行为。这些游客对旅游环境的蓄意破坏，严重损害了旅游地的环境状况。

2. 旅游开发商的过度开发与盲目建设等短视行为所造成的影响

（1）开发商盲目追随潮流，开发过程中忽视开发与保护并重，违反旅游环境的特殊要求，贪大求全，在原始、天然的自然景区大肆毁林，开山修路，滥造人工景点，建造宾馆饭店、各种观光设施和服务设施，破坏了植被、地貌、自然景观，加剧了景区的水土流失、环境污染，降低了风景区的旅游吸引功能。

（2）旅游开发中对文物古迹的保护、利用失当，在历史文化遗产工作中存在“重申报、轻管理，重开发、轻保护”的倾向，存在着“建设性破坏”、“修复性破坏”和过度开发。许多文物古迹、古城古镇、古代建筑等人类极为宝贵的文化遗产资源遭到严重的破坏甚至毁灭。如由于对古迹的复原处理不当，未能尊重历史原貌，盲目“整旧如新”，使其丧失了原有的深刻内涵，不伦不类，令人游兴大减，从而造成资源和环境的极大浪费和破坏。

（3）由于旅游开发过程中，在景区及周围大兴土木，盲目地进行大规模的房地产开发，且缺乏科学规划与论证，不仅破坏了风景区原始景观的格局和文化内涵，而且对旅游环境和生态系统都造成严重的威胁，使旅游度假区丧失其应有的功能，变成城区的组成部分。

（4）旅游目的地开发缺乏科学合理的规划，有的地区即使有规划也不一定能真正实施。原因有四：规划脱离实际、操作性差；原本很有实施潜力的规划被束之高阁；规划实施初期搞得风风火火，领导班子一换便偃旗息鼓；规划在实施过程中因得不到有力的保障而夭折。这样旅游资源与环境破坏就不可避免。旅游规划成为“纸上划划、墙上挂挂”的摆设，成为当地政府官员政绩的表现，没有真正起到规划的作用。还有许多旅游规划，在编制的过程中，与国土规划、区域规划、城市规划、流域规划缺乏有效沟通，彼此严重脱节，在实施中矛盾重重、纠纷百出。

（5）旅游开发的管理方面，由于经营机制和管理制度的不完善，也是破坏自然资源和生态环境的重要因素。许多地方开发旅游资源时，因管理不善，执法不力，使许多野生动植物遭到乱捕滥杀，不少珍稀动植物濒临灭绝。

（6）土地产权混乱，土地购买者和使用者各自为政，为所欲为，景区开发陷入混乱无序、严重失控和恶性膨胀的境地。

（7）旅游开发中，很多地方不“知己知彼”，既不考虑本地区的实际情况，也不考察相邻地区的资源状况，导致同一区域内大量雷同的旅游景观出现，这不仅造成旅游资源的极大浪费，更加剧了同一区域内的竞争，这类低级、不明智的开发使该地大范围的生态环境遭到严重破坏。

（二）对目的地环境的影响

1. 对地表环境的影响

（1）大气污染

交通工具所引起的大气污染以光化学烟雾污染最具伤害性，光化学烟雾中存在许多高反应性的光化学物质，不但会影响植物，还会危害人体健康。光化学烟雾严重时会影响视线，降低能见度，造成游客困顿；它所含的某些物质可能会刺激眼睛，造成流泪等不舒适的感觉。此外，交通工具所排放的废气还可能含有有毒物质，威胁地球生态的健康。从全球气候变化的角度来看，废气排放可能导致酸雨，也可能排放使地球变暖的温室气体，或是排放诱发臭氧层空洞的物质。旅游宾馆饭店是任何一类旅游形式都必需的生活服务设施，对大气的污染源主要是供水、供热、供能的锅炉烟囱、煤灶的排气，旅游地小吃摊排放的废气等，此外，使用电子设备释放出的大量正离子、装修释放的有害物质、取暖散发出来的一氧化碳、二氧化硫、烟尘等。由于空气流动差，空气污浊，令人头痛、气闷、食欲不振、精神不佳，甚至导致某些疾病传播和发生。

（2）地表和土壤的恶化

旅游设施的开发与日俱增，已使很多完整的生态地区被逐渐分割，形成“岛屿”，生态环境面临前所未有的人工化改造，如地面硬化、植被更新、外来物种引入等；地表植物所赖以生存的土壤有机层往往受到最严重的冲击。如露营、野餐、步行等都会对土壤造成严重的人为干扰。土壤一旦受到冲击，物理结构、化学成分、生物因子等都会随之发生变化，并最终影响地表植物的种类与生长，昆虫、动物也会随之迁徙或减少。

（3）固体废弃物污染

垃圾污染现已成为我国很多风景名胜地区的一大祸害，是一个十分普遍而又棘手的问题。垃圾的处理也是一大难题，因为“没有一种废弃物的处理方法是完全安全的”，如处理设备要耗电、耗能，而且部分污染防治设备会产生二次公害（如焚化炉可能排出含有有毒物质的废气），再次威胁环境，甚至损害人体健康。

2. 对水体环境的影响

“仁者乐山，智者乐水”，水永远是旅游的主题之一。我国有很多著名的海、湖、河、江、泉等水景，水上旅游方兴未艾，而旅游活动对水体环境的影响也是相当广泛而严重的。水上运动越来越丰富，如水上摩托艇、划船、踩水、游泳、垂钓、跳水、潜水、驾驶帆船等，极大地丰富了人们的度假生活内容，同时也给水体环境带来了巨大的冲击。主要体现在以下几个方面。

（1）对沙滩及海岸线产生侵蚀作用。如水上摩托艇活动。

（2）影响海域生态如珊瑚礁内的浮游生物和鱼类。如潜水。

（3）污染水体，甚至会散布化学物质威胁水体生物的健康。旅游船只所排放的垃圾、油污会对水体形成污染。如桂林漓江，每逢旅游高峰季节，旅游船只几乎是首尾相接，组成浩浩荡荡的“船队”，不仅破坏了游江意境，而且船舶排放的污染物大大超过漓江的自净能力，造成江水污染。很多海滨、泉点、河边等水边地区为发展旅游业而修建度假村、休闲中心，其餐厅、宾馆等排放的污水和垃圾也是水体的污染源。

（3）为了解决日益增加的水源需求，不少旅游地过度抽取地下水，引起地下水水位下降，地下水资源枯竭，尤其是在海滨旅游区甚至出现了海水倒灌现象，使旅游地的淡水资源遭到更为严重的破坏。

（三）对动、植物的影响

1. 对植物的影响

（1）大面积的移除　这是人类旅游活动对植物的最直接伤害。比如为兴建宾馆、停车场或其他旅游设施，大面积的地表植被移除，甚至还从外地运来“客土”，以符合工程要求，这无疑是对植物族群抄家灭族的行为。

（2）游客有意无意的踩踏　这会影响到植物种子发芽，因土壤被踩实而导致幼苗无法顺利成长；对于已成长的植物，则可能因踩踏而导致其生理、形态等发生改变；步行道的规划设计不合理，也可能影响到濒危植物物种生长；游客所搭乘的交通工具常会留下车痕，造成植物组成的改变。

（3）采集　也是对植物的一种伤害行为。游客最常见的采集动机是想摘下某朵漂亮的花，或想尝尝果实的滋味，或是想带一部分植物回家种植。此外许多游客迷恋植物的神奇疗效，一到野外看见药用植物就采摘，使许多药用植物的天然族群愈来愈少。

（4）乱砍滥伐　毁坏了一些幼木，破坏了森林树龄结构。

此外，火灾、外来物种引入、营养盐污染、垃圾堆积、车辆废气、土壤流失等问题，这些都会间接地影响植物的生长和健康。

2. 对动物的影响

（1）旅游活动对动物的干扰。旅游区的开发可能会破坏野生动物的栖息地，游客大量涌入干扰了野生动物的生活习性和环境，如西双版纳的象谷，由于大规模游客的进入，影响了野象的生活规律，使经常出没于原始森林溪水旁的野象在游客的面前消失。旅游者参与旅游活动所产生的噪音、污染等影响动物的生长。

（2）对野生动物的消费。除了吃之外，游客还喜欢购买野生动物的相关制品，如动物毛皮、象牙等，造成这些族群数量的下降甚至绝迹。如许多海域原本有各式各样的贝类，但大量供人食用以及被制成各式纪念品后，贝类的数量锐减。

此外，可参考绿色环保组织（Green’s）对旅游造成的环境影响建立的核查表。

自然环境

A. 对植物和动物物种的影响

- 扰乱了它们的繁殖习惯。

- 动物在打猎活动中被猎杀。
- 为提供纪念品而捕杀动物。
- 向内部或外部迁徙动物。
- 在采集木料和植物过程中破坏植被。
- 在清除或安装旅游设施时破坏植被的范围和性质。
- 建立野生动物保护中心。

B. 污染

- 排放污水和泄漏油料污染水源。
- 汽车尾气污染空气。
- 旅游交通和活动中制造噪声污染。

C. 侵蚀

- 土壤侵蚀加速了水土流失。
- 山体滑坡的危险加大。
- 雪崩的危险加大。
- 对一些地貌的破坏（如岩石和山洞）。
- 对水库的破坏。

D. 自然资源

- 对地表水源的消耗。
- 为旅游活动提供能源而消耗煤和石油。
- 火灾的危险加大。

E. 外观影响

- 设施（建筑、电梯、停车场）。
- 垃圾。

建筑环境

A. 城市环境

- 改变土地原有的使用形式。
- 改变水文形态。

B. 视觉影响

- 建筑物区域增多。
- 新建筑风格的出现。

C. 基础设施

- 基础设施超载（公路、铁路、停车场、电路、通信系统、垃圾处理、水源供应）。

- 新基础设施的供给。
- 对旅游者使用的区域进行环境管理（如海堤、土地改造）。

D. 城市模式

- 居民、零售业和工业用地的变化（如居民用房改为酒店和住宿公寓）。
- 城市构造的变化（如公路、柏油路）。
- 城市区域划分的出现，一些区域转为旅游者使用，有的则为当地居民使用。

E. 修复

- 重新使用废弃建筑物。
- 重建和保护历史建筑和遗迹。
- 恢复废弃的家庭度假别墅。

F. 竞争

- 新建景点的开放或旅游者爱好和习惯的改变，可能造成一些景点和地区衰落。

三、旅游的环境影响评价

（一）旅游对环境影响的评估

旅游环境影响评估是进行旅游环境预防管理的基本方法，也是制定旅游发展规划不可或缺的重要内容。有许多国家已经制定出了专门的《环境影响评估条例》来估计拟开发项目对环境的各种影响，这些条例规定了特定的评估程序及可纳入项目的审批程序。

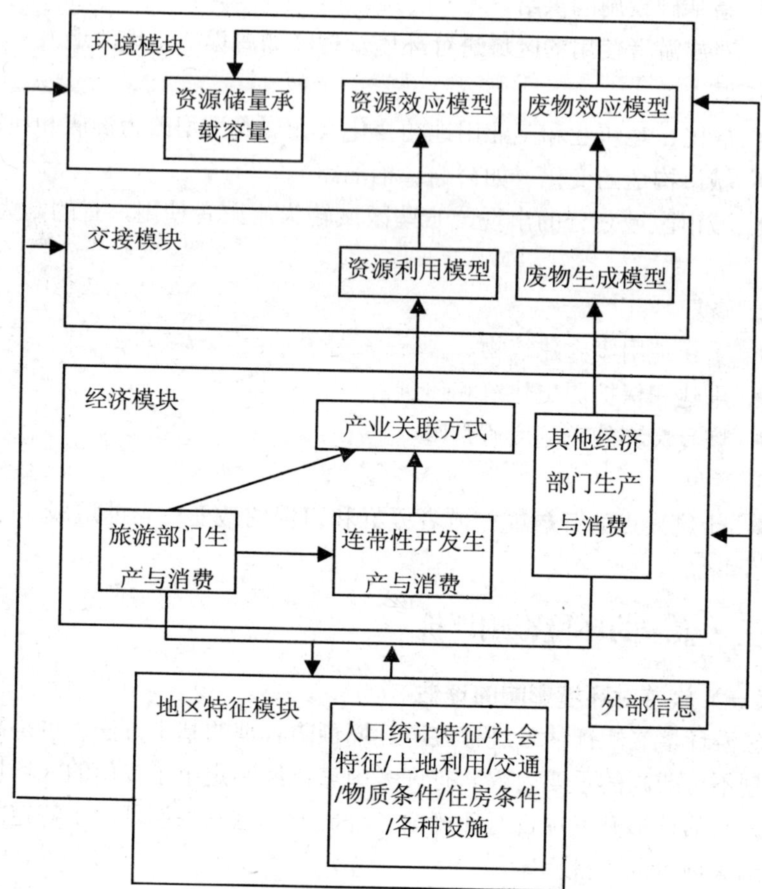

图 7-4　分析地区的旅游环境效应（影响）的整体模型

沃顿（Watern）曾对环境影响评估（Environmental Impact Assessment, EIA）下定义：EIA 是对由于实施某些项目而对地球的生物物理环境和人类的健康及福利产生的各种可能后果进行辨识，并在能够实际影响决策的阶段向负责批准该项目的有关人员或机构传递其分析结果的过程。①

在制定旅游发展规划和方针政策时所进行的这种环境效应（影响）评估，其理论基础是物质平衡模型，该模型很久以来一直被用作分析经济与环境问题的有用的概念性工具。谢彦君根据这一模型的基本思路，建立了一个用以分析

① P.Wathern. An Introductory Guide to EIA, in "Enviromental Impact Assessment :Theory and Practice", Unwin Hymant.

地区的旅游环境效应（影响）的整体模型，如图 7-4 所示。[①]

（二）解决旅游环境问题的对策

为使旅游业持续地发展，充分发挥旅游业的经济效益和社会效益，针对旅游业所存在的环境问题提出如下建议。

1. 充分发挥行政部门的作用

（1）加强行政引导及管理职能。

（2）建立健全法律制度和管理制度，做好环境立法。

（3）加大宣传教育力度。

（4）运用经济、科技等手段开展各种环保活动，减少环境破坏。

2. 旅游开发商及经营商的必要行为

（1）掌握合理的旅游环境容量，适度控制旅游规模

1963 年，学者莱佩奇（Lapage）首次提出了旅游环境容量的概念，用来衡量旅游地承受旅游开发行为与旅游者游览活动的最大能力。所谓旅游环境容量，又称为旅游环境承载力，是指一定时期内，在某种状态或某种条件下，不会对旅游地的环境、社会、文化、经济以及旅游者体验质量等方面带来无法接受的不利影响的旅游业规模的最高值。也就是说，旅游环境质量又被理解为在满足旅游者最低游览要求、心理感应气氛和达到保护旅游地环境质量要求的前提下，该旅游地所能容纳的最大游客量。

旅游环境容量的测度需要依据科学的指标体系来进行，在这一体系中，包含五种基本容量。

①旅游心理容量　又叫游客感知容量，是指旅游者在某一地域从事旅游活动时，在不降低旅游体验质量的条件下，旅游地所能容纳的最大游客量。

②旅游资源容量　是指在一定时期内，在保持旅游资源质量的同时，旅游地所能容纳的最大旅游活动量。

③旅游生态容量　是指在一定时期内，旅游地在其自然生态环境不致退化的情况下所能容纳的最大旅游活动量。

④旅游经济发展容量　是指在一定时期内，旅游地的经济发展程度所决定的能容纳的最大旅游活动量。

⑤旅游地域容量　指旅游地的人口构成、宗教信仰、民情风俗、生活方式和社会开放程度等因素共同决定的当地居民可承受的最大游客量。

旅游环境容量的调控是缓解旅游地的环境压力，保持当地旅游业稳定健康

---

① 谢彦君.基础旅游学[M].2 版.北京：中国旅游出版社，1998：346.

发展的重要手段。主要包括旅游环境容量的饱和或超载调控、旅游环境容量的疏载调控两方面。顾名思义，旅游地的旅游流量过于稀疏叫旅游环境容量疏载，旅游地承载旅游者人数或旅游活动量达到其极限容量，称为旅游环境容量的饱和，而超过极限容量，就是旅游环境容量超载了。旅游地承载的旅游者人数过多或过少都会导致旅游质量的下降，因此旅游目的地应掌握合理的旅游环境容量，适度控制旅游规模，以提高目的地的旅游竞争力。

（2）做好旅游环境规划，合理开发旅游资源

发展旅游而不影响环境是不可能的，但通过正确的旅游发展规划和管理有可能减少负面影响并扩大正面影响。

旅游环境问题的产生、旅游区环境质量的下降主要是由旅游活动的不当造成的，因此需要制定具有科学性、严谨性和预见性的旅游环境规划。用于组织、管理经济、旅游及其他破坏旅游环境的活动，来解决发展生产、扩大旅游规模与景点环境保护之间的矛盾，使其协调一致，以保证经济发展和旅游活动持续稳定地进行，防止旅游区环境的破坏。

旅游区的环境规划是旅游区的经济发展、旅游业发展和旅游区环境保护的综合性规划，这个规划是从维护旅游区环境美学质量和合理利用旅游资源的角度出发，应用系统工程的原理与方法，遵循经济发展规律与旅游区环境美学规律，对经济活动和旅游活动的结构、规模和布局实行统筹规划，达到既发展经济、扩大旅游又不破坏旅游区环境的目的。

旅游业在经历了最近20年的黄金发展时期后，其进一步发展的能力正在受到严峻挑战，旅游业的可持续发展已经成为世界各国越来越关注的重大课题。人们试图用新的发展理念、发展战略和发展措施重新审视未来旅游业的发展。可持续性旅游发展是目前解决旅游业的现实问题并走向光明未来的惟一正确的思想和发展战略。可持续发展性旅游经历了不太长的时间，尽管理论上已经超前于实际，但现实中，受到多种因素的影响，特别是在发展成为世界大多数国家的首要任务的背景下，经济增长和旅游经济效益成为旅游业发展的第一目标。旅游业的社会目标、生态目标始终是第二位的，对资源环境、生态系统的保护性开发，实施持续发展型旅游在当前和未来相当一段时期内会受到严峻的挑战，仍然是一项极为艰巨的任务。

（3）进行旅游开发的环境影响评价

开发前对开发活动进行环境影响评价、分析，识别建设、经营过程中可能造成的影响并提出相应的对策，把可能对旅游环境造成的负面影响降低到最低程度。旅游开发的环境影响评价内容包括旅游区环境承载力分析、旅游规模分

析、开发活动对环境的影响识别、旅游过程对环境的影响分析等。

（4）采取措施减缓自然破坏，从根本上治理已遭破坏的旅游生态环境

加大保护旅游资源与环境的投资，如珍稀濒危的动植物的异地移植保护、人工植树造林等，或大力开展生态旅游，把能避免的破坏减少到最低。对于已遭破坏的旅游生态环境，无论其原因是旅游业还是非旅游业的，为了发展旅游业，在旅游区域应采取有效治理措施，如旅游区的污染工厂要坚决搬迁，旅游区禁止发展污染工业等。

综上所述，旅游业对经济、社会文化、环境的影响已受到各国政府和有关行业人士的重视。虽然旅游业对经济、社会文化、环境有一定负面影响，但是我们不能因噎废食，限制旅游业的发展。关键是提高全民对旅游业作用的正确认识，防微杜渐，增强自我保护和自我发展能力，并把发展旅游业纳入到整个国民经济的战略规划当中，充分调动其积极因素，趋利避害，化害为利，引导旅游业健康、有序发展，造福于全世界。

【案例】

日本长崎豪斯登堡

豪斯登堡是一处重现中世纪欧洲(17 世纪荷兰)街景的度假胜地，园内有完善的住宿设施。由于豪斯登堡获得了王室的建筑许可,重现了荷兰女王陛下所居住宫殿“豪斯登堡宫殿”，故命名为“豪斯登堡”。“HUISTENBOSCH”在荷兰语中是“森林之家”的意思。位于日本长崎大村湾填海造成的欧风未来都市森林之家豪斯登堡，以最新科技建构一个有水、绿荫、鲜花与风车等 17 世纪荷兰街景的亚洲最大休闲度假主题乐园。除了有一般主题乐园所不能缺少的各种游戏项目如动画电影、立体电影馆、电动游戏、歌舞表演、激光烟花表演、纪念品购物、餐馆之外，还设有多个博物馆：玩具熊博物馆、陶瓷器博物馆、音乐盒博物馆、鸣钟博物馆、装饰玻璃博物馆、风车博物馆、帆船博物馆、荷兰民族博物馆等。

豪斯登堡不仅是一个单纯的主题乐园，而是要建设一个未来的实验都市。地上建筑虽是 17 世纪的荷兰街景，但在看不见之处则采用了最新的科技。在地底下，宽 6 公尺、宽 3 公尺、长达 3.2 公里的共同沟里装设了电力、自来水道、光纤、有线电视线路……管路系统。为了防止用水不足，准备了海水淡化设备。为了不使海洋受到污染，设计了大规模的下水道处理设施，废水经过三次处理可循环再利用，可使用在冷、暖气之冷却系统与厕所的冲水，多余的水用来浇

洒花草，不让一滴废水流入大海，这些都是为了保护环境所做的努力。

费时将近 5 年建造完成的街道设计，豪斯登堡的建设即是学习荷兰建国之精神，实现与自然共存的智慧哲学，将一片荒芜不堪的不毛之地，从土壤改良开始，种植了 40 万棵树木与 30 万株花卉，使它恢复自然的生机。并开掘了长达 6 公里的运河，为使水中生物繁衍，以天然石头筑堤两岸，引进大村湾的海水，滋润这片大地，维持了自然界生态平衡。此外，街道也均铺设有益生态环境的砖瓦，并将园内的污水进行特别处理后，重复利用于冲水马桶以及灌溉树木。豪斯登堡希望透过上述重复利用的智慧以及运用科技的支持系统，使豪斯登堡成为一座与大自然共存的“Eco City”。

【思考题】

1. 名词解释：旅游乘数、旅游卫星账户、可持续发展、环境影响评估、旅游环境容量。

2. 如何评价旅游业对目的地的积极影响？

3. 怎样消除旅游业对目的地的消极影响？

参考文献

[1] 李天元. 旅游学概论[M]. 天津：南开大学出版社，2009.

[2] 王琦. 新编旅游概论[M]. 北京：清华大学出版社，2009.

[3] 马勇，周霄. 新编旅游学概论[M]. 北京：旅游教育出版社，2008.

[4] 安应民. 旅游学概论[M]. 北京：中国旅游出版社，2007.

[5] 罗明义. 旅游经济学[M]. 北京：北京师范大学出版社，2009.

[6] 常莉. 旅游学概论[M]. 北京：对外经济贸易大学出版社，2008.

[7] 李洁，李云霞. 旅游学理论与实务[M]. 北京：清华大学出版社，2008.

[8] 吴必虎，宋子千. 旅游学概论[M]. 北京：中国人民大学出版社，2009.

[9] 陶汉军. 新编旅游学概论[M]. 北京：旅游教育出版社，2001.

[10] 谢彦君. 基础旅游学[M]. 北京：中国旅游出版社，1999.

[11] 利克里什 J 伦纳德，詹金斯 L 卡森. 旅游学通论[M]. 程尽能，译. 北京：中国旅游出版社，2002.

[12] 傅云新. 旅游学概论[M]. 广州：暨南大学出版社，2004.

[13] 王洪滨. 旅游学概论[M]. 北京：中国旅游出版社，2004.

[14] 库珀·克里斯，弗莱彻·约翰，吉尔伯特·大卫. 旅游学原理与实践[M]. 张俐俐，蔡丽萍，译. 2 版. 北京：高等教育出版社，2004.

[15] 魏小安. 旅游目的地发展实证研究[M]. 北京：中国旅游出版社，2002.

[16] 张立明. 旅游学概论[M]. 武汉：武汉大学出版社，2003.

[17] 谢彦君. 基础旅游学[M]. 北京：中国旅游出版社，2004.

[18] 黄福才. 旅游学概论[M]. 厦门：厦门大学出版社，2001.